国家出版基金项目
NATIONAL PUBLICATION FOUNDATION

中国名记者

ZHONGGUO MING JIZHE

第一卷

柳斌杰 ◎ 主 编

李东东 ◎ 副主编

人民出版社

责任编辑：党力文　雍　谊
封面设计：赵　洁　曹　震
版式设计：刘太刚　汪　莹　庞亚如

图书在版编目（CIP）数据

中国名记者．第 1 卷／柳斌杰 主编．－北京：人民出版社，2013.11
（中国名记者系列丛书）
ISBN 978 - 7 - 01 - 012649 - 4

I.①中…　II.①柳…　III.①记者－生平事迹－中国－近现代
　IV.①K825.42

中国版本图书馆 CIP 数据核字（2013）第 233067 号

中国名记者
ZHONGGUO MING JIZHE

（第一卷）

柳斌杰　主编　李东东　副主编

人民出版社 出版发行
（100706　北京市东城区隆福寺街 99 号）

北京新华印刷有限公司印刷　新华书店经销

2013 年 11 月第 1 版　2013 年 11 月北京第 1 次印刷
开本：720 毫米 ×1000 毫米 1/16　印张：22
字数：336 千字
ISBN 978 - 7 - 01 - 012649 - 4　定价：56.00 元

邮购地址 100706　北京市东城区隆福寺街 99 号
人民东方图书销售中心　电话（010）65250042　65289539

铁肩担道义 文章谱千秋

——《中国名记者》序

柳斌杰 李东东

　　自鸦片战争以来，中国近现代历史是一部中国人民抵御外来侵略、争取民族独立的历史，也是劳苦大众反抗剥削压迫、追求自由解放的历史，更是中华儿女前赴后继追求光明和真理、为国家富强和民族复兴而奋斗的历史。在这一百多年可歌可泣、波澜壮阔的历史进程中，一代代优秀的新闻工作者竭诚奉献，倾情投入，发挥了传播真理、唤醒民众、鼓动革命、引领潮流的巨大作用，谱写出辉煌而多彩的篇章。这些优秀的新闻记者既是历史的亲历者、参与者，也是历史的记录者、思想者，他们凭借积极的思考和果敢的行动，在历史演进的轨迹中打上了自己的深刻印记，而他们抒写的文字、拍摄的图片，则生动地记录了中国近现代历史的风云变幻和曲折发展。王韬、梁启超、秋瑾、邵飘萍，陈独秀、蔡和森、邹韬奋、瞿秋白，范长江、邓拓、穆青、范敬宜、郭超人……一个个彪炳史册的人物，不仅在中国新闻史上占有重要地位，也对中国不同时期的革命和建设事业作出了卓越贡献。

　　《中国名记者》系列丛书的主角，就是中国近现代新闻事业中优秀的新闻记者；所要反映的，就是他们为时代发声、为人民立言纪事的光辉历程和突出业绩；他们代表了历史前进的主流。我国近现代意义上的新闻活动从晚清开始，自那时算起，历经戊戌变法、辛亥革命、第一次国内革命战争、第二次国内革命战争、抗日战争、解放战争，直至新中国成立到改革开放初期，我国新闻事业与时俱进，发展壮大。其间，几代中国优秀记者，为民族独立、为民主政治、为文化事业、为社会发展贡献了力量和智慧。进入改革开放时代，在新的形势和新的背景下，又涌现出许多优秀的新闻工作者，他们高举中国特色社会主义伟大旗帜，认真贯彻落实党中央解放思想、改革开放的总要求，贴近实际、贴近生活、贴近群众，创造性地开展新闻工作，把前辈们忠于党、忠于人民的光荣传统发扬光大，成为新时期新阶段我国新闻事业的创造者。《中国名记者》系列丛书就是从千千万万记者中遴选出 400 位各具特色、有代表性的著名记者，介绍他们的生平事迹，选登他们的代表性作品，评析其内容和价值，力图以短小的篇幅、精练的文字，展示这些著名记者的思想、业绩和情操，以激励今人，启迪来者。

收录于本丛书的著名记者都是中国近现代新闻工作者的杰出代表，历史跨度达一百四五十年。从 1874 年创办《循环日报》的中国第一个报刊政论家王韬、西学东渐的先驱严复、近代舆论界第一人梁启超，到五四运动总司令陈独秀、"铁肩辣手"邵飘萍、党的报刊开拓者瞿秋白，到邹韬奋、范长江……他们的身上，集中体现了中国优秀新闻工作者的理想追求、道德品质和社会责任感、历史使命感。他们或为启发民智而呐喊，或为揭露黑暗而拍案，或为寻找光明而高呼，或为坚守正义而发声。他们的生命和追求，"就是完全大公无我的对社会服务的精神组成的"（邹韬奋语），是为民族独立、国家富强、社会进步、民众幸福而奋斗不息的精神。这种精神，这种品格，无疑是今天的新闻工作者应该继承、弘扬的宝贵财富，是年轻一代新闻记者学习的榜样，也是激励整个社会奋发有为、创新进取的重要力量源泉。

我国最早的一批优秀记者、报人，面对民族生存的深重危机，表现出强烈的忧患意识和爱国情怀，他们热议朝政，力倡革新和革命，为救亡图存奔走呼号。革命战争年代，一批红色记者揭露国民党的黑暗统治，热情歌颂中国共产党领导的人民解放事业，体现了对历史发展大势的清醒认识，对社会进步潮流的自觉顺应。新中国成立后，大批优秀的新闻记者紧跟时代步伐，积极反映革命和建设事业的发展变化，针砭阻碍社会发展的不良风气和陈规陋习。改革开放三十多年来，我国经济社会迅猛发展，新闻工作者参与其中，用自己的笔墨、镜头、声音和图像，为伟大的改革开放事业鼓与呼，忠实记录了时代的变迁和文明的演进。可以说，历史的发展，社会的进步，是这些著名记者的共同追求。虽然历史阶段、表现形式各不相同，但我们看到，在这些优秀记者身上，体现的是深沉的历史担当，是对国家富强、人民幸福的满腔赤诚。当代新闻记者，特别是年轻记者要写出真正有分量、能够产生重大影响的新闻作品，首先必须具备这样的历史责任意识，站在顺应历史规律、推动社会进步的高度，投身于时代的火热实践之中，积极推动党和人民新闻事业发展，在人类文明进步的伟大实践中担当重任。

就专业素养而言，近现代著名新闻记者有一个共同的特点，就是都具有崇高的新闻职业操守和追求真理的精神。他们不辞艰辛，深入采访，深度思考，坚持新闻真实性原则，坚持用事实说话，用真相说理，拒绝虚假新闻，反对胡编乱造。"涉浅水者得鱼虾，涉深水者得蛟龙。"范长江、邹韬奋、穆青等老一辈新闻工作者能写出《动荡中之西北大局》《萍踪寄语》《县委书记的榜样——焦裕禄》等至今仍为人们传颂的新闻名作不是偶然的，这些前辈们为了一篇报道往往奔波数百里、上千里，采访上百人，深入下去采写，精心凝练思想，每一篇名作背后都浸透了辛勤的汗水。泡在会上、盯着网上要新闻，那是出不了名记者的。只有认真落实"三贴近"要求，深入到改革开放和现代化建设的伟大实践中，深入到丰富多彩的现实生活中，深入到人民群众中"挖新闻"，切实把前辈们"脚板底下出新闻"的优良作风发扬光大，才能写出人民群众喜闻乐见甚至传之久远的报道。

收入本丛书的著名记者还有一个共同的特点，那就是他们都拥有丰富的知识和宽广的视野，并且把不断学习视为重要的人生信条。新闻记者前辈如胡愈之、爱泼斯坦、穆青、范敬宜等，一生都在不断地学习，真正做到了"活到老，学到老"。他们总是每次采访前先做"功课"，时时学习，处处学习。正是他们渊博的学识、广阔的视野以及优美的文字，使得新闻作品充满了深厚情感，闪烁着智慧的光芒，被读者争相阅读，广为传诵。当代新闻记者要在新形势下作出成绩，也必须不断完善知识结构，拓宽知识领域，提高自身素质。要深入了解国际国内形势的发展变化，培养世界眼光和战略思维，增强全球传播意识。加强现代经济、法律、文化和各种科技知识的学习，深入研究信息化条件下新闻传播规律和传播艺术，善于运用信息、数字、网络等现代科技手段开展新闻工作。尤其是在全媒体时代搞新闻，是以知识、技术、信息为竞争力的，必须要把前辈们持之以恒的学习精神发扬光大，争做新闻高手。

在改革开放的恢弘背景下，新闻出版业在党和国家的亲切关怀下，积极进取，锐意改革，实现了空前的大发展、大繁荣、大跨越。目前，我国已经成为世界上的新闻出版大国，全国共有十多种传播业态在发展，报纸、刊物、图书、广播、电视、电影等主流媒体均在世界前列，新媒体更是全球领先，新闻工作者达 40 多万人，新闻出版、广电、互联网从业人员超过 1000 万人，可谓规模巨大。但我们也要看到，我国新闻出版广电业与发达国家相比还有一定的差距，我们虽然已经是新闻出版广电大国，但还不是新闻出版广电强国，我们继续发展的空间还很大，开拓创新的任务还很艰巨。为了实现新闻出版广电业的科学发展，早日把我国建设成为新闻出版广电强国，新时期的新闻记者们还需持续不断地努力奋斗，开拓进取。要继承前辈记者的精神品格，发扬前辈记者的优良传统，高举中国特色社会主义伟大旗帜，以邓小平理论和"三个代表"重要思想为指导，深入贯彻落实科学发展观，认真贯彻落实党中央的决策部署和工作要求，解放思想、实事求是、与时俱进，贴近实际、贴近生活、贴近群众，深入到新闻事发地、灾区、战场、疫区等地实地采访，用一篇篇报道、一张张图片、一组组镜头，生动书写中华民族富起来、强起来的宏伟历程，为国家富强、人民幸福、祖国统一提供精神动力、智力支持和舆论氛围。

2012年11月，党的十八大胜利召开，以习近平同志为总书记的新一届中央领导集体，明确提出要实现中华民族伟大复兴的中国梦，而建设新闻出版广电强国作为中国梦的有机组成部分，已经开启了新的征程。回首往昔，岁月峥嵘；展望未来，前景光明。当此之时，我们编辑出版《中国名记者》系列丛书，展示一百多年来优秀新闻记者的责任与担当，业绩与精神，总结其新闻实践的经验和价值，不仅是对前辈新闻记者的缅怀和纪念，也是为了引导和激励今天的新闻记者踏着前人的足迹，更加奋发有为、锐意进取，努力成为无愧于我们这个伟大时代的优秀新闻人。

报刊政论开拓者 **王韬**（1828—1897）

　　王韬（1828—1897）　中国近代史上第一批走出国门、睁眼看世界的知识分子。由一个怀着"治国安邦"理想而怀才不遇的封建知识分子，转变为有着爱国激情和资产阶级民主意识的近代报人，他借助报刊政论抒发自己的变法革新主张，振聋发聩，名满神州，成为中国第一个报刊政论家。在风雨如晦的时代里创办近代报刊批判封建专制，提倡西学，倡导改革，为传统社会向现代社会转折的中国倾尽心血，做出了杰出贡献。王韬一生在教育、新闻、史学、文学等领域都有成就。

报刊政论开拓者

王韬（1828—1897），原名利宾，字兰卿，后易名瀚，字懒今，江苏甫里（今苏州角直镇）人。1862年遁去香港后改名为韬，字仲弢，一字紫诠，号天南遁叟、弢园老民、蘅华馆主等。王韬是中国近代史上资产阶级第一代思想家、教育家、杰出的报刊政论家，曾在风雨如晦的时代里创办近代报刊批判封建专制、提倡西学、倡导改革，为传统社会向现代社会转折的中国，倾尽心血，做出了杰出贡献。王韬一生在教育、新闻、史学、文学等领域都有成就，著有《弢园文录外编》《弢园尺牍》《西学原始考》《淞滨琐话》《漫游随录》《普法战纪》《淞隐漫录》等四十余种。

走出国门看世界为办报打下基础

王韬1828年出生在江苏甫里一位塾师家中，从小受到严格的家庭教育，毕读经书，旁涉诸史，具有颇深的旧学功底。18岁以第一名考中秀才，可是次年到南京乡试未中，遂绝意科举，在乡间教书授课。1849年由于父亲的突然离世，为生活所迫，只得去上海谋生。他应英国教士麦都思（Walter Henry Medhurst，1796—1857）的邀请，进入了墨海书馆担任中文编校工作，前后达 13 年之久，并参加墨海书馆出版的上海第一个中文刊物《六合丛谈》的编辑工作。长期的耳濡目染使他熟悉了报刊业务，并为今后自己办报刊打下了基础。

1862 年他回苏州探视生病的母亲，因太平天国起义军上书献策攻打上海一事遭清政府通缉，随后从上海逃亡香港。在香港期间，受聘于英华书院，成为英国传教士理雅各（James Legge，1814—1897）的助手。1867 年冬至 1868 年春随理雅各由苏伊士运河途经开罗、巴黎、伦敦，抵达理雅各故乡——苏格兰克拉克曼南郡的杜拉村。王韬客居此地两年，协助理雅各翻译儒家经典，期间得以漫游法、英等国，对西方现代文明了解更深。在旅英期间深感报纸"人仰之如泰山北斗"之崇高地位。王韬是中国近代史上第一批走出国门，睁眼看世界的知识分子，眼界顿开，使他有感于中国落后，遂确立了变法图强的政治主张。

1870 年，王韬踌躇满志返回香港，组织中华印务总局；并与报界密切来往，在《香港华字日报》连载他的《普法战纪》，还刊载该报主笔陈蔼廷与他合译的文章等；① 1874 年创办《循环日报》，宣扬变法图强。1879 年，应日本文人邀请，前往日本进行为期四个月的考察，写成《扶桑记游》。1884 年，王韬回到阔别二十多年的上海定居，后出任中国第一所教授西方科学知识的学校——格致书院掌院（院长），直至去世。晚年他以著书自娱，1897 年在上海病逝。

王韬（1828—1897）

第一个报刊政论家

王韬由一个怀着"治国安邦"理想而怀才不遇的封建知识分子，最终转变成有着爱国激情和资产阶级民主意识的近代报人。他借助报刊政论抒发自己的变法革新主张，振聋发聩，名满神州，成为中国第一个报刊政论家。

1874 年 2 月 4 日，王韬在黄胜、伍廷芳等人帮助下，在中华印务总局基础上，创办了中国近代第一张"华人资本，华人操权"的报纸——《循环日报》。该报与其他报纸所不同的是广告少、评论文章多。从创刊起，王韬主持十年，最能吸引读者的是经常出现在该报的评论。《循环日报》的办报宗旨为"强中以抑外，诹远以师长"，②王韬把报纸作为宣扬改良主义的政治讲坛，大胆议论揭露社会时弊，发表富国图强的主张，批评时政，迫切要求社会变革。他在报上发表了数百篇文章，开创了报刊政论文体，也成为中国第一个报刊政论家。

　　王韬的政论万变不离其宗，反复阐释一个"变"字，全面系统地宣传他的变法主张。他第一个在报纸上提出了实行君主立宪的主张。针对封建专制，他提出了"重民"主张，认为君民共主的君主立宪制度才是最理想的政治制度，"惟君民共治，上下相通，民隐得以上达，君惠亦得以下逮"③。这在当时是一种极其大胆的思想，具有进步的历史意义。康有为研读《循环日报》，亲自拜访王韬，深受其影响而"公车上书"。④王韬的变法维新主张从此上升到政治实践活动，推动了百日维新。

　　王韬对腐朽体制下滋生的那些贪官暴吏尤为痛恨，这些人"自以为朝廷之命官，惟知耗民财，殚民力，敲膏吸髓，无所不至"⑤。王韬在《停捐纳》《除弊》《尚简》等文章中，批评清政府统治官僚机构的黑暗腐败，揭露捐纳式卖官鬻爵。王韬还抨击了科举制度，指出这种选拔制度束缚人的思想，只能用来维护封建专制统治。他主张改革旧式书院为新式学校，提倡西学，要学习西方科学知识和生产技术，这样培养出来的人才，即使不为朝廷所用，因有一技之长，可使终身受用。

　　王韬的政论摆脱了桐城"义法"、八股文的影响，冲破了封建义理章法的束缚。他的政论文章适应社会生活的需要，不拘泥章法，不墨守成规，只求明白清楚，敢于直陈时弊。正如王韬在《弢园文录外编·序》所言："自愧言之无文，行而不远，必为有识之士所齿冷，惟念宣尼有云，辞达而已，知文章所贵在乎纪事抒情，自抒胸臆，俾人人知其命意之所在而一如我怀中之所欲吐，斯即佳文。"王韬以一扫当时文坛使人窒息的封建义理章法的气氛，使读者耳目一新。有人曾评价王韬的政论文体，"冲出了古文辞的门径，平易畅达，切实有用，开始成为群众的读物，走上社会化的道路"，"在散文发展史上有划时代的意义的"。⑥

王韬的政论，篇幅短小，内容集中，浅显易懂。他的文章开门见山，单刀直入，通俗明了。为了便于刊登，绝大部分文章是在一千字左右。选录在《弢园文录外编》中的187篇文章，超过1500字的，仅占所有政论文章的10%。为了力求文章短小，他对重大题目的论述，采取了分篇连载的办法。如变法和重民问题，他都分上中下三篇发表，每篇保持在1200字以内，类似这种分篇发表的政论，仅在《弢园文录外编》一书中，就有十余篇。

表述新闻思想第一人

在近代中国，最早表述新闻思想的有三人：洪仁玕、王韬、郑观应。太平天国后期的领袖洪仁玕在《资政新篇》中曾明确提出，为使"上下情通"，要设新闻馆"以资治术"，因太平军的失败来不及将理想付诸实践，而且他在认识上也不够全面。比王韬稍迟一点的郑观应，在《盛世危言》中有两篇新闻学专论，《日报》（上）与《日报》（下），可郑观应不是一个报人，没有从事过新闻工作。

王韬是近代中国表述新闻思想第一人。他受西方报刊影响很大，加上自己的办报实践，逐步形成了他的新闻思想。王韬专门论述办报思想的文章有：《论日报渐行于中土》《论各省会城宜设新报馆》《论中国自设西文日报之利》《上潘伟如中丞》等。王韬的新闻思想，以实践为依托，把自己对西方新闻业的了解和中国具体的政治需要紧密结合在一起，并对之有所取舍，做了中国化处理，以致后来的新闻思想家和报刊实践家都从中得到了极大启发，同时也为中国新闻思想的发展奠定了第一块基石。

归纳起来，王韬的办报思想主要表现在三个方面：

一是重视报刊的职能和作用。王韬主张"日报立言"。他在《弢园尺牍·上潘伟如中丞》中谈道："日报立言，义切尊王，纪事载笔，情殷敌忾，强中以攘外，诹远以师长，区区素志，如是而已。"他概括出报纸的作用，主要体现在广见闻、通上下、通内外、辅教化几个方面。他认为报纸还能起到"达内事于外，通外情于内"的作用。王韬最早看到了国际新闻传播中的不平等现象，并提出了自办西文日报与之抗衡的对策。

二是冲破封建专制禁锢，要求开放言禁。王韬反复陈言要效仿西方办报方法，允许各省创办新报。

三是报人要有道德，应为博古通今的通才。王韬在《论日报渐行于中土》和《论各省会城宜设新报馆》两篇新闻学论文中，明确提出了新闻工作者的业务要求，即聘请"博古通今之士以操其简"，认为报人"或非通才，未免识小而遗大"。这是中国新闻史上最早关于报人知识结构的论述，是"通才"办报思想的最早表述。所谓"通才"是那种德行艺皆优、古今事皆通，尤其是以"通今为先"的人才。其实，王韬本人在当时就称得上是学贯中西、超乎时辈的"通才"。自王韬首倡"通才"后，便成了大家对新闻工作者应该具备素质的共同认识。

总之，王韬新闻理论的探讨和对新闻自身规律的认识，有着时代和阶级的局限。但是，他开启的中国文人除了科举以外的通过以报议政、以报参政的文人论政的办报形式，不仅对我国近代报刊的发展产生了巨大的影响，而且也为我国新闻史留下了一笔宝贵的精神财富。中国新闻事业因有了王韬这样杰出的人才为其开路奠基，才有了迅速发展、蔚为壮观的历史。

注释：

① ［新加坡］卓南生：《中国近代报业发展史》，中国社会科学出版社 2002 年版，

第 182 页。

②王韬:《弢园尺牍》,中华书局 1959 年版,第 206 页。

③王韬:《弢园文录外编》,辽宁人民出版社 1994 年版,第 35 页。

④王韬:《弢园老民自传》,江苏人民出版社 1999 年版,第 215 页。

⑤王韬:《弢园文录外编》,辽宁人民出版社 1994 年版,第 35 页。

⑥游国恩等编:《中国文学史》,人民文学出版社 1964 年版,第 330 页。

作品选编

王 韬(1828—1897)

变 法 中

《易》曰:"穷则变,变则通。"知天下事未有久而不变者也。上古之天下一变而为中古,中古之天下一变而为三代。自祖龙崛起,兼并宇内,废封建而为郡县,焚书坑儒,三代之礼乐典章制度,荡焉泯焉,无一存焉,三代之天下至此而又一变。自汉以来,各代递嬗,征诛禅让,各有其局,虽疆域渐广,而登王会列屏藩者,不过东南洋诸岛国而已,此外无闻焉;自明季利玛窦入中国,始知有东西两半球,而海外诸国有若棋布星罗;至今日,而泰西大小各国无不通和立约,叩关而求互市,举海外数十国悉聚于一中国之中,见所未见,闻所未闻,几于六合为一国,四海为一家;秦、汉以来之天下,至此而又一变。

呜呼!至今日而欲办天下事,必自欧洲始。以欧洲诸大国为富强之纲领、制作之枢纽。舍此,无以师其长而成一变之道。中西同有舟,而彼则以轮船;中西同有车,而彼则以火车;中西同有驿递,而彼则以电音;中西同有火器,而彼之枪炮独精;中西同有备御,而彼之炮台水

《循环日报》

雷独擅其胜；中西同有陆兵水师，而彼之兵法独长。其他则彼之所考察，为我之所未知；彼之所讲求，为我之所不及。如是者，直不可以偻指数。设我中国至此时而不一变，安能埒于欧洲诸大国，而与之比权量力也哉！

然而，一变之道难矣！以今日西国之所有，彼悍然不顾者，皆视以为不屑者也。其言曰：我用我法以治天下，自有圣人之道在。不知道贵乎因时制宜而已，即使孔子而生乎今日，其断不拘泥古昔而不为变通，有可知也。今观中国之所长者无他，曰因循也，苟且也，蒙蔽也，粉饰也，贪罔也，虚骄也；喜贡谀而恶直言，好货财而彼此交征利。其有深思远虑矫然出众者，则必摈不见用。苟以一变之说进，其不哗然逐之者几希！盖进言者必美其词曰：中国人才之众也，土地之广也，甲兵之强也，财力之富也，法度之美也，非西国之所能望其项背也。呜呼！是皆然矣。特彼知人才之众，而不知所以养其人才以为我用；知土地之广，而不知所以治其土地以为我益；知甲兵之强，而不知练其甲兵以为我威；知财力之富，而不知所以裕其财力，开源节流，以出诸无穷而用之不匮；知法度之美，而不知奉公守法，行之维力，不至视作具文。凡此皆其蔽也，故至今日而言治，非一变不为功。

变之之道奈何？其一曰取士之法宜变也。帖括一道，至今日而所趋益下，庸腐恶劣不可向迩，乃犹以之取士，曰制科，岁取数千百贸然无知之人，而号之曰士，将来委之以治民，民其治乎？故我曰：取士之法不变，则人才终不出。

其一曰练兵之法宜变也。今之陆营水师，其著于籍者，有名而无实。当事者以兵不足恃，又从而募勇，能聚而不能散。今天津驻防之兵至十万，虽足以拱卫神京，翼保畿辅，以壮声威而遏觊觎；而他处海防均须整顿。绿旗满营，水师战舰，皆当易器械，更船舶，使之壁垒一新，而不得仍以戈矛弓矢从事。苟仍其旧而不早为之计，是谓以不教民战，无殊驱之就死地也。故我曰：兵法不变，则兵不能强。

其一曰学校之虚文宜变也。今所设教谕训导，小邑一人，大邑两人，虚糜廪粟，并无所事。且其人，类皆阘冗无能，龙钟寡耻，不足为士之表率。书院山长只取声誉，以所荐之荣辱为去留，而每月所课，不过奉行故事而已。是朝廷有养士之名，而无养士之实也。是反不若汉时所立国子监，天下士子犹得读书于其中也。

其一曰律例之繁文宜变也。昔高祖入关，其与民约，不过曰法三章耳。近世之吏，上下其手，律例愈密而愈紊，不过供其舞文弄法已耳。拘牵文义，厥弊日滋，动曰成例难违，旧法当守，而一切之事都为其所束缚驰骤矣。是朝廷有行法之名，而无奉法之实也。是不如减条教，省号令，开诚布公，而与民相见以天也。

凡是四者，皆宜亟变者也。四者既变，然后以西法参用乎其间。而其最要者，移风易俗之权操之自上，而与民渐溃于无形，转移于不觉。盖其变也，由本以及末，由内以及外，由大以及小，而非徒恃乎西法也。

（选自《弢园文录外编》，辽宁人民出版社1994年版）

王　韬（1828—1897）

王韬的政论万变不离其宗，反复阐释一个"变"字，全面系统地宣传他的变法主张。王韬最大的贡献是在《循环日报》发表大量政论，呼喊出当时无数爱国者的共同心声——变法改制，赶上西方的文明。本文阐释了"穷则变，变则通"的富国强兵之道。王韬认为清朝政府知道人才众多，而不知所以养其人才以为我用；知道土地之广大，而不知所以治其土地以为我获益；知甲兵之强，而不知练其甲兵以为国振威；知财力之富，而不知所以裕其财力，开源节流；知法度之美，而不知奉公守法。王韬提出：改变科举取士；改变对军队的训练方法，增加新式武器；开新式学堂培养天下士子；改变舞文弄法，开诚布公，与民相见。这是我国知识分子早期的变法主张，这四方面的改变虽然不是政治体制的根本变革，但对拒强敌于国门之外，改变落后挨打，备受欺凌的局面是有好处的。

重 民 下

泰西之立国有三：一曰君主之国，一曰民主之国，一曰君民共主之国。如俄，如墺，如普，如土等，则为君主之国，其称尊号曰恩伯腊，即中国之所谓帝也。如法，如瑞，如美等，则为民主之国，其称尊号曰伯理尔天德，即中国之所谓统领也。如英，如意，如西，如葡，如嗹等，则为君民共主之国，其称尊号曰京，即中国之所谓王也。顾虽称帝，称王，称统领，而其大小强弱尊卑则不系于是，惟其国政令有所不同而已。一人主治于上而百执事万姓奔走于下，令出而必行，言出而莫违，此君主也。国家有事，下之议院，众以为可行则行，不可则止，统领但总其大成而已，此民主也。朝廷有兵刑礼乐赏罚诸大政，必集众于上下议院，君可而民否，不能行，民可而君否，亦不得行也，必君民意见相同，而后可颁之于远近，此君民共主也。论者谓：

君为主，则必尧、舜之君在上，而后可久安长治；民为主，则法制多纷更，心志难专一，究其极，不无流弊。惟君民共治，上下相通，民隐得以上达，君惠亦得以下逮，都俞吁咈，犹有中国三代以上之遗意焉。

三代以上，君与民近而世治；三代以下，君与民日远而治道遂不古若。至于尊君卑臣，则自秦制始。于是堂廉高深，舆情隔阂，民之视君如仰天然，九阍之远，谁得而叩之！虽疾痛惨怛，不得而知也；虽哀号呼吁，不得而闻也。灾歉频仍，赈施诏下，或蠲免租税，或拨帑抚恤，官府徒视为具文，吏胥又从而侵蚀，其得以实惠均沾者，十不逮一。天高听远，果孰得而告之？即使一二台谏，风闻言事，而各省督抚或徇情袒庇，回护模棱，卒至含糊了事而已。君既端拱于朝，尊无二上。而趋承之百执事出而莅民，亦无不尊，辄自以为朝廷之命官，尔曹当奉令承教，一或不遵，即可置之死地，尔其奈我何？惟知耗民财，殚民力，敲膏吸髓，无所不至，囊橐既饱，飞而飏去；其能实心为民者无有也。夫设官本以治民，今则徒以殃民；不知立官以卫民，徒知剥民以奉官。其能心乎为民，而使之各得其所，各顺其情者，千百中或一二而已。呜呼！彼不知民虽至卑而不可犯也，民虽至愚而不可诳也！

善为治者，贵在求民之隐，达民之情，民以为不便者不必行，民以不可者不必强，察其疴痒而煦其疾痛，民之与官有如子弟之于父兄，则境无不治矣。古者里有塾，党有庠，乡有校，读法悬书，月必一举。苟有不洽于民情者，民皆得而言之。上无私政，则下无私议。以是亲民之官，其为政不敢大拂乎民心，诚恐一为众人所不许，即不能保其身家，是虽三代以下而犹有古风焉。

《书》有之曰："民惟邦本，本固邦宁。"苟得君主于上，而民主于下，则上下之交固，君民之分亲矣，内可以无乱，外可以无侮，而国本有若苞桑磐石焉。由此而扩充之，富强之效亦无不基于此矣。泰西诸国，以英为巨擘，而英国政治之美，实为泰西诸国所闻风向慕，则以君民上下互相联络之效也。夫尧、舜为君，尚赖有禹、皋陶、益、稷、契为助，而天下乃治；今合一国之人心以共为治，则是非曲直之

王韬（1828—1897）

公，昭然无所蒙蔽，其措施安有不善者哉！窃以为治国之道，此则犹近于古也。

（选自《弢园文录外编》，辽宁人民出版社1994年版）

评析：

在近代"民"是指士大夫阶层，非指人民。王韬在这篇文章中提出清政府应重视民。这与他在伦敦曾游览了英国议院，知道召开国会在议院中讨论国家大事时，人们可以自由表达意见有关。这对生活在封建专制统治的中国是无法想象的，对他以后力主在中国实行英国式的君主立宪制度有着巨大影响。两年的旅英经历对王韬思想的影响是深刻的，针对封建专制，他提出了"重民"主张。他在《重民》一文中介绍了西方的三种政治制度："泰西之立国有三：一曰君主之国，一曰民主之国，一曰君民共主之国。"在他看来，第一种制度，即君为主的制度会形成国家权力集中在君主手中，从而导致"上下隔阂，有所蒙蔽"；第二种制度，即像美法等国的民主制度，国家权力过于分散在民众之间，"不免法制纷更，心志离散"；而君民共主的君主立宪制度才是最理想的政治制度，"惟君民共治，上下相通，民隐得以上达，君惠亦得以下逮"。王韬甚至认为"天下之治，以民为先，所谓民惟邦本，本固邦宁也"，提醒朝廷"勿以民为弱"，"勿以民为贱"等。君民共主思想虽然有与封建帝制相妥协的一面，但毕竟在承认"君主"的前提下提出了民主思想，这在当时是一种极其大胆的思想，具有进步的历史意义。封建君主专制制度在中国统治了数千年，历史只有走到19世纪七八十年代，才由王韬最先提出了从政治体制上冲击封建专制的主张。王韬第一个在报纸上提出了实行君主立宪的主张，这在当时十分难得，对封建专制社会改革起到了推动作用。

停 捐 纳

天下自捐纳之开，朝廷之上几有市道焉。内官自郎中始，外官自道员始，以次递下，一切皆有价值。而更复减价折值以广招徕，从此守财之虏，纨绔之子，只须操数百金数千金数万金以输之部，立可致荣显；朝犹等于负贩，夕已列于搢绅矣。其用资尤多者，即可领凭赴任。其指省分发，需次省垣者，亦复随行逐队，听鼓应官，公然以为民上自居矣。但得与上游相识，或有世交旧谊，立可得优差，或分派之厘税各厂，月取数十金或百余金。而问其果皆实心办事否，则月至不过数日，余皆委之司事而已。各厂事简而人众，不过上游以此为调剂而已。其所以糜费朝廷之府库者，不知凡几，是挟数百金数千金而月收其利至于无算。但在厂当差数年，而捐纳之资早已全偿；及其挨班得缺，取盈于民，尚忍言哉？

王　韬 (1828—1897)

近日行捐员考试之法，以观其通否，而所出之题则策论也。闻悉系倩人代作，不过照例纳金以饱阍役之囊橐而已。若是者，仍非甄别以文字，而仍索取其货贿也。其有不觅代倩，不纳苞苴者，则必墨污其卷，涂改其字，俾置劣等，盖法立而弊生如此。夫所谓捐纳者，原与科甲不同，使必能以文字争长，则又何必舍科甲而就捐纳哉。今必试之以必不能之事，而曰不能则汰之，是亦冤矣。况乎居官莅民，独在区区之文字乎？其见亦傎矣。

为上游者，独不可于接见之顷，询之以时务，试之以谳狱，示之以疑难案牍。只于数语之间，即可睹其才识，自此二三次或四五次，其胸中所蕴，能堪治民与否，当必昭然洞悉。才者进之，不才者退之，固易易耳。无奈今之为上游者，只以情面为瞻徇，请托为引援，钻营为阶进，财贿为升擢，逢迎结纳为与畀，惟便其一己之私而已。其所谓贤者未必贤，所谓才者未必才，官方何由澄叙，宦途何由整肃哉！

原夫捐纳之初，已以利始，至此而责其志趣卑污亦晚矣。捐纳之弊，大者病国殃民，小者空糜廪禄，故不废捐纳，天下终不得治。然则今日各省所有之捐员，将尽沙汰之乎？抑另试之以别事，使其各效奔走乎？吾请为上者大加察核，汰其不肖不才不能者，而擢用其贤者才者能者。沿海之地，则先试之以洋务，其在他省，则先以理财各事试之。果其不竞不贪，而后委之以民事，必倍昭其郑重，而彼自奋矣。

或曰，为仕者贵乎通达政体，明察利弊，以爱民之实心行爱民之实政。往往见科甲出身者，仅知诵读时文，迂腐之气不可响迩；否则自恃为正途人员，骄凌贪愎，为人所不敢为。而捐员之抚字摧科，反出其上，故才居报最行堪卓异者，多出自捐员之中。是则何途无才，捐员何不可与科甲保举两途齐驱并驾哉？不知捐员之自拔于寻常者，千百中之二三而已，其足以坏国家之大体，为盛德之深累者，实无穷也。蒙故以为捐纳一途，万不可不停。

然则今日之军需兵饷所以补苴正赋者，将从何出？此时帑项已极形其支绌，再裁此款，其势实难，此筹国是者断不可听也。吾以为无难也。捐纳一途，但当如汉家纳粟之例，畀以虚衔，而不能给以实缺。此外则如虞廷金作赎刑之例，但许赎罪而不能求官。且每年诏各直省督抚，痛裁糜费，厘税各厂止设一官以专责成，其余一切罢之，即以羡余归之国家。

且亦思捐例日开，捐员日多，现已有壅挤之患，再阅数十年，将所谓官者，满街悉是，遍地皆然，烂羊续貂之诮，重见于今日矣，岂盛朝之所宜有哉。矧乎兴利之法，于今实多，又何必鬻爵售官，至于累民病国。如开辟矿务，整顿醝纲，鼓铸钱文，皆今日之要务也，何不次第而举行之。

呜呼！宜废者不废，此民生之所以日敝，国计之所以日绌也；当行者不行，此财源之所以日竭，利权之所以日落也。徒令天下有心人抚怀宦习，蒿目时艰，虽焦唇敝舌，大声疾呼，而终至于无如何也。

（选自《弢园文录外编》，辽宁人民出版社 1994 年版）

评析：

所谓"捐纳"即"卖官"。与这一现象相提并论的还有一个"鬻爵"，统称之为"卖官鬻爵"。所谓"鬻爵"，是指用爵位来换取粮食，并不付钱，是以"救灾"的名义。这是在国家临灾时，因缺粮而采取的应急措施。史料记载，"卖官"始于汉武帝时代。当时边关告急，国库空虚，仅用爵位换取粮食不足以解燃眉之急时，便出卖官位，支付庞大的军费开支。至此，"卖官鬻爵"才合二为一。清代乾隆晚年，由于官吏贪污和乾隆的铺张浪费，国库空虚，一遇灾荒，就大开"捐纳"（卖官）。

王韬的评论以对"捐纳"现象的揭示为基础，从正反两面展开分析议论。笔锋犀利，立论义正辞严，忧国忧民之心跃然纸上。他一针见血地指出了中国自古以来选官的捐纳制度就是公然地卖官，清代实行的捐员加考试之法，也不过是欺人耳目，因为试卷是"倩人代作，不过照例纳金以饱阍役之囊橐而已"。这样选出的人才，"贤者未必贤"，"才者未必才"，他们不事政务，一味钻营；徇私舞弊，贪赃枉法，结党营私，使真才人也就更加受到排挤。长此以往，国将不国。"大者病国殃民，小者空糜廪禄，故不废捐纳，天下终不得治。"

文章提出的解决办法是：让皇帝明察审核，淘汰那些无才、无能者，提拔那些贤者、才人。王韬毕竟是一位忧国忧民之士，我们不可能要求他提出一套治国方略。他大声疾呼"停捐纳"，指出其弊端所在，极力抨击官僚政治的腐败不可救药，忧国忧民，心如火焚，一个爱国志士赤子之心很让人敬佩。

论日报渐行于中土

泰西日报，约昉于国朝康熙时。日耳曼刊录最先，而行之日盛。他国皆厉禁。凡关国事军情，例不许印；妄置末论者，辄寘诸狱。后禁消弛而行亦渐广，英、法、美各国皆继之而兴，僻壤偏隅无不遍及，而阅者亦日众。然法国所刊间阎隐密报，法廷闻之，立加禁斥，诚以日报

王韬（1828—1897）

之例，不得讥刺人之隐事也。西国之为日报主笔者，必精其选，非绝伦超群者，不得预其列。今日云蒸霞蔚，持论蜂起，无一不为庶人之清议。其立论一秉公平，其居心务期诚正。如英国之泰晤士，人仰之几如泰山北斗，国家有大事，皆视其所言以为准则，盖主笔之所持衡，人心之所趋向也。美国日报，一日至颁发十万张，可谓盛矣。大日报馆至用电报传递，以速排印。夫岂第不胫而走也哉。

华地之行日报而出之以华字者，则自西儒马礼逊始。所刻东西洋每月统纪传是也，时在嘉庆末年。同时，麦君都思亦著特选撮要，月印一册；然皆不久即废，后继之者久已无人。咸丰三年，始有遐迩贯珍刻于香港，理学士雅各、麦领事华陀主其事。七年，六合丛谈刻于上海，伟烈亚力主其事，采搜颇广。同时，有中外新报刻于宁波，玛高温、应理思迭主其事。同治元年，上海刊中西杂述，英人麦嘉湖主其事。嗣皆告止。近则上海刊有教会新报，七日一编，后改为万国公报，林君乐知主其事。而中国闻见录亦刊于京师，艾君约瑟、丁君韪良主其事。顾此皆每月一编者，兼讲格致杂学，器艺新法，尚于时事简略。惟香港孖剌之中外新报，仿西国日报式例，间日刊印，始于咸丰四五年间，至今渐行日远。其他处效之者，上海字林之新报，广州惠爱馆之七日录，又港中西洋人罗郎也之近事编录，相继叠出。三四年间，又益之以德臣之华字日报，而我局之循环日报行之亦已二年。上海则设有申报。自申报行而字林之新报废。去岁春间，粤人于上海设有汇报，旋改为彙报，近数月间，又有所谓益报。闻福州亦设有日报，但行之未广，未得多见也。港中日报四家，上海日报两家，皆排日颁发，惟于星房虚昴四日则停止耳。日报之渐行于中土，岂不以此可见哉？

顾秉笔之人，不可不慎加遴选。其间或非通材，未免识小而遗大，然犹其细焉者也；至其挟私讦人，自快其忿，则品斯下矣，士君子当摈之而不齿。至于采访失实，纪载多夸，此亦近时日报之通弊，或并有之，均不得免，惟所冀者，始终持之以慎而已。

（选自《弢园文录外编》，辽宁人民出版社1994年版）

评析：

    王韬是近代中国表述新闻思想第一人。他长期接触西方报刊、游历国外，因此他的办报思想，受西方报刊影响很大，加上他自己的办报实践，逐步形成了他的新闻思想。他认为西方重视发挥报刊作用，希望中国通过创设日报来达到上下相互联络的目的，使国家的军政大事迅速地"上行而下达，朝会而夕颁"。他希望冲破封建专制禁锢，要求开放言禁。王韬反复陈言要仿效西方办报方法，允许各省创办新报。

    在近代中外关系史上，中国人没有主动地去了解西方，更没有主动地让西方人了解自己，不重视对外宣传，以致"隔阂为患"。王韬把报纸当作公共利器，强调"通才"办报，明确提出了新闻工作者的业务要求，即聘请"博古通今之士以操其简"，认为报人"或非通才，未免识小而遗大"。

（编撰：乔云霞）

王 韬 (1828—1897)

　　蔡尔康（1851—1921） 中国本土第一代名报人，近代佣书西人最知名的华人知识分子之一。多次乡试不售后投身报界，先后服务于《申报》《字林沪报》《新闻报》等沪上著名报刊。1894年至1901年担任《万国公报》华文主笔，与主编、在华美国传教士林乐知合作，撰写、翻译及经手刊文千万言，指陈时政，倡导维新，有"已合美华而为一人"之说，开创了该报35年历史中最辉煌的时代，被誉为当日报界之"人杰"。

《万国公报》的灵魂

蔡尔康 (1851—1921)，字紫绂，别署铸铁庵主、楼馨仙史、涨海滨野史、海上蔡子等。1851 年出生于嘉定南翔，后定居上海。蔡尔康是中国本土第一代名报人，也是近代佣书西人最知名的华人知识分子之一。他 1874 年投身报界，先后服务于《申报》《字林沪报》《新闻报》《万国公报》等沪上著名报刊，留下了大量文字作品，并有不少新闻业务方面的创新。尤其在担任《万国公报》华文主笔期间，除了自己撰写文章指陈时政，还与主编、在华美国传教士林乐知等合作，撰写、翻译及经手刊文千万言，有"已合美华而为一人"之说，是当时整个《万国公报》的灵魂，被誉为"恂当日报界之人杰矣哉"。

寄身《申报》，才华初显

蔡尔康 1868 年考中秀才，但是后来八试乡试不售，跻身仕途、光宗耀祖的科举之梦破灭，再加上家道中落，不得不另寻出路。当时正值中国近代报业初兴，西方商人、传教士纷纷在中国通商口岸创办报刊，需要有文字根底的中国人主持笔政和编务，为中国读书人提供了新的安身立命之所。西学东渐的潮流日益动摇着儒家信仰的根基，落第士子、失意文人也容易挣脱传统桎梏，"涉历洋务，就馆西人"，投身新兴的新闻业就成了他们谋求生计、抒发胸臆的人生选择。正如《申报》主笔雷瑨所言："而全国社会优秀分子，大都醉心科举，无人肯从事于新闻事业，惟落拓文人，疏狂学子，或借报纸以发抒其抑郁无聊之意兴。"①

1874 年底，蔡尔康就是在这样的个人遭遇和社会环境下进入申报馆的。《申报》由英国来华商人美查于 1872 年 4 月 30 日创办于上海。蔡尔康的主要工作是佐申报馆主美查做"秉笔华士"，并搜求新奇绝异、幽僻瑰玮之书，汇编出版申报馆《聚珍版丛书》。他虽然没有直接参加《申报》的编务，但是从 1875 年下半年起《申报》上就时有具名"楼馨仙史"的按语性质的文字出现，显示了他评论写作的才华。后来他开始主编申报馆出版的我国最早的通俗报纸《民报》，1877 年又为英国画师所绘画幅撰写中文说明，编辑成《寰瀛画报》，由本馆发行。

主笔《沪报》，名震上海

1878 年，蔡尔康因朋辈中伤退出申报馆。1883 年下半年，应字林洋行之请出任《字林沪报》主笔。当时正值中法战争爆发，借助《字林西报》和路透社新闻，《字林沪报》的新闻特别是外电外讯，见报往往比《申报》译载外报早，而且报道更详尽完备。其中有些不符合中国人观念和口味的内容，蔡尔康就借评论来补救。这些都使《字林沪报》一问世就显得身手不凡，在与《申报》的竞争中站稳了脚跟。

战事结束以后，《字林沪报》在国内新闻方面与《申报》的竞争处于劣势，蔡尔康便将重点转到副刊性材料方面，将《字林沪报》的报名由竖排改为横排，辟《花团锦簇诗集》刊载诗词小品，内容多为读者所投诗稿，为我国报纸文艺副刊的雏形。这种别开生面的方式吸引了当时众多人才，凡投稿者无不人购一纸，《字林沪报》的销量也因此大增。1888年，蔡尔康又首创在日报连载长篇小说之新，将夏敬渠的20卷小说《野叟曝言》排成书版形式，每日随报附送，遇到小说原稿中缺文之处，"煞费苦心，增缀字句以贯成之"，^②宛如完璧。一时间，《字林沪报》销数激增，引得其他报纸纷纷仿效。

担任《字林沪报》主笔8年，蔡尔康一跃成为上海报界众所瞩目的人物。1891年，他又受同辈流言所困而离开《字林沪报》，两年后参与创办《新闻报》并担任该报第一任主编。他在《新闻报》业务上虽无什么重要建树，工作却非常得意："官绅富商，皆粘余名；有与报章事宜者，皆乐就余；公私宴会之与时局有关者，多招致余；文人学士，以诗问嘱登报者，又皆标余'楼馨仙史'外号。"^③不过这种得意再次造成他与同事的隔阂，不到半年就辞职离开。

蔡尔康（1851—1921）

"林君之口，蔡君之手"

1892年，蔡尔康经沈毓桂引荐出任著名传教士李提摩太的记事，不久又结识了《万国公报》负责人林乐知，因此他离开《新闻报》后加入了《万国公报》。

1894年初，蔡尔康继沈毓桂出任《万国公报》主笔。从1894年2月第61册至1901年12月第155册，他共编辑了95册《万国公报》，总计近300万字，是该报35年历史中最辉煌的岁月。期间，蔡尔康与林乐知合作撰写了大量有关中西政治、经济、社会、历史、地理等方面的文章，竭力宣传保王朝、抵外辱、亲英美、倡维新的主张。其协作形式大多是由林乐知翻译、口述，蔡尔康笔录、润色。蔡尔康笔法纯熟，文采绮丽，正是由于他的快笔襄助，林乐知庞杂的思想得以尽情、系统地展示于华人面前。中日甲午战争爆发后，两人广泛收集中日官方文牍、外交照会，大多由林乐知口述、蔡尔康笔录写成文稿在报上发表。蔡尔康还以"林乐知选择，铸铁生汇录"之名，汇辑当时世界各国报纸对于中日战争的种种报道，每期连续刊出。后来《万国公报》所刊有关甲午中日战争的各种文章被辑成《中东战纪本末》八卷，这是最早有主题的大规模新闻作品结集，具有无法替代的史料价值。林、蔡二人相得益彰，他们的合著合议是整个《万国公报》的灵魂，对19世纪后期中国认知世界，特别是康梁维新产生过重要影响。林乐知曾称赞蔡尔康为"真中国之秀才也"，"余之舌，子之笔，将如形之于影，水之于气，融美华以一冶，非貌和而神离也"，④蔡尔康也视林乐知为"名师兼畏友"。

值得一提的是，蔡尔康也是第一个将Karl Marx译为"马克思"的人。1899年2月15日第121期的《万国公报》刊登了一篇由李提摩太翻译、蔡尔康撰写的题为《大同学》的文章，其中写道："以百工领袖著名者，英人马克思也。马克思之言曰：纠股办事之人，其权笼罩五洲，突过于君相之范围一国。吾侪若不早为之所，任其蔓延日广，诚恐遍地球之财币，必将尽入其手。然万一到此时势，当即系富家权尽之时，何也？穷黎既至其时，实已计无复之，不得不出其自有之权，用以安民而救世。"⑤这是中文文献中第一次出现马克思及其《资本论》的文字。

蔡尔康任职于《万国公报》，起到了沟通中西文化的桥梁作用。他借襄助传教士之机，既施展了被湮没的才华，又能在"基督"的氛围中慰藉抑郁的心灵，并逐渐欣赏、接受和传播西教西学。《剑桥中国晚清史》称蔡尔康为"基督教改革派"，"早期摆脱了儒家樊篱的人"。通过与传教士的接触、合作，他对基督教渐怀好感，并理性认识到除儒学外，"其他合法的和值得尊重的世界观都是可能存在的"⑥。这种思想观念促使他常年服务于"西儒"，在办报实践中会通于东西之间，与传教士合作，一起充当了中西文化交流的主角。同时，蔡尔康也借助《万国公报》这一平台，编撰了大量指评时事、倡导维新、呼吁自强救亡的文章，表现出可贵的爱国精神。例如他关于甲午中日战争的纪实与议论，针砭时弊、鞭挞积习、呼吁变法，强调中国想要真正站起来的唯一途径便是进行精神改革，其语言之激进、指谪之深刻前所未有，"不仅对一般阶层的人，连过去一直很难接触到的文人学士对它也发生了兴趣"。⑦

1901年，蔡尔康因与林乐知发生矛盾，离开了《万国公报》。1921年他70岁时曾向亲友集资，打算以祝寿贺仪移作刻书费用。由于刻书所费过巨，著述未能梓行，不久病逝。

注释：

①雷瑨:《申报馆之过去状况》，1922年申报馆成立50周年纪念特刊《最近之五十年》。

②马光仁主编:《上海新闻史》，复旦大学出版社1996年版，第86页。

③蔡尔康:《创兴〈新闻报〉记》，上海档案馆馆藏卷宗Q430-1-173号。

④蔡尔康:《送林荣章先生暂归美国序》，《万国公报》第109册（1898年2月），台湾华文书局股份有限公司影印本，第17525—17526页。

⑤蔡尔康文，李提摩太译:《大同学》，《万国公报》第121册（1899年2月），台湾华文书局股份有限公司影印本，第18287—18288页。

⑥费正清主编:《剑桥中国晚清史》（上卷），中国社会科学出版社1993年版，第650—651页。

⑦《广学会第九次年报（1896年）》，《出版史料》1990年第3期。

设文会以广闻见议

曾子曰:"君子以文会友。"朱注以为:"讲学以会友则道益明。"此为后世文人学士会文讲学之鼻祖，而流弊所至，或高谈性理迂阔难行，或竞侈声华流荡忘返，遂致天下诟病独丛吾儒。呜呼！此岂文会之过哉？夫亦文非其文，会非当会之过也。孔子去上古未远，而曰多闻阙疑，多见阙殆。可知闻见固不可不多，而疑殆阙焉者。一则其时俗尚敦庞，不敢破混沌以伤元气；一则恐学者以未信未安之事，误以为己信己安，故慎之也。然又曰："温故而知新"，学者诚温故业而迪新知，则所谓疑与殆者，亦终必有不待阙之一候。况乎居今之世，为今之人，光气大开，新奇迭奏，而犹自封故步，等于上古之醇醇闷闷而任他人之先我着鞭，付诸不闻不见，是犹欲达聪而塞其耳，欲视远而掩其目也。甚矣！其惑也。

欧洲各国之士，当我中国赵宋一朝，已时时共讲广见广闻之学，而中分两途焉。一则欲知古人之所已知；一则更欲知古人之所未知。夫古人之所已知者，陈迹也。此而不求其知，何以师古人之长而妙其用？古人之所未知者，新机也。此而安于不知，何以驾古人之上而辟其途？于是月异而岁不同，由一士以遍万类，由一日以逮百年。彼讲此求，彼创此因，且更精其求于所讲之外，密其因于所创之先。朝野同风，君民合力。久而久之，地球西半在欧洲人掌握之中，其所以得力之处，无非文会中为之兆也。且也一国有会，他国辄仿效之，虽极机密，刺听必精。虽极繁琐，研索必明。大而体国经野之谟，小而居处饮食之细，莫不元元本本，殚见洽闻。厥有新学书院之设，群萃侧处，朝考夕稽。不但各国之所已讲者，又推而至于神妙不可测之处，并于他人之所未讲者，亦各自出新意，卓然成一家言。

吁！其盛矣。而不知近百年来更行一上行下效之风俗，为我中国所万不能及者，盖有新学书院出身之著名博士，又设一广学会，以究明洪荒开辟以来数万年未经发泄之事，分门别类，专门名家。如广化学，如广电学，如广地舆学，如广格致学，如广农学之类。种种不一，偻指难终。而新学书院之肄业诸生即奉之为导师，其所讲而见之闻之者无一非广学也。学日益广，闻见日益新，国即日益兴。各国之主，皆知此事，实于国家大有裨益，故若英、若法、若意、若德、若

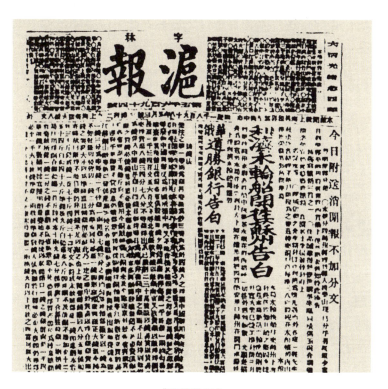

《字林沪报》

蔡尔康（1851—1921）

俄、若美，于此尤为属意。虑其居处之涣散也，则拨给地亩以栖其身。虑其经费之不敷也，则颁发帑金以济其用。于是广学会中人益复相观而善，相感而兴。无论是何书籍，凡会中有资以诵读，资以考证者无不备也。无论是何机器，凡会中有借以推测，借以制造者无不周也。精益求精，元之又元，实足以开造化之机械，而辟生人之元气。其时公家既重视会中人，或赐以职衔，或畀以凭照，达官富户亦相与解囊慨助，乐观厥成。会中人乃更时时自出新法，以济世用而奠民生。益复国富兵强，家给人足，则甚矣见闻之不可不广而文会之不可不设也。

中国则不然。其名为书院而并无一书之可读者无论矣。有专讲汉学者，名物象数必求其真，句读形声必求其是，遂乃动墨横锦，摇笔散珠，直欲使贾、马、孔、郑复生于今日，亦关其口而夺其席。考古之材

025

洵博雅矣，为问于国计奚裨？于民生奚补？此书院之不足称一也。有专讲宋学者，身心性命必研其精，日用伦常必要诸正，遂乃规行矩步，视下言徐。直欲使濂、洛、关、闽复生于今日，亦把其臂而入其林，穷理之彦洵纯正矣。为问于安内奚助？于攘外奚功？此书院之不足称二也。又其下者，以八股为等差，以五言为优劣，声律对偶，孜孜焉日有课程。于是举贤书、登上第，致身通显全在于是。为问致君泽民有一事需于此者乎？昔汉高祖以马上得天下，议者谓终不能以马上治天下。今日文人正坐此病。此书院之不足称三也。且夫上以是求，下以是应，固五洲万国具血气心知者之所同然也。中国诚一旦改其旧习，就中国固有之善政以端其本，而又博采异邦之善政示其机于读书人，则厥有数要焉。仆不敏请为当轴者借箸而筹之。

一曰详考天文以利民生也。中国推步之法，本为西人之所圭臬。顾西人师之而挈其要，华人守之而拘于墟。其以二十八宿之分野分隶中原各郡邑者，今亦渐知其非矣。乃或附会灾祥以为占验，眷怀晴雨以事祷祈，此固畏天敬天之道则然。然而有不尽合，不尽应者。惟设文会以广天文之见闻，则知日月星辰系属于天之理，并灼知其距地之远近，而算术由是精，重学即由是出。凡夫制器尚象之道，无一不取于此。譬诸测水而穷其源，树木而探其本，何必仰他人之鼻息而亦步亦趋哉？且知风雨雷电之变幻，或预推飓飔所至，使舟楫知所避，庐舍知所保，则民忘巽二之虐矣。或预求雨泽所降，俾栽树以通地气，引水以灌田畴，则民受雨师之惠矣。或讲明电学之精微，俾传书借力点灯，诸事皆适于用，则民喜阿香之效顺矣。而又以其余力酌种植之宜，核调摄之理，治生养生，息息与天文相维系。此而不讲，奚其可？

一曰灼知地舆以权国计也。西国所设大小学塾，壁间必遍悬五洲万国舆地分合各图。其书籍中亦各绘有图象，合乎古人左图右史之意。如西人童而习之，幼而学之，某国地方若干里，某国与某国相距若干里，何处为某国之本境，何处为某国之属地，口讲指画，一一了然于心。而又明乎某地之土宜，某山之矿产，更就博士以资印证。其异时簉仕于朝，或拓土开疆，或通商互市，皆可坐言而起行者何？莫非在塾时之导其先路哉！中国学塾中无不读四子书。苟能研究义理，身体而力行之，则儒修之懿，学术之醇，固属全在于是。然而数千年来圣人无论矣，其克成大贤蔚为名儒者寥寥无几，下而放僻邪侈之辈何尝不读诗书？及至作奸犯科，竟忘却圣经贤传为何物。世道之忧，孰大于是？诚宜实事求是，恪守先民之矩矱，以格其非心，然后移作文吟诗之课，设文会以广地舆之见闻。此诚当务之急也。仆尝见世之自命为通人者矣，獭祭义山，滔滔数典，呕心长舌，兀兀穷年，不俨然著作家欤？猝然问之曰：中国十八行省东西几里，南北几程？内外蒙古，前后西藏，与何府接界，与何县比邻？驿路经行何山何水？盖有瞠目而不能答者矣。又试问之曰：欧洲处中国何方？英国当欧洲何境？某国之地小于中国几倍？某国之属多于中国几州？何者为赤道所经？何者为温带所萦？盖有掩耳而不欲闻者矣。夫以中国之人，谈中国之地，以今日处于地球最灵之人，论今日丽于地球之最著之国，而不能答，不欲闻者无他，未讲地舆之咎也。不讲地舆而欲究他人之国势，欲免诮于聋瞽，其可得乎？

蔡尔康（1851—1921）

一曰博习方言以便记诵也。春秋时之名卿大夫，类能识四国之语言，然不过中国九州而止。今则重洋四达，合全地球为一大列国。无论主持国是者固应通嗫舌而却象胥，即学人人手之处，亦端从能读其书。如欧洲各国人之入仕途者必应识一、二国之语言文字，否则不入选。中国诚能仿而行之，设文会以广方言之见闻，固不必夸为能读腊丁古字，即厕于博雅之林也。其首要在于能识英文。盖英人最究心于异国之事，某国有何善政，某国有何新法，无不译为成书。华人读之，如就其性之所近。如上文所称天文地舆者，以及民生国计与夫兴革之利弊制造之精微，一一设会以肄习之。师其所长，舍其所短。更以中国之所长印合乎彼国之所长。条分缕析，由博返约。久而久之，务使他人不敢以所长傲我，则何敌国外患之足畏也。至如俄罗斯与我接壤，则俄文亦宜亟讲也。法兰西为公牍之通用，则法文亦宜备讲也。

总之国家今日需何事，即有深明此事之人以应之。则不必借材异地，叹廪粟之虚糜矣。苟舍此而不讲，则学者虽有羡慕西学之心，而传译失真，名师难访，有不望洋而兴叹者哉？以上三端，实为振兴中国之权舆，并非老生常谈，迂腐而不可行之事。今诚文不能会，见闻不能广耳。苟有杰出之士一、二人侣于始，千百人和于继，亿万人相率成于终。风流令行，雷动法合，欧人虽强，其尚不退避三舍者，吾不信也。

吾闻欧洲名士某君，游于中华者久，今倦游而返，新著一书以究明各国国运之终始。其大旨以为，地球之上不出百年必将合而为一。共主主者伊谁？则华人也。某君遂盛称华人守理之正，运思之精，与夫一切欧洲人所万不能及之事，而复深嘅乎当今之日华人仍墨守古学，风气未开，故无英绝领袖之者。欧洲博士群读其书，无不击节深赏，以为似此名论，实属千古不磨。余华人也，既窃喜其持论之公，复深冀其微言之中，爰不揣固陋，创为此论，窃谓欲符某君之言，必自设文会以广闻见始。

故由士而下等而至于农，有此会则得播种收获之利，而永无恶岁矣。贱而至于工，有此会则得制造，因创之精而永无窃器矣。末而至于商贾，有此会则得贱征贵、贵征贱之枢纽，而永无衰市矣。又由士而上，推而至于世家之贵胄，有此会则任子长才因之益显，不让曾惠敏公之折冲樽俎，李伯行星使之雍容坛坫专美于前矣。进而至於满洲之华族，有此会则长白祥征因之益著，当与崇地山尚书之使俄而返，斌君椿之《乘槎笔记》后先辉映矣。况乎王太子、王子、群后之太子入学以齿，载在《王制》。今诚屈前星之贵，天潢之重，共为此会，行见天亶聪明，日将月就，吾知欧洲某君所谓混一区宇，必属华人者，其在斯乎？其在斯乎？

或曰：如子所言信善矣，顾独不闻陈相之背陈良而学许行乎？古之儒者非先王之法服不敢服，然先王之法言不敢言，而子乃欲驱中国之人以讲异邦之学，几何不为孟子所诃也？曰：否。非此之谓也。姬公之籍孔父之书，与日月俱恳鬼神争奥，孝敬之准式，人伦之师友，固我中国亿万斯年所不可或废者也。华人守仁义忠信乐善之天爵，以端其始基，然后设文会以广闻见。凡夫他人之所有，我无不有之，我之所有，他人不能窥其藩篱也，则诚地球万国之所莫敢与京者也。舜为大圣，犹好问而好察迩言。迩言者浅近之言，犹必察焉，其无遗善可知。矧今欧洲各国之新学，高出迩言固万万也，我侪之比于舜不知其相去几千尘也，而犹高语皇初，熟视他人之我先而若无睹也，则何以使欧洲某君之言之必有中也。子宁以他规我。

（原载《万国公报》第四十八册，1893 年 1 月）

评析：

19 世纪 90 年代初，西方列强步步紧逼中国，风雨飘摇的清政府仍沉迷于"天朝上国"的迷梦中，故步自封，不图奋起。传统的封建儒家思想仍然占绝对统治地位，而列强入侵、传教士东来也带来了西方的思想文化。当时，蔡尔康正经《万国公报》主笔沈毓桂的推荐，出任广学会总干事李提摩太的记事，共译《泰西新史揽要》，使他对西方世界有了更大程度的了解。

1892 年蔡尔康发表于《万国公报》上这篇《设文会以广闻见议》，从比较东西方"讲学""文会"差异入手，分析中国落后的原因，指明中国想要强盛需从三方面进行学识教育的改革：一是"详考天文"，通过扩宽天文方面的认识来"利民生"；二是"灼知地舆"，通过增加地理方面的认识来"权国计"；三是"博习方言"，通过学习九州四国的语言来"便记诵"。全文条理清晰，结构严谨，论证有力，文辞流畅，发人深省，极能激发国人改革图强、奋起直追欧美列强的热情。

蔡尔康（1851—1921）

中日两国进止互歧论 (节选)

　　余之自美洲而至亚洲也，中国与日本国皆徒知率由旧章，与西人恒格格不相入。故西历一千八百六十年泰西诸国，□与中日两国更换和约，而摈之于万国公法之外。西民之东来者，皆自设领事等官，自为辖治，不肯受中日官法之范围。然有互商之事，仍嫌其散而无纪也。姑无论日本一小国，分封者十数侯，即以久易封建而为郡县之中国，各督抚尔疆我界，无事则显分畛域，有事则各顾考成。甚至起一国三公，吾谁适从之叹。西国乃请于中国。就京师设总理各国事务衙门，专掌中外交涉诸事。日本亦削除藩国，其主更从西京迁至东京，独揽大权与各西国往来无间。而于东京及神户、长崎诸海口，创立西学，延请西儒俘倍君、史道德君、董生君为教习，以教其民。此为东西相通发轫之始。中国是时，则于京师设同文馆，上海设广方言馆，广州设西学馆。延丁冠西先生、赫叭先生及余，分主皋比，聚成童而教之以语言文字。其时中日之人，足迹均未至外洋也。美国驻华大臣蒲安臣君任满将归，中国有二旗员从之而西。于是由美洲而至欧洲，历览其国政人情之美。适日主亦特遣二使臣，由美至欧。虽云分道扬镳，不啻同条共贯。万不料自此以后，中日同异之途显，中日进止之境遂于以定也。

　　日使之返也，以欧西至善之法具告于其主。日主乃忻慕艳羡，不能自己。当一千七百七十年之间，选其西学中子弟之聪颖者，资送出洋，以收引而置之庄岳之间之效。又许成材之士，与诸童偕往，遂有冠者五六人，追随其间。均受业于泰西名师之门下。日廷又悬为定例，岁遣若干人出洋肄业。其始仅往美国，后更遍往欧洲。其业经考取之学生则分门别类，俾之升入大书院。所学乃日益广。迨阅数年，日本渐派使臣及领事诸官分驻各国，亦各随带出洋肄业学生，更觉津津有味。既而日廷欲振兴庶政，特聘西员之通达时务者，分入各部，各部堂司以次各官均奉以为导师。兵农诸事，渐已井井有条。旋念敬教劝学，尤为当务之急。更礼聘美国学部大臣至日，畀以全权。爰自幼童学塾，以迄乎东京之太学，一切改弦而更张之，兼别请英、法、德诸国之名流。彼此和衷共济，集思广益，收效愈宏。其时出洋肄业之学生分学各事，略有成效可睹。国中之幼稚，又各喁喁向化。日廷更不吝国帑，培植诸生，令其择善而从。凡西人之所知所能者，务求涉其藩篱，而登其堂奥。及至学成回国，日廷则择能而使，俾之各罄其长。延至于今，无论综理部务，经管学务，本国皆不患无才。其尚留数西员者，不过使充监督。以匡其所不逮而已。至其遍国中曾通西学之人，数已不下百万。且不独男子已也，其女子亦仿美国之例，并令肄习东学，兼许旁及西学。日本非无泥古之人，而风会所殊，时势所迫，遂各销声匿迹，不敢妄置一词。维新之治，盖至是而名副其实矣。

……且日本人之仿行西法者，不徒在外貌，而在内心也。……况重以君若臣之振兴鼓励，不遗余力。举凡电线、铁路、邮政、开矿、通商诸大政，皆泰西之所谓尽美尽善者，日本则无不行之。又蹈西法而立议院，许其民公举议员，以通上下之情。日民乃益复兴起，皆视国事如家事，而休戚与共，祸福与同。忠义之气，有不觉其油然而生者。

……

乃中国则不然。同文方言诸馆既立，亦曾别选幼童，出洋肄业。而一、二次后遽尔中止。夫此一、二百之学童即皆学业有成，而杂诸四百兆人中，不啻沧海之一粟耳。而况乎未必尽成，成者亦未尝一用也。当恭邸秉政之时，奋发有为，遇事讲求良法，亦尝延订西员，简练士卒，更募西人之精于制造者，入江南制造总局、马尾船政局、金陵制造局分教华人，铸造船械。然恭邸以为有备无患，固经国之大猷，而偃武修文，尤治民之要务。因议创立西学，分门考试，以储桢干之材。而蹈常袭故之大臣，如倭中堂仁等，屡沮挠之。且发为背谬之说曰：堂堂中国而学于外夷，耻也。西箴之言曰：谦逊者尊荣被之，骄泰者败亡继之。又曰：心骄气傲，必遭陨辱。善夫恭邸之立言也。曰：人

蔡尔康（1851—1921）

031

非就学于人之为耻。不学而居于人后，乃真足耻也。又曰：外洋诸国，彼此相学，均不以为耻。东方之日本，小国耳。今亦遣人至英美等国，究心于语言文字与夫格致之学。我以堂堂大国，乃反在日本之后乎？又与首相倭文端阃阃力辩曰：君欲恃文字以胜人，亦无不可。本爵创设同文馆之意，则确乎其不可拔。而今而后，各行其志可也。旋以立馆之意，疏闻于朝。皇太后韪之，议遂决。然尤有最可惜者，则至此而已成止境也。督学使者岁科两试，虽亦兼取算学，而仍以八股试帖为重。无论工于八股试帖者，初无治民之才也，即曰有才。而国家但取之以为服官计，不能兼为为民计。天下岂有有官而无民之国哉？中国之好为人师者，日坐讲席，教人以四书、五经。讵得谓为不善？而不知教人以道德而束其心，与教人以艺事而赡其身，二者固不可偏废者也。

......

余盖观于中国之孱弱而重有慨也。中国名国也，亦大国也。曷为而孱且弱。曰惟不兴新法，故且夫中英之交，昔之日即于密者。岂英之厚爱乎中国哉？印度在南，俄罗斯在北，中国适介乎其中，故夫中国者印度捍御北风之屏障也。今日乃屡败于日本，他日岂能共御乎俄罗斯？余历览各西报，而知英之与中有离心离德之象焉。且俄人之言曰：我必不任他人偏助中国。其猛戾之气，见于言外。英国倘犹欲以救中者救印，适中俄人之忌。英其敢与俄争哉？况英即敢与俄争，又岂肯以亚洲之末节，摇动欧洲之根本哉？要之中国之孱弱如此，日本之强悍如彼，皆出各西国意料之外。是以中国之胜负，欧洲之局势系焉。

中国今已自觉当年之失计，致受蜂虿之毒，而请各国为之和解于日本。各国以为时已晚一语，诿卸其责。而推其心，直似有不可劝和，不必劝和者。鹬蚌相争，渔人殆将欲坐收其利矣。况怵于俄人之一语，遂纷纷效坐观成败之故智，先使中日两国，胜负相当，犹可曰两不偏袒耳。今中国值危急之秋，而各国萧然无与，是不啻谢中以袒日也。驯至兵连祸结，中国将有不可形诸笔墨之祸，吾知各国又必将哗然而起。其起者何也？曰：抑日本也。抑日本，所以扬中华乎？曰：殆非也，俄人欲三分中国之意，已明著之于大日报。日本虽出其死力，以与中国争，吾恐事至溃败决裂之际，日本将不能得寸地。苟妄肆觊觎之意，各国必群起而攻之。日本亦祸不旋踵矣。又使畏首畏尾，不敢与泰西雄国相抗衡，则蕞尔一岛国，孤立无助，终亦被吞于鲸鱼而后已。故为中国计，莫如姑暂行成于日本，索岁币则给之，求割地则予之。宋明之世，有行之者。非创局也。和议既成，然后休兵息民，以教以养，采泰西之良法，焕中国之新猷。不及三十年，必能复振。是之谓上策。为日本计，今已志得意满，苟局外之国，尚有以和议言者，便当乘机收网。而进用彼国与亚会中人士，与中国通力合作。释猜忌而敦辑睦，以共抗乎欧洲。是之谓中策。为泰西各国计，但闻中国有自怨自艾之意，亟思振作，即当力赞其成。毋惑于俄人之一言，而遽思染指，别就可共保中国。俾之危而得安，衰而复盛，兼可保欧洲之大局，永无兵革之患。否则幸灾乐祸，必有议其后者。是之谓下策。

然而用兵以来，垂五月矣。中国之振作者何在？怨艾者何在？但闻今日失平壤，明日败大东沟。越一月有余，失九连凤皇诸城。今旅顺一口，又有殆哉岌岌之势。而东来之各战舰，殆以百计。问其所借口，皆曰保卫本国之商民也。商民既至中国，中国自能保卫，何烦各国之越俎而谋。则又曰：中国未兴新法也。未兴新法，故孱且弱。而几不能约束其民也。异日者，即使各战舰别无不利于中国，而纷纭索饷，事在意中。中国将拒之不能拒，予之不胜予。不徒日本之为祸而已，吁嗟乎悲哉！时事至此，尚忍言哉！尚忍言哉！

（原载《万国公报》第七十一册，1894 年 11 月）

蔡尔康（1851—1921）

评析：

蔡尔康担任《万国公报》主笔的 8 年是该报最辉煌的时期，而整个公报的灵魂则是蔡尔康与林乐知的合著合译，在数量和社会影响上都是其他作者无法比拟的。这篇《中日两国进止互歧论》堪称林乐知、蔡尔康二人合作的代表作。该文由林口述，蔡笔录润色成稿。文章通过对中日两国的比较，探讨中国的致败之由，给人以历史纵深感，因而也更具启发性。

文章开篇认为，中日学西方谋维新，起步是相同的，但 30 年后日本终成伟业，而中国凌夷至今，究其原因，端在前者勇于革故鼎新，后者则"但守祖宗之旧训，不谙经济之新猷"，仍以"天朝上国"自居，认为"堂堂中国而学於外夷，耻也"，从而拒绝改革，不思进取。随之，文章提出要想改变中国落后现状，"抑日本而扬中华"的最佳策略在于"兴新法"，"采泰西之良法，焕中国之新猷。不及三十年，必能复振"。

该文观点明晰尖锐，行文流畅通达。中文报刊之前关于日本变法维新的报道较为零碎，更缺少评论，此文是第一篇系统比较中日成败得失的长文，极具震撼性。

广学兴国说

中土之言西事者，浅之，日以商贩富；深之，亦第日以工艺强，而不知特其粗迹耳。尝读泰西治谱，劝民稼穑之政，重于通商惠工。盖谓农不服先畴之旷亩，商即无以循族世之所鬻，工亦无以用高曾之规矩，士且无以食旧德之名氏也。泰西士、农、工、商无不志在日新，文特借《西都赋》语耳。虽然，犹非精诣也。商与工各有其学，农更独有其学，而胥原本乎士之学以为学。士也者，四民之冠冕，万事之枢机，故国家尤重之。虽然，犹未足以言保邦制治也。入庠序而罔念彝伦，道问学而不尊德性，浮嚣之气，中于人心，诈伪之私，习

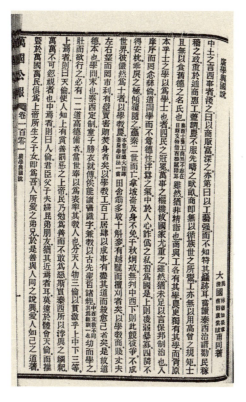

《广学兴国说》

蔡尔康（1851—1921）

为国是，上则凌弱暴寡，四邻不得安枕，乖戾之极，倾覆随之，嬴秦二世而亡，拿破仑及身不免，千秋炯戒，无判中西。下则此竞彼争，不成世界，彼俨然为士者。以学教农，本会曾撮大旨，译著《农学新法》一书。田舍翁多收十斛麦，有越陇而擅刈者矣。以学教商，贱丈夫左右望而罔市利，有璧贾害贿焚身者矣。以学教工，百工居肆以成事，有尽其道而杀愈己者矣。是故道德，本也；学问末也。泰西定制，童子胜衣就傅，俟能读书识字，兼教以古先圣哲诸经，中西立教不同，其为经训一也。幼而学之，壮而欲行之，必有一二道高德备者，当世奉以为表率。其教人也，分天、人、物三伦，以贯彻乎上、中、下三等。上焉者，则曰天伦，使人知上有赏善罚恶之上帝，民乃勉为善而不敢为恶，斯实泰西所以勃兴之纲纪，万万不可忽视者也。中焉者，则曰人伦，君臣、父子、夫妇、昆弟、朋友，犹其近焉者耳，莫远于体会天伦，而推暨于万国万民，俱为上帝所生之子女，即为吾人所爱之弟兄，于是善与人同之说兴，爱人如己之道著，甚至创立天下弭兵大会，冀永免斯民于兵革之祸，似此宏愿，固非旦夕可成，而英、美二国，已立公断违言条约，约文具译《中东战纪本末续编》。太平盛事，渐露萌芽，此皆西士道德之感人，断不可与异端并论者也。下焉者，则曰物伦，泰西经典流传，皆曰上帝造人，人不能自为养，故先造物以养人，其爱人也至矣。西士奉此宝训，千有余年，不徒耻一物之不知也，又恐一物之不得，即不膺大辜上帝之恩，于是肇兴格物家言，日新而月异，越在近世，甚至含于天空之诸气，孕于地底之诸质，无不采而取之，罗而掘之，以穷大造之无尽藏，不致叹人生之难为用。是故余向所谓农有学者，农以格物之学，使物产之倍增也。工有学者，农不能以物产成他物，工以格物之学成之也。商有学者，农工不能以己物易人物，商以格物之学易之也，此物伦之极至，天下不可须臾离者也。夫泰西之所以富，胥是学也。泰西之富以致强，强而不致为人害，胥是道也。彻上彻中彻下，一以贯之者也。乃以观于中国，敬天之怒，无敢戏豫，敬天之渝，无敢驰驱，诚亦知天尊无对矣。父子有亲，君臣有义，夫妇有别，长幼有序，朋友有信，诚亦知人纪之肇修矣。能尽人之性，则能尽物之性，能尽物之性，则可以赞天地之化育，诚亦知物格而后知至矣。然而起视斯民，未能尽富，国势即未克大强者，无亦于天、人、物三伦，有执而不化，郁而不舒者欤？不然，天时之和煦，地脉之膏腴，物产之丰盈，益之以民生之繁庶，胡为至今未富也。不然，农夫之勤苦，工匠之灵巧，商人之信实，益之以士子之聪明，胡为至今未强也。此欲扩善与人同之量者，所不能已于言也。

言之奈何？道在学。学之奈何？道在广。广之奈何？道在会。会以广学名，广西国之学于中国也。中国自有学，且自有至善之学，断不敢劝其舍中以从西也。广之云者，譬如为山，未成一篑，西学，则一篑之土也。譬若掘井，掘井九仞，西学则万斛之泉也，如谓山隆然而高，井坎然而深，无借乎土之成，而业已泉之及也者，西学仍为之广犹冀夫泰山不让土壤，河海不择细流也。广学而必以会者，一人之才智有限，众人之识见无穷也。乐知随诸君子后，深知诸君子实欧美一时之彦，类能审时度势，以裨益乎侨寓之名邦，且只以行其心之所安，绝无自利自私，更不与国政相关涉。尔康幸得与诸君子游日聆绪论之周详，渐启寸衷之愚昧，遂与林君撰为是说，惟冀以所知所闻，遍告我官绅士庶，不敢以过情之誉，自诬诬人。如蒙采及刍荛，诚我华之大幸矣。至于会设上海，迄今十稔，诸君子皆手不操尺寸之柄，心不贪分文之利，惟共著书立说，唤醒四百兆人，启视巾箱，纵难夸充栋汗牛。亦庶供行披坐检。况今奉礼部议奏，春秋乡会试第三场对策，考官可兼问时务，其有识见闳通者，虽头二场文字较逊，亦可酌量取中。各省学政经古场，令兼试时务策论，考选优生，及选拔各场，亦以通经致用为主，不得仍沿旧习，专于赋诗楷法中求才，奉旨准行，仰见皇上侧席求贤，破除禁忌之至意，欲知时政，贵读新书，西士既擅胜场，华士尤遵功令。会中诸同志爱取尤切于近事，尤裨于华事，尤助于试事各书，摘记其要于后。不著撰人名氏者，公论也，亦省文也。

（原载《万国公报》第一百零一册，1897 年 6 月）

蔡尔康（1851—1921）

评析：

　　自 1987 年德国侵占胶州湾后，列强掀起瓜分中国的狂潮，中国的维新变法运动也步入高潮。林乐知、蔡尔康二人一个口若悬河，一个奋笔疾书，以警示的笔调呼吁国人密切关注日益深重的民族危机，并把着力点放在如何拯救中国，为中国的重新强盛寻求新的出路方面。

　　这篇《广学兴国说》就是林、蔡二人改造中国构想体系中的名作之一。文章指出中国之所以落后，原因不在于天、地、人三方面条件不如西方，而在"夫泰西之所以富，胥是学也。泰西之富以致强，强而不致为人害，胥是道也"。西学海纳百川，包容万象，因此中国想要改变现状，实现真正强盛的根本出路在于集"众人之识见","广西国之学于中国"。从具体实施来看，应从最基本的选拔人才的考试上进行改革，"不得仍沿旧习"。虽然未能跳出科举制度的樊篱，但效仿西方，强调"经世致用"的思想在当时时代背景下还是颇具进步意义的。

（编撰：靳力源）

西学东渐的先驱 **严 复**（1854—1921）

严复（1854—1921）中国近代著名资产阶级启蒙思想家、翻译家和教育家。早年留学英国，探索救国之道。归国后创办《国闻报》，提倡通外情、启民智，呼吁变法；翻译《天演论》《原富》《群学肆言》等西方著作，第一次将西方古典经济学、政治学理论以及自然科学和哲学理论系统地引入中国，启蒙教育了一代国人。后投身教育，创办复旦公学；民国后担任北京大学校长，回归中国传统文化，倾心旧学，思想渐渐保守。

西学东渐的先驱

严复（1854—1921），初名体乾、传初，改名宗光，字又陵，后又易名复，字几道，中国民主运动的先驱，中国近代伟大的思想家、翻译家、教育家。他早年留学西方，致力于将进步的西方思想文明传入中国，在引进西学方面，功不可没，是近代中国传播西学的第一人；他创办报纸，畅言维新变法，积极融入推动历史前进的潮流，但随着年龄的增长，在政治和文化上渐趋保守。他渊博的学识、坎坷的人生使之成为清末社会变革时代的思想先驱，也成为中国传统文化的固守者。

初识西学

1854 年 1 月 8 日，严复生于福建侯官县，父祖两代都以中医为业。他 7 岁进入私塾读书，接受了较为系统严格的传统教育，被灌输以传统伦理思想，这对其一生产生了重大影响。

13 岁的严复以第一名的成绩被首次招生的福州船政学堂录取。在福州船政学堂，他接受了全新的自然科学教育和熏陶。直到晚年，严复仍一直强调，中国士人鄙视自然科学是造成中国落后挨打的原因之一。①

　　1876 年至 1879 年间，严复作为中国第一批海军留学生，被公派至英国留学。留学期间，严复进一步认识了自然科学的体系及其最新发展，并且对英国的社会政治产生了浓厚兴趣，对达尔文的进化论尤为赞赏。在英国，严复开始从制度层面及价值观念上探寻西方富强的奥秘。他不仅大量阅读西方政治学、经济学等书籍，对生物学、逻辑学、社会学、哲学等学术名著也进行研究，这些成为他重要的知识来源，对其思想产生了重要影响。

为救亡呐喊

严　复（1854—1921）

　　回国后，严复就任李鸿章主办的天津北洋水师学堂总教习。他意识到国家的强盛必须有相应的政治制度、经济实力、科技文化等支撑，然而清政府的腐败使之痛心，他深深地为中华民族的命运担忧，常常半夜从床上爬起来嚎啕大哭。甲午战争中北洋舰队的每一次溃败更是一次次地给他以强烈的刺激。在此存亡灭种之际，严复感到心中有物"格格欲吐"。他下定决心，即使背上"发狂"的名声也要勇敢地发出自己的呐喊。

　　1895 年 2 月，严复在天津《直报》发表《论世变之亟》，这是他首次在大众媒介上发表政见。此后又相继发表《原强》《辟韩》《原强续编》《救亡决论》等重要文章，系统阐述了对西洋的精深认识，介绍西学理论，对中国时局也做出了深刻剖析。

　　这一时期，严复的西学观基本形成。他在《原强》中提出的"以自由为体，民主为用"这一对西方社会的精辟概括，至今仍为专家学者所称道。严复可以称得上是维新运动时期对西方世界认识最深刻的中国学者。②

　　严复还分析了甲午战败的形势，认为道德沦丧、学术虚空是甲午战争失败的深层次原因，并指出了改造国民劣根性的问题，其前瞻性与深刻性在当时思想家中无人能及。

同时，严复在接受了斯宾塞德、智、体教育体系的前提下，进一步提出了"鼓民力、开民智、新民德"的救国方案，本质上是希望通过提高国民素质，消除专制政治的社会根源，使中国走上民主富强道路。其思想在近代中国产生了深远影响。③

创办《国闻报》助阵维新

1897年10月26日，严复与王修植、夏曾佑等人，模仿伦敦《泰晤士报》，在天津创办了宣扬维新思想的日报——《国闻报》；同年12月，又出版《国闻汇编》旬刊。《国闻报》作为维新派的重要舆论阵地，成为北方最有影响力的报纸，与梁启超在上海创办的《时务报》遥相呼应。

在《〈国闻报〉缘起》一文中，严复提出："阅兹报者，观于一国之事，则足以通上下之情；观于各国之事，则足以通中外之情。上下之情通，而后人不自私其利；中外之情通，而后国不自私其治。"④将通上下、通内外之情作为报纸最重要的功能。《国闻报》刊登新闻的量很大，除了国内各地消息外，尤以国外消息为特色。他利用自己优秀的翻译才能，组织翻译刊登了大量西方资产阶级的社会政治学和自然科学知识，以及来自英、法、德、日等国家报纸的消息与评论。该报在国内各地及国外伦敦、巴黎、柏林、彼得堡、纽约、华盛顿等城市设有特约记者，所刊消息"确而速，又极多极详"，且颇具地方特色，其中社会新闻约占一半。

1897年11月，德国抢占胶州湾，英国《泰晤士报》发表电讯支持德国，《国闻报》立即作出反应，接连刊登新闻报道及社论，如《驳英〈泰晤士报〉论德据胶澳事》等，驳斥《泰晤士报》，抨击德国的野蛮强盗行径。

1898 年 1 月 27 日至 2 月 4 日，严复在《国闻报》上发表《拟上皇帝书》，分析了中国积贫积弱的原因，并建议光绪帝采取行动，与各国搞好关系，笼络百姓人心，以为变法做准备。这篇万言书立论高屋建瓴，被认为是继王安石上宋仁宗《言事书》之后仅见的一篇著名变法奏议。

戊戌政变后，《国闻报》发表文章《视死如归》，对谭嗣同被捕前大义凛然的态度做了报道，并且发表评论指斥朝政。

在当时的恐怖气氛中，《国闻报》如此锋芒毕露，为此采取了必要的预防措施。严复等人非常谨慎，他们把报馆设在天津租界里，推出一个无名的李志成充当"馆主"。1898 年 3 月后，又将报馆盘给日本人西村博，并在报上加印"明治"年号。而且，严复等该报的实际主持人从未踏进报馆大门，有事均在王修植家中商议，发表文章也从不署名。甚至在"百日维新"期间，光绪皇帝召见严复，曾问他是否担任《国闻报》主笔，他立刻矢口否认。

1899 年 2 月后，该报真正开始由日本人主办，1901 年后该报改名为《天津日日新闻》，成为日本侵略中国的文化工具。

严 复（1854—1921）

天演惊雷

严复早年间曾作为唯一受邀的留学生跟随郭嵩焘在驻英使馆欢度春节。席间，罗伯逊作颂词，郭嵩焘致答词，马格里当翻译。散会后，郭嵩焘询问严复才知道马格里的翻译有诸多不妥之处。也就是在这次晚宴，郭嵩焘发现严复的中英文水平胜过职业译员。

清朝末年，甲午战争的惨败使中华民族走到了生死存亡的危急关头。作为近代伟大的思想家，严复完成了著名的《天演论》的翻译工作。他认为，进化论是"西学"中最富有革命性的理论学说。他的译著既区别于赫胥黎的原著，又不同于斯宾塞的普遍进化观。在《天演论》中，严复以"物竞天择"、"适者生存"的生物进化理论阐发其救亡图存的观点，提倡鼓民力、开民智、新民德、自强自立，号召救亡图存。这本书不仅是西学东渐的转折点，而且从根本上改变了人们的世界观，为其后的救亡运动注入了强大的内源性动力，成为中国近代史上一部划时代的著作。⑤

维新派领袖康有为见此译稿后，发出"眼中未见有此等人"的赞叹，称严复"译《天演论》为中国西学第一者也"。1898 年 6 月，《天演论》正式出版，其版本之多，重印率之高，是中国近代出版史上的奇迹。在当时的中国社会，《天演论》敲响了民族危亡的警钟，激发了国人的合群保种意识，为后来的救亡运动做了社会动员。

严复将译书当作报效祖国的最好办法，同时他的译文简练，首倡"信、达、雅"的译文标准。严复的著名译著还有亚当·斯密的《原富》、斯宾塞的《群学肄言》、孟德斯鸠的《法意》等，他第一次把西方的古典经济学、政治学理论以及自然科学和哲学理论较为系统地引入中国，启蒙与教育了一代国人。

1902 年，京师大学堂附近设立编译书局，严复被聘任为译局总办，主译西洋书籍。

投身教育事业

严复一直热衷于开启民智的教育事业。1905 年，在去往伦敦时，恰逢孙中山在英国，两人会晤探讨中国前途，严复认为中国民智未开，"为今之计，惟急从教育上着手，庶几逐渐更新乎"！

严复曾在环球中国学生会演讲《论教育与国家之关系》，高度评价清政府废除科举制，同时呼吁中国教育应协调德育、智育和体育之间的关系，智育重于体育，德育尤重于智育；义务教育应当普及，高等学堂和师范学堂则在精而不在多。⑥

1905 年，严复协助马相伯创办复旦公学，并担任校长；1906 年，担任安徽省师范学堂监督，并对其办学方向和教学管理进行大刀阔斧的改革；1912 年，担任京师大学堂总监督，兼文科学长。

辛亥革命后，京师大学堂改名为北京大学。1912 年，严复受袁世凯命担任北大校长之职，这说明严复在思想界和学术界令人信服的显赫地位。毛泽东主席曾以严复与洪秀全、康有为、孙中山四人并列，说他们是史上向西方寻求真理的四个代表人物。⑦

严复晚年居住北京，由于长期吸食鸦片，患上肺病。他曾在 1895 年时大声疾呼禁食鸦片，自己却不能克服烟瘾，留下终身笑柄。1917 年底开始，严复的身体状况每况愈下，1921 年在福建病逝。

严复生前曾亲手为自己写下"清侯官严几道先生之寿域"的碑文。"清"字表明严复一生主要生活在晚清，也表达了严复对中华民国的不满与失望；碑文中不屑罗列"资政大夫"、"海军协都统"之类的官衔，则是严复对平生际遇的不满与无言抗议。⑧

严 复 (1854—1921)

注释：

①皮后锋：《严复大传》，福建人民出版社 2003 年版，第 23 页。
②皮后锋：《严复大传》，福建人民出版社 2003 年版，第 118 页。
③皮后锋：《严复大传》，福建人民出版社 2003 年版，第 123 页。
④《〈国闻报〉缘起》，见张之华主编：《中国新闻事业史文选》，中国人民大学出版社 1999 年版，第 100 页。
⑤皮后锋：《严复大传》，福建人民出版社 2003 年版，第 156 页。
⑥皮后锋：《严复大传》，福建人民出版社 2003 年版，第 306 页。
⑦郭良玉：《严复评传》，河南大学出版社 2000 年版，第 1 页。
⑧皮后锋：《严复大传》，福建人民出版社 2003 年版，第 546 页。

论世变之亟

呜呼！观今日之世变，盖自秦以来未有若斯之亟也。夫世之变也，莫知其所由然，强而名之曰运会。运会既成，虽圣人无所为力，盖圣人亦运会中之一物。既为其中之一物，谓能取运会而转移之，无是理也。彼圣人者，特知运会之所由趋，而逆睹其流极。唯知其所由趋，故后天而奉天时；唯逆睹其流极，故先天而天不违。于是裁成辅相，而置天下于至安。后之人从而观其成功，遂若圣人真能转移运会也者，而不知圣人之初无有事也。即如今日中倭之構难，究所由来，夫岂一朝一夕之故也哉！

尝谓中西事理，其最不同而断乎不可合者，莫大于中之人好古而忽今，西之人力今以胜古；中之人以一治一乱、一盛一衰为天行人事之自然，西之人以日进无疆、既盛不可复衰、既治不可复乱，为学术政化之极则。盖我中国圣人之意，以为吾非不知宇宙之为无尽藏，而人心之灵，苟日开瀹焉，其机巧智能，可以驯致于不测也。而吾独置之而不以为务者，盖生民之道，期于相安相养而已。夫天地之物产有限，而生民之嗜欲无穷，孳乳浸多，镌镵日广，此终不足之势也。物不足则必争，而争者人道之大患也。故宁以止足为教，使各安于朴鄙颛蒙，耕凿焉以事其长上，是故春秋大一统。一统者，平争之大局也。秦之销兵焚书，其作用盖亦犹是。降而至于宋以来之制科，其防争尤为深且远。取人人尊信之书，使其反复沈潜，而其道常在若远若近、有用无用之际。悬格为招矣，而上智有不必得之忧，下愚有或可得之庆，于是举天下之圣智豪杰，至凡有思虑之伦，吾顿八纮之网以收之，即或漏吞舟之鱼，而已

《直报》

暴鳃断鳍，颓然老矣，尚何能为推波助澜之事也哉！嗟乎！此真圣人牢笼天下，平争泯乱之至术，而民智因之以日窳，民力因之以日衰。其究也，至不能与外国争一日之命，则圣人计虑之所不及者也。虽然，使至于今，吾为吾治，而跨海之汽舟不来，缩地之飞车不至，则神州之众，老死不与异族相往来。富者常享其富，贫者常安其贫。明天泽之义，则冠履之分严；崇柔让之教，则嚣凌之氛泯。偏灾虽繁，有补苴之术；萑苻虽伙，有剿绝之方。此纵难言郅治乎，亦用相安而已。而孰意患常出于所虑之外，乃有何物泰西其人者，盖自高颡深目之伦，杂处此结衽编发之中，则我四千年文物声明，已涣然有不终日之虑。逮今日而始知其危，何异齐桓公以见痛之日，为受病之始也哉！

夫与华人言西治，常苦于难言其真。存彼我之见者，弗察事实，辄言中国为礼仪之区，而东西朔南，凡吾王灵所弗届者，举为犬羊夷狄，此一蔽也。明识之士，欲一国晓然于彼此之情实，其议论自不得不存在是非善否之公。而浅人怙私，常詈其誉仇而背本，此又一蔽也。而不知徒塞一己之聪明以自欺，而常受他族之侵侮，而莫与谁何。忠爱之道，固如是乎？周孔之教，又如是乎？公等念之，今之夷狄，非犹古之夷狄也。今之称西人者，曰彼善会计而已，又曰彼擅机巧而已。不知吾今兹之所见所闻，如汽机兵械之伦，皆其形下之粗迹，即所谓天算格致之最精，亦其能事之见端，而非命脉之所在。其命脉云何？苟扼要而谈，不外于学术则黜伪而崇真，于刑政则屈私以为公而已。斯二者，与中国理道初无异也。顾彼行之而常通，吾行之而常病者，则自由不自由异耳。

夫自由一言，真中国历古圣贤之所深畏，而从未尝立以为教者也。彼西人之言曰：唯天生民，各具赋畀，得自由者乃为全受。故人人各得自由，国国各得自由，第务令毋相侵损而已。侵人自由者，斯为逆天理，贼人道。其杀人伤人及盗蚀人财物，皆侵人自由之极致也。故侵人自由，虽国君不能，而其刑禁章条，要皆为此设耳。中国理道与西法自由最相似者，曰恕，曰絜矩。然谓之相似则可，谓之真同则大不可也。何则？中国恕与絜矩，专以待人及物而言。而西人自由，则于及物之中，而实寓所以存我者也。自由既异，于是群异丛然以生。粗举一二言之，则如中国最重三纲，而西人首明平等；中国亲亲，而西人尚贤；中国以孝治天下，而西人以公治天下；中国尊主，而西人隆民；中国贵一道而同风，而西人喜党居而州处；中国多忌讳，而西人众讥评。其于财用也，中国重节流，而西人重开源；中国追淳朴，而西人求欢虞。其接物也，中国美谦屈，而西人务发舒；中国尚节文，而西人乐简易。其于为学也，中国夸多识，而西人尊新知。其于祸灾也，中国委天数，而西人恃人力。若斯之伦，举有与中国之理相抗，以并存于两间，而吾实未敢遽分其优绌也。

自胜代末造，西旅已通。迨及国朝，梯航日广。马嘉尼之请不行，东印度之师继至。道咸以降，持驱夷之论者，亦自知其必不可行，群喙稍息，于是不得已而连有廿三口之开。此郭侍郎《罪言》所谓："天地气机，一发不可复遏。士大夫自怙其私，求抑遏天地已发之机，未有能胜者也。"自蒙观之，夫岂独不能胜之而已，盖未有不反其祸者也。惟其遏之愈深，故其祸之发也愈烈。不见夫激水乎？其抑之不下，则其激也不高。不见夫火药乎？其塞之也不严，则其震也不迅。三十年来，祸患频仍，何莫非此欲遏其机者阶之厉乎？且其祸不止此。究吾党之所为，盖不至于灭四千年之文物，而驯致于瓦解土崩，一涣而不可复收不止也。此真泯泯者智虑所万不及知，而闻斯之言，未有不指为奸人之言，助夷狄恫喝而扇其焰者也。

夫为中国之人民，谓其有自灭同种之为，所论毋乃太过？虽然，待鄙言之。方西人之初来也，持不义害人之物，而与我构难，此不独有识所同疾，即彼都人士，亦至今引为大诟者也。且中国蒙累朝列圣之麻，幅员之广远，文治之休明，度越前古。游其宇者，自以谓横目冒髵之伦，莫我贵也。乃一旦有数万里外之荒服岛夷，鸟言龑面，飘然戾止，叩关求通，所请不得，遂而突我海疆，虏我官宰，甚而至焚毁宫阙，震惊乘舆。当是之时，所不食其肉而寝其皮者，力不足耳。谓有人焉，伈伈伣伣，低首下心，讲其事而咨其术，此非病狂无耻之民，不为是也。是故道咸之间，斥洋务之汗，求驱夷之策者，智虽囿于不知，术或操其已促，然其人谓非忠孝节义者徒，殆不可也。然至于今之时，则大异矣。何以言之？盖谋国之方，莫善于转祸而为福，而人臣之罪，莫大于苟利而自私。夫士生今日，不睹西洋富强之效者，无目者也。谓不讲富强，而中国自可以安；谓不用西洋之术，而富强自可致；谓用西洋之术，无俟于通达时务之真人才，皆非狂易失心之人不为此。然则印累绶若之徒，其必矫尾厉角，而与天地之机为难者，其用心盖可见矣。善夫！姚郎中之言曰："世固有宁视其国之危亡，不以易其一身一瞬之富贵。"故推鄙夫之心，固若曰：危亡危亡，尚不可知；即或危亡，天下共之。吾奈何令若辈志得，而自退处无权势之地乎？孔子曰："苟患失之，无所不至。"故其端起于大夫士之怙私，而其祸可至于亡国灭种，四分五裂，而不可收拾。由是观之，仆之前言，过乎否耶？噫！今日倭祸特肇端耳。俄法英德，旁午调集，此何为者？此其事尚待深言也哉？尚忍

严 复（1854—1921）

深言也哉!《诗》曰:"其何能淑,载胥及溺。"又曰:"瞻乌靡止。"心摇意郁,聊复云云,知我罪我,听之阅报诸公。

(原载《直报》,1895年2月4日,

选自《严复选集》,人民文学出版社2004年版)

评析:

甲午中日战争以后,中华民族蒙受了巨大的灾难,在全国范围内引起了极大的震动。对于当时的有志之士来说,如何才能挽救祖国的危亡,如何才能救民众于水深火热之中就成为他们迫切关注的问题。在这种时代背景下,严复通过《论世变之亟》这篇文章,深刻揭示出国势衰败、历史蒙羞的真正原因。同时,严复在该文中极力主张"西学中用"才是救亡图存的唯一出路。严复的这一思想在当时的社会条件下是很难有立足之地的,因为当时的顽固守旧派们为了维护自己的权势和地位,对严复的这种思想进行百般打击、万般阻挠,成为西学中用、救亡图存的最大阻力。在这篇文章中,严复也对这种以一己私利而弃民族存亡于不顾的私心进行了强有力的抨击。但严复主要是站在资产阶级维新派的立场上向封建顽固派发起进攻,强调要使用资产阶级的科学和民主来代替中国的学术与专制统治。在《论世变之亟》文章中,严复还提出了"运会"的看法,运会类似于世界的一种潮流趋势,并不是人力就能够改变的,严复从中西文化的不同来说明"世变之亟",研究问题的本源,用相反的东西来加强说服力。因此,这篇文章的思想在当时的社会中具有明显的先进性。但同时,这篇文章也存在着一定的局限性,比如文章中认为中国积贫积弱的关键原因在于圣人之意,这其实就是一种唯心论的思想。

辟　韩

　　往者吾读韩子《原道》之篇，未尝不恨其于道于治浅也。其言曰："古之时，人之害多矣。有圣人者立，然后教之以相生相养之道，为之君，为之师，驱其虫蛇禽兽而处之中土。寒，然后为之衣；饥，然后为之食。木处而颠，土处而病也，然后为之宫室。为之工以赡其器用，为之贾以通其有无，为之医药以济其夭死，为之葬埋、祭祀以长其恩爱，为之礼以次其先后，为之乐以宣其湮郁，为之政以率其怠倦，为之刑以锄其强梗。相欺也，为之符玺、斗斛、权衡以信之；相夺也，为之城郭、甲兵以守之。害至而为之备，患生而为之防。""如古无圣人，人之类灭久矣。何也？无羽毛、鳞介以居寒热也，无爪牙以争食也。"如韩子之言，则彼圣人者，其身与其先祖父必皆非人焉而后可，必皆有羽毛、鳞介而后可，必皆有爪牙而后可。使圣人与其先祖父而皆人也，则未及其生，未及成长，其被虫蛇、禽兽、寒饥、木土之害而夭死者，固已久矣，又乌能为之礼乐刑政，以为他人防备患害也哉？老之道，其胜孔子与否，抑无所异焉，吾不足以定之。至其明自然，则虽孔子无以易。韩子一概辞而辟之，则不思之过耳。

严
复
（1854—1921）

　　而韩子又曰："君者，出令者也；臣者，行君之令而致之民者也；民者，出粟米麻丝、作器皿、通货财以事其上者也。君不出令，则失其所以为君；臣不行君之令，则失其所以为臣；民不出粟米麻丝、作器皿、通货财以事其上，则诛。"嗟乎！君民相资之事，固如是焉已哉？夫苟如是而已，则桀、纣、秦政之治，初何以异于尧、舜、三王？且使民与禽兽杂居，寒至而不知衣，饥至而不知食，凡所谓宫室、器用、医药、葬埋之事，举皆待教而后知为之，则人之类其灭久矣，彼圣人者，又乌得此民者出令而君之。

　　且韩子胡不云：民者，出粟米麻丝、作器皿、通货财以相为生养者也，有其相欺相夺而不能自治也，故出什一之赋，而置之君，使之作为

051

刑政、甲兵，以锄其强梗，备其患害。然而君不能独治也，于是为之臣，使之行其令，事其事。是故民不出什一之赋，则莫能为之君；君不能为民锄其强梗，防其患害则废；臣不能行其锄强梗、防患害之令，则诛乎？

孟子曰："民为重，社稷次之，君为轻。"此古今之通义也。而韩子不尔云者，知有一人而不知有亿兆也。老之言曰："窃钩者诛，窃国者侯。"夫自秦而来，为中国之君者，皆其尤强梗者也，最能欺夺者也。窃尝闻"道之大原出于天"矣。今韩子务尊其尤强梗、最能欺夺之一人，使安坐而出其唯所欲为之令，而使天下无数之民，各出其苦筋力、劳神虑者，以供其欲，少不如是焉则诛，天之意固如是乎？道之原又如是乎？"呜呼！其亦幸出于三代之后，不见黜于禹、汤、文、武、周公、孔子也；其亦不幸不出于三代之前，不见正于禹、汤、文、武、周公、孔子也！"

且韩子亦知君臣之伦之出于不得已乎？有其相欺，有其相夺，有其强梗，有其患害，而民既为是粟米麻丝、作器皿、通货财与凡相生相养之事矣，今又使之操其刑焉以锄，主其斗斛、权衡焉以信，造为城郭、甲兵焉以守，则其势不能。于是通功易事，择其公且贤者，立而为之君。其意固曰，吾耕矣织矣，工矣贾矣，又使吾自卫其性命财产焉，则废吾事。何若使子专力于所以为卫者，而吾分其所得于耕织工贾者，以食子给子之为利广而事治乎？此天下立君之本旨也。是故君也臣也，刑也兵也，皆缘卫民之事而后有也；而民之所以有待于卫者，以其有强梗欺夺患害也。有其强梗欺夺患害也者，化未进而民未尽善也。是故君也者，与天下之不善而同存，不与天下之善而对待也。今使用仁义道德之说，而天下如韩子所谓"以之为己，则顺而祥；以之为人，则爱而公；以之为心，则和且平"。夫如是之民，则将莫不知其性分之所固有，职分之所当为矣，尚何有于强梗欺夺？尚何有于相为患害？又安用此高高在上者，腴我以生，出令令我，责所出而诛我，时而抚我为后，时而虐我为仇也哉？故曰：君臣之伦，盖出于不得已也！唯其不得已，故不足以为道之原。彼佛之弃君臣是也，其所以弃君臣非也。而韩子将以谓是固与天壤相弊也者，又乌足以为知道者乎！

然则及今而弃吾君臣，可乎？曰：是大不可。何则？其时未至，其俗未成，其民不足以自治也。彼西洋之善国且不能，而况中国乎！今夫西洋者，一国之大公事，民之相与自为者居其七，由朝廷而为之者居其三，而其中之荦荦尤大者，则明刑、治兵两大事而已。何则？是二者，民之所仰于其国之最急者也。昔汉高入关，约法三章耳，而秦民大服。知民所求于上者，保其性命财产，不过如是而已。更骛其余，所谓"代大匠斫，未有不伤指"者也。是故使今日而中国有圣人兴，彼将曰："吾之以藐藐之身托于亿兆人之上者，不得已也，民弗能自治故也。民之弗能自治者，才未逮，力未长，德未和也。乃今将早夜以孳孳求所以进吾民之才、德、力者，去其所以困吾民之才、德、力者，使其无相欺、相夺而相患害也，吾将悉听其自由。民之自由，天之所畀也，吾又乌得而靳之！如是，幸而民至于能自治也，吾将悉复而与之矣。唯一国之日进富强，余一人与吾子孙尚亦有利焉，吾曷贵私天下哉！"诚如是，三十年而民不大和，治不大进，六十年而中国有不克与欧洲各国方富而比强者，正吾荛言乱政之罪可也。彼英、法、德、美诸邦之进于今治者，要不外百余年、数十年间耳。况夫彼为其难，吾为其易也。

严复（1854—1921）

嗟乎！有此无不有之国，无不能之民，用庸人之论，忌讳虚骄，至于贫且弱焉以亡，天下恨事孰过此者！是故考西洋各国，当知富强之甚难也，我何可以苟安？考西洋各国，又当知富强之易易也，我不可以自馁。道在去其害富害强，而日求其能与民共治而已。语有之曰："曲士不可与语道者，束于教也。"苟求自强，则六经且有不可用者，况夫秦以来之法制！如彼韩子，徒见秦以来之为君。秦以来之为君，正所谓大盗窃国者耳。国谁窃？转相窃之于民而已。既已窃之矣，又惴惴然恐其主之或觉而复之也，于是其法与令蝟毛而起，质而论之，其什八九皆所以坏民之才，散民之力，漓民之德者也。斯民也，固斯天下之真主也，必弱而愚之，使其常不觉，常不足以有为，而后吾可以长保所窃而永世。嗟乎！夫谁知患常出于所虑之外也哉？此庄周所以有胠箧之说也。是故西洋之言治者曰："国者，斯民之公产也，王侯将相者，通国之公仆隶也。"而中国之尊王者曰："天子富有四海，臣妾亿兆。"臣妾者，其文之故训犹奴虏也。夫如是则西洋之民，其尊且贵也，过于王侯将相，而我中国之民，其卑且贱，皆奴产子也。设有战斗之事，彼其民为公产公利自为斗也，而中国则奴为其主斗耳。夫驱奴虏以斗贵人，固何所往而不败？

（原载《直报》，1895 年 3 月 13 日至 14 日，

选自《严复选集》，人民文学出版社 2004 年版）

评析：

　　严复具有强烈的危机意识和浓厚的民族意识，能够深入地探讨中国落后挨打的原因，在引进西学、民族救亡运动中高举思想启蒙的伟大旗帜。《辟韩》这篇文章主要是驳斥韩愈在《原道》中所提出的一些竭力宣扬尊君的封建道德，而《辟韩》中所显示的是严复直接攻击封建专制政治，提倡资产阶级民主的思想。相比《论世变之亟》和《上皇帝万言书》两文，严复在《辟韩》中的措辞要激烈得多，《论世变之亟》一文没有正面地攻击封建君主专制，仅进攻顽固派，而《辟韩》却直接对封建君主专制进行了攻击，是严复众多宣传威信的论文中，对封建统治阶级发起的最尖锐、最勇敢的攻击。在文章中，严复极力提倡资产阶级民主，猛烈攻击封建专制政治。严复的这种资产阶级民主理论强烈地宣传了"尊民叛君"的主张。在《辟韩》这篇文章里，《论世变之亟》和《上皇帝万言书》这两篇文章中所提到的圣人都变成了大盗。同时，严复采用类似《民约论》的理论来反对韩愈的说法，他认为社会上"有其相欺，有其相夺，有其强梗，有其患害"，所以要"择其公且贤者，立而为之君"。但是，从现在的观点来看，这种说法并不是完全正确的。封建君主政体，是指在经济上占据统治地位的阶级的政治组织，其目的主要是保护地主阶级的经济制度和镇压其他阶级的反抗，并不是文章中所谓的"通功易事"的组织。但是，从当时的社会状况的角度来看，这一说法还是具有一定积极意义的。

（编撰：孙婉露）

中·国·名·记·者

朱淇（1858—1931） 晚清至抗战前著名报刊活动家。维新运动中投身报界，创办和主编《岭学报》和《岭海日报》；在青岛创办《胶州报》，是山东省出版最早的中文报纸，也是中国人在青岛最早创办的中文报纸，打破外国在青岛报纸的垄断局面，开启近代山东民营报刊之路。后赴北京报界发展，创办《北京日报》并主持三十年，成为"北京报界不倒翁"。出任北京报界公会会长，注重对外交流，加入世界新闻记者公会，后出任第一届世界报界大会副会长。

民国北京报界耆宿

朱淇（1858—1931），清末至民国期间著名报刊活动家。从广州开始积极参与办报活动；后前往青岛创办《胶州报》，开启山东近代民营报刊之路；最后在北京创办《北京日报》，在民国以来的政潮中历劫不衰，成为抗战前北京寿命最长的报纸。历任该报社长、总经理、总编辑近三十年，成为抗战前北京资格最老的报人。①

广州开启报人生涯

朱淇，广东省南海人，字季铖，或作季箴；原字篆孙，亦称篆荪。叔父朱次琦是南海鸿儒，近代著名诗人和教育家，维新派领袖康有为是朱次琦的入室弟子。朱淇"幼从受业，文学造诣自然极深"。1877年，高中秀才后，放弃科举，专习经史。年轻时，朱淇先后结识康有为与孙中山，并追随孙中山加入兴中会。

1895年，孙中山领导兴中会筹划第一次广州起义，朱淇积极参加，受命起草讨满檄文。他在家起草时，被哥哥朱湘撞见。朱湘时为清政府

《岭学报》

西关清平局书记，得知弟弟名列乱党籍中，担心连累家人，便派亲信以"朱淇"之名向官府告密，希望将功赎罪，这成为此次广州起义泄露和失败的原因之一。事后，朱淇被误以为是告密者而受到攻击，只好逃亡上海，避祸半年，重返广州。

维新运动风起云涌之际，朱淇投身报界，参与创办《岭学报》，并成为该报主笔。该报又名《岭学旬报》，于1898年2月10日创刊。《岭学报》是一份专业的学术刊物，内容分国政、邦交、文教、武备、史学、民事六门及谕旨、奏疏、西文译编等，体例大致仿《湘学报》，除自撰论说外，大量译载英、德、日等国报刊文章，其中有不少有关西政、西艺方面的译文。

同年3月，《岭学报》附出日报《岭海日报》，朱淇充任该报主笔。该报日出八开八版，栏目有：论说、邸钞恭录、宫门钞、督抚宪辕报、藩宪牌示、京都新闻、各省新闻、羊城新闻、外洋新闻、各行告白、货价行情等，主要介绍维新变法的消息和国内外新闻。② 因《岭海报》营业不佳，主笔朱淇便与香港的《通报》合并出版《省港通报》。1900年，《岭海报》因刊登义和团打败八国联军的消息被政府查封（后又复刊）。后来，朱淇命侄子朱通儒在广州创办《东华报》。

开创近代山东民营报刊之路

1901年2月，朱淇来到青岛，创办《胶州报》，自任主笔。该报是华人在青岛最早创办的中文报纸，也是山东省最早出版的中文报纸，打破了外国在青岛办报的垄断局面，开启了近代山东民营报刊之路。

《胶州报》为周报，初办报时每周四，后改为每周二出版；该报初为书页式八开八页，后来改为单张八版。报纸铅印，采用直线分栏排版格式，无标点。在朱淇主持下，《胶州报》重视新闻，辟有诸多新闻专栏：（1）各国新闻，转载当时《文汇报》《字林报》等中国大报纸报道的新闻；（2）山东新闻；（3）本埠新闻；（4）各省新闻；（5）北京新闻；（6）译件代论；（7）德国新闻。该报也非常重视言论，其议论涉及经济、政治、外交、宫廷生活、司法审判、文化外交、法律等各个方面，基本属于"政论"的范畴。《胶州报》特辟"论说"专栏，朱淇是初期主要撰稿人。

1901年2月28日，朱淇在《胶州报》发表政论《开民智说》，文章开篇写道"有一统之治，有列国之治，一统之治欲民驯，列国之治欲民智"，认为"愚民之国，未有不亡者也"，③建议政府改变愚民政策的统治方式，开启民智，才能巩固统治，防止变乱。

1903年2月2日至2月17日，朱淇在《胶州报》连载长篇论说文《读〈左传〉》一。他从《左传》关于郑国政治家子产与晋国的外交活动的记载为例，阐述国际间的外交原则，其意显然在讽喻当世清政府的外交失误，主张两国外交之争，要据理力争，禁忌胆怯。2月24日，他再政论《论中外政治本源之异》，对当时王公大臣利用应酬交际试图影响各国外交官员及外交政策的现象进行猛烈批评，指出这种行为出发点虽然在于联络外交，用心良苦，但实际上是一厢情愿的陈腐方法，不可能达到外交效果。最后，朱淇指出：只有通过宪政维新提升国家实力才是根本的解决途径，"今日之中国亦惟有实力维新以求自强，则人自敬重我，而亦信我之实兴和睦也。若以应酬之法为敷衍之计，则虽外国童子亦不可欺，况欲欺其君相哉？徒费财力精神与无用之地而已矣！且恐因此而见轻也"。④

1903年5月，《胶州报》被清政府收买，成为官方报纸。朱淇遂脱离《胶州报》，远赴北京。

北京报界不倒翁

朱淇
(1858—1931)

1904年2月，朱淇离开青岛，前往北京办报。他和山东布政使尚其亨及曾任山东历城等县正堂曹元谋募集资金，经过半年的筹备，于8月合资创办《北京报》。当时，正值国内盛倡维新之际，朱淇迎合潮流，投入所好，聘请黄远生、王叔鲁、杨千里、康甲丞、雷季新等为其撰写文章，吸引读者。同时，他奔走于庆亲王奕劻之门，交结权贵，自此，朱淇"声望渐隆"。农工商部尚书载振聘请他充任《商务官报》总办。

1905年8月16日，朱淇将《北京报》改名《北京日报》继续出版。该报以政治新闻为主，分宫门抄、上谕、论说、代论、要紧新闻、本京新闻、各省新闻、各国新闻、译电、译报、专传、批摺摘由、奏稿、文苑等栏目，用文言撰文，因常为清吏帮衬，故有"官报"之讥。⑤ 1906年，杨翠喜案发，天津南段巡警总局总办段芝贵以一万二千金将女伶杨翠喜买下，献给农工商部尚书载振。其政敌瞿鸿禨授意机关报《京报》载文披露此事，轰动京城。朱淇则指挥《北京日报》为载振辩解，维护奕劻父子，"两报之笔战，炽然一时"。⑥最后，瞿鸿禨被革职回籍，《京报》被勒令停刊，《北京日报》笔战获胜。朱淇的《商务官报》总办之职，蝉联至民国成立。

在政治复杂、竞争激烈的北京报界，朱淇主持《北京日报》近三十年，屹立不倒，主要是经营有方。民国前，他利用尚其享妹妹与慈禧的密切关系，刺探宫中情报，以致"疆吏中之狡黠者，深欲知内廷消息，为逢迎张本，得悉朱氏灵通大内消息，委为坐探，日以电报传达。朱氏坐此于维持报务外，吃用不尽。"民国后，他以《北京日报》为基本报纸，另创办《光华报》《大国民报》《第一日报》等报，除社论主张各不相同外，新闻记载悉用《北京日报》原版，仅变更其标题及次序而已。因此，在其报纸中，"必有一报获得胜利，固无虑肆贴之下不可获也"。⑦当然，朱淇办报也确有真功夫。他向持稳健主义，"重要新闻及评论，均亲手裁定，始行发稿。每自撰论文，即署'朱淇'二字。其文不尚辞藻，以质直明快见长，别具一种风格，颇为读者欢迎"。⑧

朱淇积极办报外，还致力于推动北京以及中外新闻界的交流合作活动。1908年，北京报界公会在宾宴茶楼召开成立大会，公推朱淇为会长，领导北京报界同仁参与修订报律斗争。1910年1月16日，为"联络和亲，疏通意思"起见，主笔朱淇发起组织中日记者联合会。5月底，日本实业团抵达北京，朱淇组织北京报界公会同仁设宴欢迎。同年，世界新闻记者公会在比利时布鲁塞尔召开大会，王慕陶代表中国参加，并介绍汪康年、朱淇、黄远生、陈景韩等四人入会。1911年9月，中国报界俱进会开第二次常会于北京，朱淇被推为该会主席。1915年7月5日，第一届世界报界大会在美国旧金山召开成立大会，他当选为大会副会长。

晚年的朱淇闭门修道，不问政事，1931年11月15日病逝于北京，终年73岁。12月20日，北平新闻界同人举行公祭，到会七十余人。报界祭文追述其为开发民智、反清救国的毕生办报经历，称赞其"开北京言论界之先路"，"为报界耆宿"。⑨ 著名报人徐彬彬称赞他为"第一报人"，"北平资格最老之新闻记者"。台湾著名新闻史专家朱传誉先生曾撰文纪念朱淇，认为他"综其一生，虽不能像他的同学康有为那样有名，也没有轰轰烈烈的做出一番革命事业，但是他跟他所办的北京日报，能在万难的环境中，履险如夷，成为北平报界的不倒翁，也属不易，在中国新闻史上，应该有他的一席地位的"。⑩

注释：

①中国新闻年鉴社：《中国新闻年鉴（1983）》，人民日报出版社1984年版，第572页。

②蒋建国：《报界旧闻：旧广州的报纸与新闻》，南方日报出版社2007年版，第107页。

③朱淇：《开民智说》，见《胶州报》，1901年2月28日。

④朱淇：《论中外政治本源之异》，见《胶州报》，1903年2月24日。

⑤史和等：《中国近代报刊名录》，福建人民出版社1991年版，第114页。

⑥朱德裳：《朱淇及清末讫民国二十年北京报界概况》，见朱德裳：《三十年闻见录》，岳麓书社1985年版，第91页。

⑦《记朱淇创办北京日报始末》，见《中央日报》，1935年7月29日。

⑧徐凌霄、徐一士：《凌霄一士随笔》（二），山西古籍出版社1997年版，第642页。

⑨方汉奇主编：《中国新闻事业编年史》（中册），福建人民出版社2000年版，第1194页。

⑩朱传誉：《报人报史报学》，台湾商务印书馆1970年版，第13页。

朱淇（1858—1931）

作品选编

论山东筹款事

客谓筹款之道，务在为民生财，而不在设法敛取民财。生财之术亦多矣，古人之法吾不欲为，今日言之，恐人谓宜于古者未必宜于今也。西国之法可采者甚多，吾姑俟，他日言之，恐人谓宜于西者未必宜于中土也。则请择其法之最易行者，及今日已有人行之而著有功效者，以为当轴告可乎？富民之道不外农工商，然农工又为商之本。无农工则无出产，商贾之懋迁者，亦只能为外国轮转货物而已，非计之得也。农为邦本，然十年树木其见效迟，今日筹款恐急不能待也，孔子曰，来百工则财用足，足民之术，其莫捷于工耶。乃者袁中丞在济南设工艺所，收养流丐已著小效矣。岂此法可以养流丐，独不可以养良民乎？我知良民之勤于赴工必胜于流丐之惰弃也。近日黄慎之学士创工艺学堂于京师，聘有东洋教习五人、机器师一人，其所教之工艺，若织布织毡刺绣造景泰蓝阙器木器凡十余种，获利甚厚，收养贫民无算，亦著有成效矣。岂此法可行之于京师者独不可行之于山东乎？我知其无是理也。

今宜先择山东滨水之区试立工艺养民局数处，凡贫民无可觅食者，皆准其报名入局作工。滨水之区如滨黄河、运河、小清河及滨海诸处皆是，立局必滨水者，取其货物易于转运也。其工艺局章程可即取黄慎之学士京师工艺学堂章程而增损之。黄学士之章程既著成效，则鄙人不必另议也。法宜先用山东之土产以制货物，将来规模拓广，土产材料不足供制造，然后转入外来之料可也。致山东羊毛甚丰，可制绒制毡，则请外洋织绒毡之工师教之山东。有草帽边可教之制成草帽售诸外洋，此法极易，一学即能者也。山东多猪毛，可教之编制为帚，如衣帚、帽帚、鞋帚、油帚、洗地帚之类。此间外洋运来之帚每一枚之值常有至京钱一二千文者，若在本处制造，则工本不过百余文耳，其利之厚可知，且工作极粗，仿造亦不难也。山东饲马之草及高粱梗制纸甚佳，可购机器聘工师教民造纸。山东沿海沿河之区，碎沙之美者极多，可用以制玻璃。山东葡萄极佳，可聘工师教民酿酒。

以上姑举一二，皆就山东现有之物简便易行者言之。然就此各种已可设立工艺局数处，每局可养贫民数万矣。若考求西域工艺之可效仿者，学习制造增设工艺局至百数十处，其利之薄又岂有限量。即立局之法宜分五所，一为工学堂，择聪慧之人教之以备工师之选。二为上工所，民之勤慧者入此，教以精工。三为中工所，民之资质稍次者入此，教以中等工作。四为粗工所，民之愚下者入此，教以粗浅之工。五为惰工所，凡工之不率教而怠惰不肯作工者入此，以法令约束之。凡民入局学工艺，既成则酌收其学艺工师之费，此款可在工值中抽取，则国家不过开办之时稍有所费而已，其余即可就教成之工收回教习之习。如每工一日之内所成之货精巧者可得数百文，粗工亦可得一百余文，此从其最廉者言之耳，大抵以上中下之工匀计，若每人每日得工值二钱，则十万工人所积每日可二万两矣。以一年三百日计之，则工资积六百万两矣。凡工艺所成之物运售别处，则有出口税焉，准值百抽五计之，则六百万两之货可岁增三十万两之税矣。若全省滨水之区遍立工艺局百数十处，作工之人数至百万，则山东岁饷所入岂非徒增数百万两乎？既利于民，即利于国，不言利而大利，自至何必如筹款局之罗掘不造乎？

凡设法抽取民财者，目前必有小效，盖多一项税饷即国家多一入款也。然日后必受大害，盖征税繁则农工困，农工困则出产制造之物少，物既少则虽重征之，亦所得无几。是取民之法益密而，国用益不足者。此也，为民生财则民财厚，民财厚则农工商业资本丰而百事皆举。出产制造之物日益增，货物增则税饷亦增，即使轻税薄赋而积少成多，国家已享大利矣。此中消息潜伏于无形，而实势所必至。

抑今日更有一隐害，而人不之觉者。洋关之税年年增益，为国理财之臣皆以为喜，而不知此乃大忧也。盖洋关之溢额者入口税非出口税也，因入口货多而税增，此大害也。内地民穷财匮，农工皆困，出产制造之物日益少，故外国将货运入以补之，而内地之农工于是困者愈困。吾恐民财匮乏之时，外国即有多货运入，民亦无钱买之。今若不设法为民生财，吾恐此弊必见于二三十年之后。至是我既无资本与农工，而外来之货亦力不能买，则出口税即寡而入口税亦细，国与民皆贫而全局瓦解矣。外国见及于此，故甚望中国维新致富，盖中国富而后有财以买洋货也。彼欲为己谋利，而先欲为我谋利，此等识见可谓远大矣。惜乎中国理财之臣皆见不及此也，有子曰："百姓足，君孰与不足？百姓不足，

朱淇 (1858—1931)

君孰与足?"呜呼,此真千古理财之名言哉。

（原载《申报》,1901 年 10 月 22 日）

评析:

　　1900 年,义和团运动引致八国联军武力干涉。运动失败后,清廷不得不派李鸿章出面向联军求和。1901 年 9 月《辛丑条约》签订,条约第六款议定,清政府需向列强赔款 4 亿 5 千万两白银,本息合计 9 亿 8 千万两,是为"庚子赔款"。当时中国人口大约 45000 多万人,庚子赔款每个中国人需摊派大约一两银子。由于数额巨大,清政府根本无力支出,所以"在获知赔款数字以后,清政府决定,除由户部每年筹款 300 万两外,其余由各省通筹"。筹款主要包括两种方式,一是田赋丁漕,二是厘捐杂税。在山东,为了筹集款项,原有之税捐大多提价,未有之税捐也陆续开办。地方政府搜肠刮肚地筹款,税款之多、名目之杂,让人民群众苦不堪言,原本凋敝的地方经济也遭到了打击。

　　朱淇在《申报》上发表《论山东筹款事》一文,提出了解决之道在于生财而不在于敛财的观点。他向山东政府建言,学习北京黄慎之学士设立工艺学堂的做法,在山东境内滨水的地区,广设工艺局;还建议分设五类不同层次的工艺局,各色人员都可以进工艺局作工学习,认为这既让民众有了学习技艺、糊口吃饭的地方,也让政府可以以征收教习费及征税等方式筹集款项。对可以开设哪些手工业,怎么制定章程以及能有多大的盈利,他在文中都做了详细的设想和说明。徐凌霄在随笔中说,朱淇的文章"不尚词藻,以质直明快见长",这篇文章就是很好的证明。

论议员之被捕

昨日，参议院拟投票举议长。因两院议员被京畿执法处捕去八人，各议员愤激，众议院议员亦不服。于是，参议院票举议长之事，亦无暇举办。夫官吏之逮捕议员，必谓议员有应捕之罪也。议员之有罪无罪，本馆岂敢臆断。然议员有监督官吏之责任，则官吏之曾被监督者，自不免归怨于议员。故民国政府，必当尊重国会，而负有保护议员之责任。凡议员非确有犯罪之证据，不能轻于逮捕。若仅据侦探一面之报告，而遽执议员而严讯之。则囚禁之时，旁证无人。其所谓罪状者，恐未足以取信于国民也。

此次国民党人，在南方倡乱议员中之参预乱谋者，固有其人。然国民党人品不齐，不能谓凡在国民党内者，即系叛逆。即不能凡系国民党议员，即系参预乱谋。吾愿政府诸公，此等事以慎重出之，毋令国民生恶感也。天下事凡操之太过者，皆足以召不良之结果。数月前，国民党议员在国会上种种捣乱，确有太过之处。因议员之捣乱太过，故人民轻贱之，政府亦憎恶之。然后，有今日被捕之受辱也。设使数月以前，各议员稍知自爱，则今日亦断不致有此祸也。政府之对待议员亦然，对于议员之确有罪据者，固不能不捕治之，然亦不可操之太过。若操之大过，则激动一般国民之怒心。谓政府有意陵贱议会，压力愈大，则反动之力亦愈大，如此则亦非政府之利也。

凡办事皆有中正之道，一味敷衍，固失之不及；轻于逮捕，亦失之太过；过与不及，其失维均也。当议员初到京之时，官吏处处欢迎，若举之于九天之上。今则轻则捕拿，重则枪毙。虽亦议员之咎由自取，而忽然加诸膝，忽然坠诸渊，前后不过数月之间，而变化不测若此，不亦令旁观窃笑乎。故曰：吾愿政府诸公慎重出之也。

（原载《北京日报》，1913 年 8 月 28 日）

朱淇（1858—1931）

评析：

　　1912年3月，袁世凯出任民国临时大总统后，蓄意肆行专制，不仅视对国务员的同意权、弹劾权、总统选举权为虚设，对立宪国家的议决法律权、预决算权及质问权、建议权等，亦皆视为弁髦。军警流氓假托公民名义，包围议院，胁迫、干涉、逼迫议员的事件，层见迭出，逮捕议员如同儿戏。1913年7月23日夜，袁世凯深惧邹鲁代表国民党提弹劾案，历数其违法渎职的罪状，想杀鸡给猴看，令军警多人到北京公余俱乐部逮捕住在这里的邹鲁。适邹鲁外出，却有议员汤漪、易宗夔、张琴等八人正在玩麻雀游戏，遂俱被逮捕。8月27日晨，参议院丁象谦、朱念祖、赵世钰、张我华、高荫藻等五人被捕。同日午后众院开会，张伯烈报告众议员褚辅成、常桓芳、刘恩格三人今早被捕。议员人心惶惶，国会议院无法开展工作。

　　朱淇获悉新闻后，奋笔疾书社论《论议员之被捕》，谴责政府之卑劣行径，为议员伸张正义。他诘问政府逮捕议员之行为应有乏力依据，"夫官吏之逮捕议员，必谓议员有惩捕之罪也"，希望政府对议员不能打击报复，"官吏之曾被监督者，自不免归怨于议员"。他建议政府尊重国会，承担起"保护议员之责任"。不过，社论秉承朱淇一贯的稳健风格，虽批评政府，但不温不火。同时，他委婉地对国民党议员提出批评，"国民党议员在国会上种种捣乱，确有太过之处。因议员之捣乱太过，故人民轻贱之，政府亦憎恶之。然后，有今日被捕之受辱也"。他主张用"中正之道"对待议员，不要变化莫测，令旁观者窃笑。

（编撰：邓绍根）

職業報人翹楚

汪康年

（1860—1911）

汪康年（1860—1911）　清末著名维新政治活动家与报人。中日甲午战后，他致力变法图强，参加上海"强学会"，立志言论报国。先后创办并主持《时务报》《时务日报》《中外日报》《京报》和《刍言报》等报。在办报过程中，愈发倾向报纸的专业化和现代化，锐意报纸改革，开创现代报纸版面形式，拓新报纸类型，积极推进中国近代报纸业务进步；强调新闻时效性、报纸监督功能、报纸社会责任，利用报纸扶正气、刹邪气，是中国近代最具职业报人特点之人。

职业报人翘楚

汪康年（1860—1911），初名灏年，字梁卿，小字初官。19 岁更名康年，字穰卿，号毅伯，晚号恢伯，浙江钱塘（今杭州）人。清末著名维新政治活动家与报人。他胸怀言论报国之志，先后创办并主持《时务报》《时务日报》《京报》和《刍言报》等报，倡言变法图强。同时，他锐意报纸改革，开创现代报纸版面形式，拓新报纸类型，尤其是强调新闻时效性、报纸监督功能以及报律思想，这使他超然于时代，成为中国最早具有专业性的职业报人。

追随洋务，畅言变法

汪康年出身诗书世家，先祖汪氏振绮堂藏书曾闻名于世，他自幼接受传统教育，22 岁从岭南名师石德芬习举业，34 岁中进士，曾授内阁中书、二等咨议官；1890 年入湖广总督张之洞幕，从事教书与编校工作，同云集在张府的大批学有专长的硕学鸿儒朝夕相处，视野骤开，思想锐进。1894 年，他深受中国甲午战败刺激，绝意于仕进；尤对战时上海报纸一味迎合时趣、淆惑听闻之举极为愤慨。因有志于新闻业，萌生开学会、办报纸念头，列名《上海强学会章程》发起人之一。1896年8月9日，他利用强学会余款，征得黄遵宪援助在上海创办《时务报》，以变法图存为宗旨。汪康年总理馆务，梁启超主笔政。梁氏酣畅淋漓的变法议论，加以汪氏的经营才干，使《时务报》一纸风行，成为维新运动的旗帜。汪康年缘此由默默无闻的一介文士，转而为著名的维新言论家和报界闻人。然好景不长，《时务报》终因"汪梁之争"导致分裂，梁启超辞职，汪康年独撑局面。百日维新期间，康有为欲借朝廷力量夺回报纸，汪康年将《时务报》更名《昌言报》继续出版，予以抵制。

创办《时务》，投身报界

汪康年（1860—1911）

自创办《时务报》始，汪康年的生命再也没有离开过报纸。1898年5月11日，他与曾广铨、汪大钧合筹股本在上海创办《时务日报》，由于是民间资本，没有官方的牵制，也没有学派门户之争，因此汪康年对这份报纸进行了大胆革新。首先，他一改此前报纸大都用油光纸单面印刷的旧例，仿西方现代报纸形式，用白报纸双面印刷；并首创"版面分刊，新闻分类"的编辑方法，每面四版，每版两栏，短句读加点，打破了报界流行的行款用书册式，每行由首至末一直到底的编排惯例，读来方便省力。起初，读者因循《申报》《新闻报》旧俗，不以为然，甚至馆内人亦多有异议。但汪康年不为所动，新式编排终以其便利赢得生命，为包括申、新两报在内的大多报纸所效仿，从而确立了现代的报纸版式。另外，为增强新闻时效性，在报上首设"专电"，为奖励多发专电，京内或外省发来的专电，除馆薪外，每条特奖银两元。必要时，该报甚至增发号外抢时效，如其所承诺者："本馆凡有紧要事件，皆当发传单，以供诸君先睹为快。"①这里所谓的"传单"，即为号外。汪康年对《时务日报》的诸多改良措施，皆属报界创举，报史专家戈公振故赞誉其"开我国日报改进之机"②。

1898 年 8 月 17 日,《时务报》改名《昌言报》。同日,《时务日报》也改称《中外日报》。戊戌政变发生后,《中外日报》托庇于英商老公茂洋行,该行经理杜德勤(Charles John Dudgeon)任发行人,以避免政治迫害。1899 年 2 月,汪康年重新主持《中外日报》,直至 1903 年,他往来奔忙于京沪之间,不便管理,遂将报纸委托他人摄理。包天笑称该报"对于那一时代的革新工作颇有足述"。③

全心为报,专业先锋

为了更有效地影响政界,1907 年 3 月 28 日,汪康年在北京创办时政性报纸《京报》,自任社长兼总编辑,撰发系列论说鼓吹立宪,欲"效昔贤之强聒不舍,为政府作忠告"④。在清王朝最后的几年,经历保皇与革命两派报刊大论战后的中国舆论界,早已为革命排满思想所主导,汪康年逆主流而倡言立宪,苦苦劝说警告败象毕露、冥顽不化的满清统治者,试图挽狂澜于倾颓之间,甚显迂腐和不切实际。所以,《京报》之论,多为汪氏的自唱自说,关注者寥寥。不久,卷入"丁未政潮",被勒令关闭,前后发行仅五个月。

汪康年矢志不移,1910 年 11 月,不顾重病在身又创《刍言报》,并独自一人担承撰述、编校和发行所有工作。汪康年自述办报缘由:"闭户养疴,晌历年岁,耳目所触,时复刺心。欲吐之耶?于事何敢!欲嘿之耶?于心何忍!姑藉小纸,抒我寸衷,名曰刍言"。⑤此时的汪康年在经历改革、民间运动等一系列理论与实践探索、挫折之后,从激烈的民权主义者回归到保守主义者的立场,⑥被革命思潮猛烈涤荡早已过时的立宪依然是他的政治构想,他不断撰论鼓吹以中国传统文化解决中国现存的政治问题,为清廷的改官制、设责任内阁,大献其策。他提出"专制改为立宪,头绪千万,大要必为改良政法也",⑦并从中国现

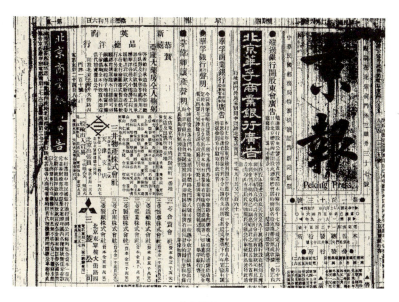

《京报》

状出发，认为改革必上下同心做长久打算，反对速开国会主张；此外，针对清廷的干路国有政策，以及军国民教育等举措，皆积极抒发己见。虽言之凿凿、情之切切，却已实难迎合时代思潮和社会心理。思想上的落伍守旧没有影响他业务上的进步，不甘墨守陈规的汪康年生命中最后一份报纸为报界又开先例。《刍言报》在体例、内容诸方面均别具一格，该报不沿旧例，月出六期，有内编、外编之分。内编设有咨告、针诘、评论、辩说、记载、研究，皆关涉时事；外编包括调查、杂录、事案、文件、掌故、杂考证，内容较为庞杂零散。该报不招登广告，却免费为家刻私刻书籍和天然及制造物品登告白。最有新意的是它"以评论及记载旧闻，供人研究为主，不以登载新闻为职志"。⑧如此构思，汪康年的本意是想通过摘登或补缺各报一周以来的要闻，来警告当局，匡救政府，警觉社会。汪康年独自一人担承撰述、编校和发行所有工作，继续鼓吹立宪。以言论报国，是汪康年始终如一的办报理念。1911 年 9 月13 日，他病逝天津。

汪康年的报业经历极为丰富，他一生尝试过办多种类型的报刊，锐意报业改革，他还是我国新闻通讯事业的先驱，早在 1909 年便协助王慕陶在比利时创设远东通讯社，并担任其北京通信，负责提供清政府内政、外交新闻，深得各国报社重视。

作为清末著名报业家，汪康年长于经营。主持《时务报》期间，报纸不断面临资金、销路的困扰，全赖汪康年苦苦应对：虽然该报的成功可以说归功于梁启超的政论文章，但平心而论，如果没有汪康年的操持，《时务报》恐怕连开办都很难。另外，虽然汪康年在言论思想上比较保守，但作为一个报人，他在中国近代报业专业化的推进上，可谓第一人。

思想改良，报业救国

与仅仅善经营的汪汉溪、席子佩不同，汪康年同时是胸怀政治理想的政论家，他以报刊为阵地撰论发言，仅在《时务报》即发表论说14 篇，力促政治改良。然而，和同样热衷政治的梁启超等人又大异其趣，汪康年不仅视报纸为政治工具，而且把办报当做事业来做。和清末许多国人一样，汪康年也固执地认为"日报之制，仿于中国之邸抄"，但是，他又清楚地意识到，西方的日报较之中国的邸抄发生了根本性的变化，与中国邸抄专载朝政信息、限于封建统治机构内部发行完全不同，西方日报"能通消息，联气类，宣上德，达下情"，"使吾壅蔽顽固之俗一变"⑨。汪康年对报纸功能的认识，则由《时务报》时期的"上备朝廷之采择"⑩，到主办《京报》时的"力纠政府之过失"⑪，从为政府备采见闻，到纠政府之过失，表现的是一个言论家逐渐挣脱专制束缚、追求独立的思想脉络。汪康年思想的可贵之处还在于，他强调报纸宣德达情、内外交流作用的同时，特别重视报纸的新闻功能，强调新闻的真实性、时效性，在视报刊为宣传工具的"政论"时代，其主张未免曲高和寡。尤其在长期的办报实践中，汪康年痛感专制的言禁政策将民间报纸置于失去法律庇护的艰险处境，因而疾呼政府"宜速定报律"，从保护民间报业自由的高度认识报律，亦属超前。

作为晚清著名的维新活动家，在维新派所从事的许多社会活动中，都可以觅见汪康年的身影。从创设务农会、蒙学公会，协办女学堂、东文学社，到担任抗俄拒约大会会长，参与浙江保路运动……顺着他的活动轨迹，可以清晰看到一位改革实践家曾经尝试通过民间事业推动渐进改革的心路历程。在历经多重改革失败后，汪康年转而寄望于言论报国，试图藉言论浸渍人心，造成社会变法的新风气。在清末国势阽危，启蒙救亡成为时代主题的背景下，汪康年的道路具有代表性。

注释：

①《启事》，《中外日报》，1898 年 8 月 17 日。

②戈公振：《中国报学史》，上海古籍出版社 2003 年版，第 171 页。

③天笑：《辛亥革命前后的上海新闻界》，见杨光辉等编：《中国近代报刊发展概况》，新华出版社 1986 年版，第 152 页。

④汪诒年纂辑：《汪穰卿先生传记》，中华书局 2007 年版，第 109 页。

⑤汪康年：《〈刍言报〉小引》，《刍言报》第一期，1910 年 11 月，见汪诒年纂辑：《汪穰卿先生传记》，中华书局 2007 年版，第 152 页。

⑥廖梅：《汪康年：从民权论到文化保守主义》，上海古籍出版社 2001 年版，第 390—395 页。

⑦《刍言报》，宣统三年（1911 年）六月十六日，见汪诒年纂辑：《汪穰卿先生传记》，中华书局 2007 年版，第 158 页。

⑧汪康年：《〈刍言报〉小引》，《刍言报》第一期，1910 年 11 月，见汪诒年纂辑：《汪穰卿先生传记》，中华书局 2007 年版，第 152 页。

⑨汪康年：《论设立〈时务日报〉宗旨》，《时务日报》第一号，1898 年 5 月 11 日，见汪诒年纂辑：《汪穰卿先生传记》，中华书局 2007 年版，第 77 页。

⑩汪康年：《汪康年启事》，见张之华主编：《中国新闻事业史文选（公元 724 年—1995 年）》，中国人民大学出版社 1999 年版，第 28 页。

⑪汪康年：《〈京报〉发刊献言》，《京报》光绪三十三年（1907 年）二月十五日，见汪诒年纂辑：《汪穰卿先生传记》，中华书局 2007 年版，第 119 页。

汪康年（1860—1911）

中国自强策

（上）

事至今日，危迫极矣！挫于倭，迫于俄，侮辱于英，教案蜂起，回匪蠢动，兵变民变之事，不一而足。而瓜分中国之说，西报屡载之，西人屡言之，虽至愚之人，亦知其殆。然而庙堂无定策，中外无定议，旧弊未一除，新猷未一布，则非安于不为，即以为无策也。夫安于不为，则无论矣；以为无策，尚未然也。夫中国在今日，犹以一羊处群虎之交，曾不足以累其牙爪，然而不遽动者，群雄角立，未有所归，故艰于发难。又无端戕人命，败商务，又西人所不欲为，故犹迟回以待之。我苟能自振，则西人之于我，亦犹其于日本耳。惟我永不自振，则彼惟恐为人所得，必将争先以取之。然则我国振兴之政，不于今日则无及矣。夫中国利之宜去，弊之宜除，谁不知之？而卒无定论者，盖食于弊者太多，则必多为之说以乱之，多出其途以挠之。盖非不明不强之患，而由于权无所归，则无人焉为发光与力之地也。夫国朝承明之后，惩于擅权朋党之祸，故执政之臣，名曰军机大臣，人多而权不一，但能唯诺于上前，而不能坚持其意也；但能恭拟谕旨，而不能自发号令也。然则苟欲聚其权以办庶务，舍立相莫由矣。顾今日而骤然立相，窃恐但有牵掣阻碍之苦，而无行权决策之效，则非先立议院不可矣。或曰，立相则不免擅权之虑，开议院则权在下，且散而不合，徒滋论议，于事非便。不知有议院以与相相持，则相不能擅权。议院之人多矣，且有议事举人之权，而无行事之权，虽在下何病！又议院论虽不一，西例必择其多者从之，何嚣杂之患！且凡事初行，必多漏略，要在随时审正耳。若其成规，则西人之议院章程，可择而行也。至于开办维新之政，则有三大端焉：一曰齐天下之论。今天下之论，至不一矣。政府不择而用之，或朝暮更易，或南北互异，必当论定一格，以便施行；二曰慰天下及各国之望。维新之政，中国望之，不应则离，西国望之，不应则侮。宜明昭天下以舍旧从新之故，而与各国立力保太平之约，并方便予以权利，且聘其贤豪，与之参定法制，则中外始有更新之望矣；三曰安天下官吏士兵之心。维新政行，则宗室旗丁、冗员士人、胥吏军士，皆有失所之虑。始而以言语相煽惑，继而以全力相阻挠，宜预筹安插之法。宗室旗丁，除作官当兵外，或与以利益，或弛其禁防。新改立之官，除总理之人，必拔用能者，其余仍以旧官依班补叙。学校新设，必十年方能选用。则从前士人，在十年之内，仍可补官。胥吏军士，汰胜者可补充诸役。如此则各人无失业之忧，即新政无阻挠之患矣。然此但言开办之大要，而未及其所行之事也。

汪康年（1860—1911）

（中）

中国自古独立于亚洲之中，而其外皆蛮夷视之，素以君权为主务以保世滋大为宗旨，故其治多禁防遏抑之制，而少开拓扩充之意。君恐臣之侵其权，故不使之有纤毫之权，恐臣下之结党，故务散其党，牵掣之使不得行其志，锢蔽之使不得极其聪，以天命怵之，以鬼神惧之。臣下承之，以讳饰为能，以敷衍为工，以趋避诿卸为巧。其于民也，但以压制欺吓为事，无复有诚意以相孚。故吏习于弊混，民安于刁玩，士成于陋劣，兵贯于哗溃，其齐民皆以闭户不与外事为秘策，以积财遗子孙为得计。故上下之大弊，不出四事，曰徇私，曰恶直，曰崇虚，曰耽逸。循习至久，全国之民，皆失自主之权，无相为之心，上下隔绝，彼此相离，民视君父如陌路，视同国若途人。夫民之弱与离，君所欲也，积至今数千年，乃受其大祸。然则至今日，而欲力反数千年之积弊，以求与西人相角，亦惟曰复民权、崇公理而已。其于官也，汰冗职，删

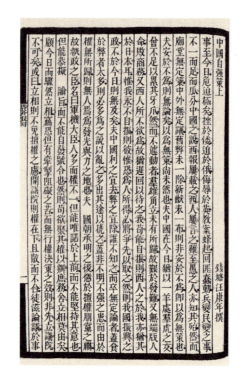

《中国自强策》

仪官，使官各有事；其教人也，必使为有用之学，毋误用其聪明；其选人也，必使以所学为其官，毋使用非所学；其升补也，必依其本职，毋使朝此而夕彼；其用人也，厚其禄，过则责，故则斥，勤奋则升迁而递加其俸，终身无失业之虞；其定律也，依罪为断，必求可行，无虚设之律，无难行之例；其罪人也，访缉密而治之宽；其谳罪也，稽罪而尽其辞；其取于民也，各以其资占税，毋倒置，毋苟索；其理财也，使财归实用，毋糜于虚文，毋漏于中饱。昔之重文而轻武者，今必使文武并重；昔之优文士而轻吏治者，今必以吏事为急；汰繁重以求其速捷，去虚文以责其实效；删矫诬不实之谈，斥虚伪无理之事；尚创作而贱安间，尚改变而贱守常；以能开利源为能，以能创新学为优；民性必求其宣达，士气必求其振奋；昔之不使民与国事者，今必与之共治；昔之使民安于愚弱者，今必使之极其明强；务使内之权力，在在足与外人相抵。夫如是或可微幸与各国相持，然此但言其治道宗旨所在，而未言办法之实也。

（下）

请实言办理之法，今使上赫然下明诏，告天下以力图自振之故，而使士民之明秀者，互相举为议员，使至京入议院，而使中外大员，自三品以上，俱入上议院。议院既立，则立相以总内外之务，立户部以掌财用之出入，立刑部以掌天下之狱讼，及巡捕之事，立商部以兴商贾，并掌税则及考察工作物产之事，立农部以教种植，立外部以理交涉之事，立兵部以掌兵事，立工部以掌营造之事，立邮政部以理道路河渠轮车轮船邮递之事，立民部以掌各处地方之事，立海部以掌海军之事，立教部以掌学校之事。俟议员举定相臣，则由相臣自择用诸部大臣，及各省之长，大臣及长，又各举其属，而皆决于议院。十年之后，则议员及各官，皆取于学校。如西国之法，设吏治局于京师，征天下贤能之吏，使学习治法，而分派之于各省，以教诸地方官，十年以后，亦皆取之学校。各省提镇，选于兵部，而提镇又递选其属，十年之后，始取之水陆武备学堂。外部及出使大臣，必取精西文遍西事者，十年之后，始取之使才学堂。京师立各种学校，精选中西之能者教之，以递及于各省府州县，十年之后，始取之师范学堂。宰相与各大臣既举定，则遣使与各国立力保亚洲太平之约，而大改上下内外之体制，务从简易，悉去趋跄拜跪之节。复立宪报馆，凡新政改革之意及中外交涉之故悉载之。各种振兴之政，乘时并举，且捐纳停，冗员裁，调济安插之途废，资格班次之说止，既无无事之官，复无无官之事，局中之人，可因官以展其才，局外之人，可因事以责其效，则职无不举矣。一事一官，既无旁贷之方，一官一事，又无业胜之虑，则人勤于职矣。在事之人，有治事之权，事外之人，有监察之权，而又有议员以钳制之，有日报以举发之，则官邪息矣。厚俸禄而革陋规，入官之日，予以装钱，辞官之日，予以恩俸，或给终身，或逮子孙，办公有费，登程有资，则人兴于廉矣。改衙署之制，速咨禀

汪康年（1860—1911）

077

之法，汰酬应之烦，删迎送之礼，则官敏于事，勤于察矣。省府州县各设议员，以与官相抵，官不能专其事，则民困苏矣，因其事以设之官，因其官以为之学，因其学以定所取，入官之后，非罪不斥，心不枉耗，才不虚糜，人无失所，官不易方，则人知专所学矣。取士多途，学堂遍设，由都会以及州县，由州县以逮乡闾，人无废才，才无滞用，则人劝于学矣。厘定文字，使归浅近，多撰教化之书，使人易晓。而遍设义塾教堂以教齐民，则寻常之人，皆可读书明理矣。凡刊刻书籍，由官准驳，其便用者，准其专利，则要用之书，不日可得矣。严户口之册，定乡里之制，产业生死婚姻必注，零户必禁，城镇无杂处之虞，乡里无散居之虑。而又遍设巡捕，并设包探，则遁逃清，邪民无所匿矣。律法从平，无有偏颇，重则绞杀，轻则禁罚，则罪易办而情易得矣。刑官治狱，不兼他事，复有会审以察其虚诬，有律师以伸其辩说，无刑求之苦，无拖累之患，则枉滥息矣。吏皆有禄，役皆受饩，既无借口之资，即无婪贿之弊，如此则狱讼易矣。有不率教者，辄禁锢终身，动其羞耻，严其禁防，则人耻于为非矣。平道路，浚江河，开铁轨，通电报，招商以成之，借债以足之，且路灯自来水，在在设立，使往来便捷，消息灵通，则用兵赈灾经商行旅便矣。矿务开，银行设，然后铸金银铜三等之币，齐其轻重，又制钞票，而禁兑换银钱之店，以便行驶，税饷出入，一律行用。三年之后，度新币已足，则悉禁旧钱，则钱法行而人便于用矣。制钞币，立银行，正税则，严中饱，则国用可足矣。立商部，定商制，严赔偿之法，定诈骗之条，除厘税之苛，捷水陆之途，考求各国之物产，察勘各地之工作，内江外海，准行轮舶。能纠合公司者奖之，商之成本重者，许其专利，则商欢矣。能效法泰西制造各物者赏之，并许专利；能以新法制器者，给以功牌，则工欢矣。税以资算，富重而贫轻，税以息计，商多而农少，蓄泄有资。种植有法，则民欢于田亩矣。停无用之武试，开水陆学堂，令凡能武事者，不与齐民齿，则人竞于武矣。精选而厚其饷，严教而重其防，老休则廪以终身，战死则恤其子孙，则兵皆能战，而平时不敢滋事矣。防兵周于水陆，兵将悉由考试，定平时遣调之法，定临事招募之方，炮械必精，雷舰必备，医药必赡，兵法既娴，军律尤峻，则武备严矣。厘定祀典，公私无名之祀，悉行停止，一切虚诬术数之说，皆不得行，则邪说息而正务举矣。设报馆以达民隐，凡中外交涉选举狱讼报销，悉由官登之报，新理新法，及一切民间之事，及其冤抑，无不可登报，则上下之情通矣。定齐民之等级，以有能者为上，有业者次之，游惰为下，则民勤于所事矣。而又设舆图局以测全国之形势，设翻译馆以收各国之书籍，设制造军火局以给军用。如此行之十年，国以富，兵以强，始可收回已失之权利，除租界之法，改进口之税，定管辖异邦人之制，而与泰西各国相抗衡。若夫施治之宜，叙次之方，新旧交替之法，则当俟办理之时议之，非一时所能决也。

（原载《时务报》第四册，1896 年 9 月 7 日）

汪康年
（1860—1911）

评析：

　　《中国自强策》是汪康年的第一篇论说，也是他在《时务报》的亮相之作，发表于 1896 年 9 月 7 日《时务报》第 4 册。全文分上、中、下三策，完整、系统地阐述了汪康年的改革观，堪称其维新改良思想的总纲领。

　　上策从中国所面临的危局出发，明确提出唯有自振改良才能救国于危难之中。而消除弊政、行振兴之政，首先依赖于政治体制的改革，即仿行西方政体，立宰相、设议院。中策集中论述了伸民权的重要性。开篇即历数中国旧有体制的弊端，认为这是压抑聪明才智、造成君臣民之间相互猜忌防范、上下阻滞的主要根源，进而犀利地指出"夫民之弱与离，君所欲也，积至今数千年，乃受其大祸"，疾呼欲消除千年之积弊，唯有兴民权。下策直陈新政的具体"办理之法"。

　　前两策重在剖析政治改良的必要性、紧迫性，提出改良变法的总思路，下策则立意为政府提供政治体制和行政制度改革的实施方案，上自中央机关改革，下至基层组织建设；从人员培养、选拔、安置，到机构设置；

既有宏观的全局把握，又有微观的细节考量，可谓殚精竭虑，面面俱到，对梁启超的变法思想形成了有效注解和补充。

平心而论，汪康年的文章的确不如梁启超之文文采飞扬、气势磅礴，富有煽动力和感染力。汪康年行文不擅引经据典，缺少宏大的理论构思；文辞至为平实，就事论事，乃至略显单调刻板；特别是他不长于委婉，言语直接，爱提意见，尤善批评，易引起訾议。但是，汪康年文章的价值虽不在于为变法提供理论指导，却在于它蕴含着深刻的批判意识和现实意义。丰富的社会阅历、广泛的政界交往，使汪康年对现实政治有着深切的体认，所以他批评现状往往能够一针见血，一剑封喉；他对未来的规划虽难免带有文人的理想成分，却平实剀切、周详具体，切合国情，具有一定的可行性。恰如丁其忱所言：《中国自强策》"议论确切，曷胜钦佩！"孙同康亦极力称道："崇论宏议，切实可行，所惜当局者终昏如醉梦耳。"众人所赞，实不为过。

论中国参用民权之利益

中国之言治者，曰以君治民而已，至泰西而有民主之国，又有君民共主之国，中国之儒者，莫不骇且怪之。虽然何足怪哉！古之言治者，莫不下及于民，是以《尚书·洪范》曰：谋及庶人。《吕刑》曰：皇帝清问下民。《周礼·小司寇》：掌外朝之政，以致万民而询焉。《朝士》：左九棘，孤卿大夫位焉，群吏在其后；右九棘，公侯伯子男位焉，州长众庶在其后。孟子曰：国人皆曰贤，然后用之；国人皆曰不可，然后去之；国人皆曰可杀，然后杀之。其他见于经典者，不可偻指数，是古之为国，未尝不欲与民共治也。顾或患权之下移，不知君民共主之国，凡国有大事，下诸议院，议院议之，断之君而行之。官、君有不同，可使复议，议不能定，可更置议员，是大权仍操之君。或曰用民权则桀黠得志，豪强横行，乱且未已。不知民但能举俊秀以入议院，而不能肆行己志；议员但能议其事，而不能必其行，何肆横之有？或曰权在上则聚，在下则散，散不可以为国。不知议员人虽多，必精其选，议虽杂，必择其多。选精则少谬误之论，择多则愿行者众。是三者皆非足置虑者也。且夫居今日而参用民权，有三大善焉。盖从前泰西君权过重，故民权伸而君权稍替，中国君权渐失，必民权复而君权始能行。何则？中国虽法制禁令号出于君，顾前代为君者，深恐后世子孙不知事体，或有恣肆暴横之事，故再三申之凡事必以先代为法，毋得专擅改易，故举措一断之例，大臣皆奉行文书。百官有司，咸依故事为断，而熟谙则例之吏，乃得阴持其短长。故国之大柄，上不在君，中不在官，下不在民，而独操之吏。吏志在得财传子孙，初无大志，故黩利营私，业弊如毛，良法美意，泯焉渐灭。且不特此也，君独立于百官兆民之上，则聪察不能下逮，而力亦有所不及，是以会计隐没上勿知也，刑狱过差上勿察也，工作窳敝上勿闻也。屡戒徇私，而下之用情如故，屡饬洁己而下之贪贿如故，屡饬守法而下之作弊如故。诏书严切，官吏貌若悚惶，而卒之无纤毫之悛改，犹得谓之君有权乎？惟参用民权，则千耳万目，无可蒙蔽，千夫所指，无可趋避，令行禁止，惟上之从。虽曰参用民权，而君权之行莫此若矣。且夫民无权，则不知国为民所共有，而与上相暌。民有权则民知以国为事，而与上相亲。盖人所以相亲者，事相谋，情相接，志相通也。若夫，君隆然若天，人民芥然如草芥，民以为天下四海皆君之物，我辈但为君之奴仆而已，平日政事举措，漠不相闻，一旦变故起，相率委而去之，但知咎君之不能保护己，而不知纤毫尽心力于君。惟与民共治之国，民之与君声气相接，亲爱之心油然自生。故西国之民，见君则免冠为礼，每饮酒必为君祝福。国有大事，则群起而谋其故。盖必使民共乐，民然后乐其乐，与民共忧，民然后忧其忧，必然之理也。

　　若夫处今日之国势，则民权之行，尤有宜亟者。盖以君权与外人相敌，力单则易为所挟，以民权与外人相持，力厚则易于措辞。西人与中国互市，动辄挟我国君之权力，以制我之民。中国欲拒之，则我之权

汪康年 （1860—1911）

081

不足，欲以民为辞，则中国久无民权之说，无可措语。是以增订条约，不谋之民而辄许之；索租界索赔款，亦不谋之民而辄与之；其他一切有损于国有损于民之事，皆惟西人所欲应之，如乡有司，奉令承教为之，惟恐不速。于是民仇视西人之余，转而仇视有司。夫天下之权势出于一则弱，出于亿兆人则强，此理之断断然者。且夫群各行省之人，而使谋事，则气聚，否则散。使士商氓庶皆得虑国之危难，则民智，否则愚。然则反散为聚，反愚为智，非用民权不可，夫岂有妨害哉！吾见古制复，则主权尊，国势固也。

（原载《时务报》第九册，1896 年 10 月 27 日）

评析：

　　《论中国参用民权之利益》是一篇逻辑严谨、说理透辟的短论，发表于 1896 年 10 月 27 日《时务报》第 9 册，旨在论述伸民权的好处，劝说君主参用民权。文章开篇即比较中西不同政体："中国之言治者曰，以君治民而已，至泰西而有民主之国，又有君民共主之国"，指出中国"古之言治者，莫不下及于民"，"未尝不欲与民共治也"，只因不了解君民共治的好处，顾虑权力下移而限制剥夺了民权。为消除疑虑，文章从君主立场出发，深入分析了参用民权的三大利益之所在，劝导君主兴民权非但不会造成权力下移，反而能够维护和加强君权。

　　文中作者不避忌讳，直指现行体制之弊端，"故国之大柄，上不在君，中不在官，下不在民，而独操之吏"，胥吏则徇私耽逸，百弊丛生；甚而大胆声言："夫天下之权势出于一则弱，出于亿兆人则强，此理之断断然者。"以致有人慨叹："不意谨厚如汪某，乃能作此大胆文字也！"19 世纪末的中国，内忧外患，国势阽危，清政府虽统治式微，却依然践行专制政治，不思改良。汪康年无所顾忌地抨击君主专制政体，大胆倡导民权，是需要勇气的。此文一出，纷议顿起，有人"要打民权一万板"；出于爱护之心，高凤谦提醒他：《民权》一篇"用意至为深远。惟风气初开，民智未出，且中国以愚黔首为常，一旦骤闻此事，或生忌惮之心，而守旧之徒更得所藉口，以惑上听。大之将强遏民权，束缚驰骤，而不敢稍纵，小之亦足为报馆之累。"当然亦不乏赞誉之声，吴品珩即表示："昨登参用民权一篇，尤为透彻，痛下针砭，佩服佩服！"陈延益则赞曰："尊论参用民权，极为透澈，其如聋聩成风何？"汪康年的确不负办报立言的使命，他表达了时代的心声。

（编撰：程丽红）

汪康年 (1860—1911)

舍家办报为百姓 **彭翼仲**（1864—1921）

　　彭翼仲（1864—1921）　清末民初著名报人和社会活动家。他亲身经受国家危难，了解人民生活疾苦，对民族压迫和帝国主义入侵有着强烈的反抗意识。他变卖家财，创办《京华日报》《启蒙画报》等，关注社会底层百姓心声，用北京地方话说出直白的道理，不怕迫害，反抗官员腐败残忍和帝国主义对中国的侵略奴役，获得百姓尊敬和赞誉，是北京近代报纸的先驱。

人物评介

舍家办报为百姓

彭翼仲（1864—1921），名诒孙，清末民初著名的报业先驱。他亲身经受国家危难的直接煎迫，抱定唤醒民心、维新救国志向，毅然投身报界，参与社会运动。他坚持"爱国御侮"和"维新图强"理念，致力于"提升国民程度"和"开通风气"，把报业活动作为自己的人生主题，无愧地成为清末民初著名的报业先驱。

彭翼仲在晚清年间创办三种报纸:《启蒙画报》《京话日报》和《中华报》，其中《京话日报》是影响最广、声誉最隆、最具代表性的白话文报纸。彭翼仲以《京话日报》为代表的报业活动，开创了北京中下层民众的舆论环境，推进了社会的改良和进步。

激于义愤，投身报界

1900 年，八国联军入侵北京，彭翼仲拖家带口困处危城，家宅曾遭美国兵入室勒索打劫。美国兵气势汹汹地逼索银元，未能得逞便扳开枪管，塞入子弹，直逼主人胸前。彭翼仲挺起胸膛，直抵枪口，以性命

《启蒙画报》

与之相拼,将美兵镇住。这次超乎寻常的经历在彭翼仲心中留下深刻印记:"迩来提倡各公益,不顾自家性命,以开通多数人为己任者,皆此日之耻辱激成者也。"①

国难、家难并至,痛定思痛,忧心如痗。彭翼仲认定:"国几不国,固由当轴者昏聩无知,亦由人民无教育,不明所以爱国之道。"②于是他于1902年6月创办面向童蒙的《启蒙画报》,继而于1904年8月创办面向市民的《京话日报》,于1904年12月创办面向官绅阶层的《中华报》。

彭翼仲身为民间报人,无任何权势背景和财力根基,只能依靠自己的力量维持报纸运作,从一开始就处于经费匮乏的窘境。他筹措资金靠的是借取或挪用亲属友朋钱款,以及将自家钱财投入办报。虽然充满艰险和悲壮,但他以超乎常人的坚韧和努力,走出了自己的办报之路。

爱国图强，开通社会

《京话日报》延续了彭翼仲整个办报生涯，这一报纸曾有三起三落的曲折经历，第一时段最具重要价值。《京话日报》以市民读者为主要对象，"通幅概用京话，以浅显之笔，达朴实之理，纪紧要之事"。它的版式后来成为北京众多白话报纸的基本模式。

《京话日报》把"爱国图强"作为基本主题，披露帝国主义列强豪夺中国主权、欲灭我国、欲亡我种的危局，剖析其险恶用心，揭露其行径的严重后患，呼唤民众奋起斗争；揭露老大中国的种种弊端，将强势者恃强凌弱、草菅人命、营私舞弊、贪赃枉法的种种丑行现于报端，呼吁清除弊政，消除种种社会阴暗现象；推助广大民众从屈辱、封闭、狭窄和无作为的心态中觉醒，认清世界大势，建立国民意识，提升"国民程度"。

《京话日报》发起并推动多项社会运动，诸如反对南非英国殖民当局虐待华工的斗争，反对美国华工禁约和抵制美货的斗争，支持南昌人民反洋教的斗争，对那王府活埋侍妾暴行的揭露和斗争，为"春阿氏案"进行的揭露讼狱黑暗的斗争，为维护藤堂调梅人身权利同官府的斗争，发起并推动解救妓女、建立济良所的运动等等。其中，声势最大、最得到广泛响应的是国民捐运动。彭翼仲旨在推进社会进化的努力还有很多，诸如主张妇女参与社会活动，反对女子缠足，力戒早婚，主张禁绝鸦片，倡导公共卫生，注重养成卫生习惯，抛弃各种陋俗，反对迷信神佛、烧香还愿、求仙乞药和滥信风水，反对体罚儿童，改良耍货和各种儿童玩具等等。梁漱溟在1960年指出："总结一句话，在距今五六十年前的那个时代，彭先生的言论主张和行动乃处处见出有其进步性、有其人民性，实在难得。"③此言已过去50余年，仍能使人深刻认识彭翼仲在推进社会进步上所起的作用。

《京话日报》眼光向下，植根民间，在首都北京的执政阶层和精英文化阶层之外，找到了立足之地，将处于社会舆论边缘甚至缺席状态的普通民众引到社会舆论之中。它逐渐成为众多普通人生活中的必需之物，许多本来与书面文字隔绝的下层民众还在报上发表言论，表达与国家、民族命运和国民责任相关的思想感情。在《京话日报》推动下，北京民间的阅报、说报、听报蔚然成风，许多热心人捐物、出力，建起数十所阅报社和讲报社。街头贴报和街头说报成为有效的传播方式。《大公报》主编英敛之指出："北京报界之享大名，与社会程度适当其可者，要推《京话日报》为第一。"④

《京话日报》以其独具特色的"平民品性"，构建了北京民间社会前所未有的舆论环境。

蒙冤被祸，远放新疆

彭翼仲始终秉守服从公理、不徇私情的从业良知，多次表白："报馆是替天下人说话的地方，专讲公理，不徇私情。徇了私，便够不上报馆的资格。"⑤这种刚直的新闻态度使他在受到民众拥戴的同时，不可避免地遭到清廷顽固派的嫉恨和迫害。

1906年8、9月间，台湾人任文毅与彭翼仲同心爱国，却招来巡警当局以"革命党首领孙文入住报馆"为名，大乱京城。随后《中华报》连续披露清廷权势者秘密杀害保皇党人吴道明、范履祥的消息，发表深触内幕的独家新闻《保皇党之结果》，引起清廷权势者的惶恐和惧骇。于是巡警部悍然以"妄论朝政，捏造谣言，附和匪党，肆为论说"的罪名，逮捕报人和查封报纸。

"彭翼仲案"是清末北京第一个查封报馆、惩处主笔的大案。专制统治者恼怒彭翼仲的报纸揭露其黑幕，悍然封闭《中华报》并波及《京话日报》，将两报主办者彭翼仲、杭辛斋逮捕下狱，分别远戍新疆和遣返原籍，暴露了清廷"预备立宪"的虚伪，留下了箝制社会舆论、镇压民间报人的丑恶记录。

1907年4月17日，彭翼仲起解离京，"市民去送者数千人，赠送程仪者无算"，出宣武门，过卢沟桥，过良乡，渐渐离京城而去。彭翼仲因主持正义而远赴天涯，充满了慷慨悲凉之气。

彭翼仲在新疆的流戍生涯自1907年年底至1913年年初，依据零星资料大体可知：因清政府鞭长莫及，他未被下狱，而有一些个人自由。在好心人的帮助下，彭翼仲暗自找到一些补给生活费用的差事，像抄抄写写的书记生之类。后来，随着清廷衰弱不振，新疆官府对"政治犯"的管束逐渐放松，彭翼仲受当地官员之请，担任其家庭教师。清朝将倾前夕，愈显活跃的变革力量把彭翼仲纳入社会活动之中。

民国成立，清朝政治犯皆获大赦，彭翼仲检点行装，于1913年春生还京门。

彭翼仲（1864—1921）

生还京门，重操报业

1913年4月22日，彭翼仲抵达北京，报界和社会大众纷纷表示慰问和欢迎。北京报界特地举行欢迎大会。其时，声名渐盛的京剧名角梅兰芳推出"时装新戏"《孽海波澜》，这部戏反映了彭翼仲揭露恶霸虐待妓女，继而设立济良所的京城旧事，戏中的彭翼仲由老生刘景然扮演，而彭翼仲本人受邀观戏，成为了"座上的戏中人"。梅兰芳创编并演出的第一出"时装新戏"，反映了彭翼仲在北京社会的厚重影响。

1913年末，京话日报社出版《彭翼仲五十年历史（上编）》。1913年7月6日，《京话日报》复刊。报纸作风一如当年，还是那样贴近民众，仗义直言。但是出版不久，就发生袁世凯大举扼杀报纸的"癸丑报灾"，京师警察厅强令"有碍时局"的报纸一律停版，《京话日报》毫无悬念地处于其中。这样一来，《京话日报》第二次出版仅仅22天。

1913年11月1日，《京话日报》第三次出版，此后延续了十年时光。

愤世忧时，壮志难酬

《京话日报》第三次出版后，影响最大的是 1918 年发生的彭翼仲蹈海事件。

这一时期，日本政府以帮助北洋政府"武力统一"中国为借口，提供一系列公开或秘密贷款，迫使北洋政府拱手奉送我国东北、山东等地的铁路、矿产、森林等权益。日方还以"共同防敌"为借口，出兵侵占我国东北和蒙古地区。日方为此付出总数达两千万日元的贷款。因事属龌龊，国人闻而大哗，由此形成群起反对之势。

彭翼仲深痛国权丧失，于是留下绝笔书和绝命诗，决计蹈海自尽。

其绝笔书说：

前数年在三庆园为女学筹款演说，曾有"亡国为奴，不如身投大海"等语，不料已成谶语。中日密约成，则奴隶、牛马无不惟命是听矣。二千万之贿赂，如此其甚耶！良心痛苦，愈激愈烈；除死，无第二置身之道也。

其绝命诗云：

艰难事业败垂成，荡产倾家负友朋。霹雳一声中日约，亡奴何必再贪生。

西域飞来一弹偏，筹安时代幸邀天。何期此日鸿毛死，辜负良心永抱惭。

（原注：筹安时代新督密奏，指为乱党，幸免于难）⑥

1918 年 5 月 2 日，彭翼仲登上天津至烟台的轮船；2 日夜，探身欲投海，为同船人李君发现并予以救阻，遂未成自沉之志。

彭翼仲的蹈海殉志对社会各界震动极大，许多报纸把彭翼仲奉为"死国烈士"，赞颂"其志可嘉"，在日本留学的青年周恩来将绝命诗中"霹雳一声中日约，亡奴何必更贪生"的痛语，录入 1918 年 5 月 10 日的日记，并写下这样的感想："彭君于洪宪帝制时，曾被诬。此次愤慨乃就义，不顾身家，怂然长逝矣。"⑦

彭翼仲生还之后继续主持《京话日报》事务，直至 1921 年 12 月 25 日病故，享年 58 岁。其后，梁漱溟与其兄焕鼐勉力接办至 1922 年上半年。再后，一位叫刘铁夫的报人接办《京话日报》。现存最后一期《京话日报》为 1923 年 4 月 5 日的第 4043 号，《京话日报》大约结束于 1923 年下半年或年末。

彭翼仲是清末民初重要的民间报人，他在中国新闻史上留下的光荣传统和宝贵经验，值得缅怀、追思和研究。

注释：

①《预备立宪修改法律时代之纪念》之《亲供》，姜伟堂等编：《爱国报人 维新志士彭翼仲》，大连出版社 1996 年版，第 189 页。

②《投身报界》，姜伟堂等编：《爱国报人 维新志士彭翼仲》，大连出版社 1996 年版，第 111 页。

③梁漱溟：《记彭翼仲先生——清末爱国维新运动一个极有力人物》，见梁漱溟：《忆往谈旧录》，中国文史出版社 1987 年版，第 64 页。

④英敛之：《北京视察识小录》，《大公报》第 1943 号，1907 年 11 月 26 日。

⑤专件《劝长九》，见《京话日报》第 376 号，1905 年 9 月 4 日。

⑥见《京话日报》第 2353 号，1918 年 5 月 4 日。

⑦周恩来：《周恩来旅日日记》上册，线装书局 1997 年版。

彭翼仲（1864——1921）

作《京话日报》的意思（演说）

近几年来，中国所出的报，大约也有百余种，不算月报，单算日

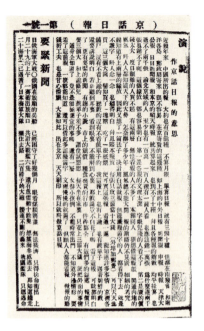

《作〈京话日报〉的意思》

报，就有三四十种。但都在南几省，和南洋各岛，邮政局寄来，狠不容易。在京寄卖的这几种，如上海的《中外日报》《新闻报》《申报》《时报》，天津《大公报》《日日新闻报》，和本京的《顺天时报》，统共算起来，也到不了十种，并且各种报的销数，均平扯算，也过不了两千张。论北京城的人，至少也有一百万。一百人里有一个人看，也应该销一万张。为什么连两千张也销不了呢？这个缘故，却也容易明白。第一是各报的文理太深，字眼儿浅的人看不了。第二是卖的价钱太大，度日艰难的人买不起。有这两层，无怪看报的人不多了。本馆同人，狠想借这报纸，开通内地的风气，叫人人都知道天下的大势。怎奈办了多少年，① 风气总不能大开，报的销路仍不见广。细细的考究，才知道有上两层的缘故。因此又想了一个法子，决计用白话做报，但能识几个字的人，都看得下去。就是不识字，叫人念一念，也听得明白。并且赔本贱卖，每张只收三个当十大钱（外埠加邮费），可以天天零买。这三个大钱，譬如买了一块糖，吃了一根纸烟，便可买这张报，看过一遍，能知道许多事情。京里各铺户，没有不看上谕的，听戏的没有不看戏单子的。我这报上，也有上谕，也有戏单子，遇着新鲜的戏，还要讲说明白。若是听到耳里，看到眼里，不能解到心里，那戏钱岂不白花了吗？看了这报，可就都明白了。更有要紧的新闻，有趣的小说，市上的银价，粮食杂货的行市，件件都全。有这们多的益处，报价只要三个大钱，和上谕条儿，戏单子差不多。诸位试想想，每天坐在家里，只花上三个大钱，便把外面的事情，通身全知道了，岂不是个极便宜的事吗？还有一层，女眷小孩们，不能时常出门，不知道外边情形，要看了这个报，一概都能知道，还可以借此多认几个字，文理慢慢的就通了。但愿人人都能看报，做报的赔钱折工夫，也是甘心情愿。大意如此，出在北京，天天刷印，所以就叫做《京话日报》。

（原载《京话日报》第一号，1904 年 8 月 16 日）

彭翼仲（1864—1921）

注释：

　　①彭翼仲于 1902 年 6 月 23 日创办《启蒙画报》，《京话日报》创办于其后两年多，故有此言。

评析：

　　本篇是《京话日报》办报伊始开宗明义的表白。彭翼仲认为，市面上寄卖的京外各报，以及京内的《顺天时报》，并未被北京民众接受，是因为"各报的文理太深，字眼儿浅的人看不了"，"卖的价钱太大，度日艰难的人买不起"。彭翼仲还在另处指出，南方数种白话报往往按"册"销售，或作月刊，或作半月刊，或作旬刊，或作周刊，对读者颇为不便。为此确定了自己办报的三项措施："白话做报"，"赔本贱卖"和"零沽整售，均听其便"。

　　采取以上措施之后，《京话日报》渐渐进入北京民众的日常生活。下工的劳作者"到了晚半天，都从褡裢里掏出三个钱来，都说'我来一张'"，"作小买卖的人，都要买一张《京话日报》看看"，"连说书的拨船的，都知道看这个报啦"。林纾指出，像《京话日报》这样的白话报，读者包括了"都下引车卖浆之徒"。当时的上海《警钟日报》曾以惊异的口吻报道，北京"担夫走卒居然有坐阶石读报者"。北京还出现不曾有过的"报迷"和"报痴"，有的人"上了《京话日报》的瘾"，"一天一天的，什么事也不爱干，尽想着看报"，"天天亲自到街门口，等候着送报的人"。许多本来与书面文字隔绝的下层民众还在报上发表言论，表达与国家、民族命运和国民责任相关的思想感情。《京话日报》切切实实地进入了北京下层社会，大约一年之后，就成为北京第一种销数过万的报纸。

从《京话日报》创刊号的这番道白中，可以看到它的自身定位、启蒙姿态、语文风貌和经营特色，亦即独具特色的"平民品性"。"平民品性"使《京话日报》成为"公众的言论机关"，"天下人说话的地方"，"清末下层启蒙运动中富有影响力的舆论媒体"。

本报忽逢知己（演说）

本馆出报以来，不知不觉，已经两个多月。承京外有志之士，乐为提倡，销路也算不错。但本报惨淡经营的苦心，未必有人知道，就是本报开头这几天的演说，也只说得个皮面，骨子里头的用意，却是说不出来。就有痛哭流涕的话，也不敢说尽，只好十分里说个三分。为什么呢？要知我中国现在的局面，已仿佛一个破旧不堪的大船，飘在大洋里头，篷帆不整，篙橹俱无，前后左右，却有无数的火轮铁甲（比外洋各国），船底下磊磊落落的，还有无数的暗礁（比本国各种会党）。就是风平浪静，稍不留心，一碰一撞，已是不可收拾，哪还经得起大风大浪？所以说话之间，常再四的小心，不敢过于激烈，怕闹出是非，又叫政府为难，这是本报维持和平的一片苦心。

但是民智不开，混混沌沌，长此昏天黑地，躲在这破船里头，虽不致顷刻沉没送命，那前后左右这些大船上的人，却早看在眼里，不肯把这破船里的子女玉帛，便宜了海龙王，就要施搭救的善名，想取到自己手里。况且看中了这船的，不止一人，你抢我夺，不把这破船拆散了不止。必须把破船里的人，个个喊醒，叫他探出头来，看看外边的局面，才能知道着急。喊的声音小了，怕全船的人，听不清楚；喊的声音大了，又怕惊动管船的，与那一帮无赖的水手。你想这个时候，舍身救命的人，有多么为难？这就是本报要开通民智，又不能直言无忌的一片苦心。

计算我中国的人，不识字的占一多半，识字的人，不通文理的占一多半。如今要开通风气，印书不如印报，印文话报不如印白话报，这是人人所共晓的。因此近年南省有志之士，都极力推广白话报，江浙川皖等省，已出有好几种。但都是每月一本，或十天一本。本馆想看白话报的，粗人居多，粗人的行业，大概是指著工夫挣钱，哪有闲空看这整本的报？况文理有限的人，识字一定艰难，读了后面，忘记了前面，要把这一本报看完，狠得费一番事，还不定能贯串不能贯串。所以为粗人着想，这订本的报，又不如单张报好。但还有一层，既是指工夫挣钱的人，每月进款，必定有限，除了家用应酬之外，哪有富余的钱，每月花一元半元的看报？所以单张的报，非贱卖不可。就是贱卖，若积成一月，聚少成多，又成了整块的钱，贫苦人还是舍不得。所以非零卖不可。本馆因这事，替看报的设身处地，已不知把心血用了多少。既贱卖又零卖，如何能说到赚钱？自非赔垫不可。寒士的生涯，哪有这赔垫的力量？因此从去年八月起，筹办到今年五月，苦心孤诣，节衣缩食，总是开办不了。打算息了手罢，无如时局日紧一日，民间的祸患，也日逼一日。东三省的人民，既被人践踏杀戮，惨无人理。像英国这样和平的友邦，也设立如此苛待的条例，招募华工。五月间亲见第一次出洋的华工，有父母送儿子的，有妻子送丈夫的，那一种抱头痛哭伤心惨目的情形，实是起心里难过，那眼泪便不知不觉直滚出来。心想我中国人，也是神圣的子孙，父母的遗体，为什么今日到这个地步？岂非是民智不开，工业不兴的缘故。因此把办《京话日报》的念头，又鼓动起来。重新筹画了两个来月，才能把这报印出。这是办《京话日报》的始末根由，从没有向人说过，不想英国驻北京的萨钦差，却能看透本报这个意思，

彭翼仲（1864—1921）

095

把本报当成个重大事件，特特行文到外务部，说本报摇动人心，外务部便扎饬五城公所，雷厉风行的，要本报出具甘结。但本报这个甘结，从哪里具起？没有法子，本报主人亲自去拜见英国萨公使，请示办法。萨公使叫他的翻译梅君会晤，说本报记载南非洲的事情，言之太过，又说本报的《猪仔记》，也说的太利害。可见外国人看报，比中国人留心十倍。本报的用意，竟被看破，真算得本报的一个知己。但本报的苦心怕未必尽能知道，所以不能不诉说一番。

照本报这番用意，若在外国，总算是有益公众的事，应受国家奖赏的，只是中国还无此旧例，本报也决非为奖赏起见。要像英公使这样，能知本报用意的，已是不可多得的了。如今文明世界，是公理大明的时候，从前以权势压力为可贵的，现在文明国的人，都以用权势压力为可耻，这是人群进化一定阶级，所以文明之国，无论是个人，就是畜类，也是有一定的规律，不许人非理凌虐。为什么呢？因为他也是个活物，同是天地所生，便应有天赋的一种权利，这件事就在眼睛面前，不说破也不理会，要说破了，人人能明白的。譬如一个猪，它受了人的喂养，是应该把他的肉，偿还人的资本，这是个公理。似乎这个猪，是毫无权利可讲的了。但它既受天地之气而生，他的运动知觉，就是它自主之权，人能把它宰杀，不能叫它受宰的时候，不出声叫喊。也从没有宰猪的人，把猪的嘴捻住，不让它出声的。可见凶狠到屠户，也还有个公理。还有人家养的狗，也算得是最贱的畜类，人要打狗，狗的权力，决不能与人争的。但也不能禁止他不叫唤，所以要讲势力呢，是个无限的，若论公理，不但人与人各有权限，就是人与畜类，也有天然的权限在内。

我中国现在虽是贫弱，却也是五千年来的文明大国，我百姓虽然蠢笨，却也是神圣遗传的血脉。要追溯到头一代始祖，与欧洲各国的白种人，也是异派同源，非各洲土蛮，与红黑等色番人可比。我敢下这个断语：一定要比猪狗高贵十倍。猪狗受人凌虐，还能自由的叫喊，不在禁止之例，难道我中国人受了委屈，连一句话都不能说吗？想天下万国，决没有这个道理。英国的文明，为五洲所著名的，英国公使，是文明国人全体的代表，本报得蒙批评，真是非常荣幸，焉得不引为知己？至于中国报界，尚在幼稚的时代，仿佛一棵大树，刚在出土发芽的时候。将来的结果，尚难预料。何况我们这京话报，是专为没有读书的人说法，更不能不委曲迁就，迎合看报人的眼光，作个引线，慢慢的引人入胜。这里面的细情，非文明人深悉我社会风俗，像英公使这样的，不能体谅。至于本报纪事，却没有一条出自杜撰，都是采集各报重要事件，与本报宗旨相合的，把他演成白话。总以开通民智，叫人人知道爱国，人人知道发愤自强，是本报一定不易的宗旨。

（原载《京话日报》第七十三至七十六号，1904 年 10 月 27—30 日）

彭翼仲（1864—1921）

评析：

　　彭翼仲怀抱爱国情怀，诚挚地说："作报的心是中国的。"他把"叫人人知道爱国，人人知道发愤自强"作为《京话日报》的基本主题。

　　1904 年至 1905 年，《京话日报》连续揭露英方违约招募华工和虐待华工的罪恶行径，英国当局对《京话日报》极为恼怒，向清廷外务部施加压力，要求政府出面压制《京话日报》。北京五城公所为此召见彭翼仲，勒令其作出具结，保证不再登载这类信息。彭翼仲立马赶往英国使馆，与萨道义公使直接交锋。他严正指出：中英协约既然限定在通商口岸招工，你们在其他各地招工就是违约，《京话日报》就有理由揭露和反对；虐待华工的消息都有事实依据，本报据实报道自是理所当然。在这番咄咄逼人的论理之后，彭翼仲提出："请萨道义公使电询英方驻南非使节，核查所载消息。如果《京话日报》刊登不实，请告我报馆，我馆依据你们提供的事实予以更正；如果查询之后不能否定本报的报道，那么本馆还有若干尚未登载的稿件，还要将它们和盘托出——从现在起，在二十四小时内等候贵公使消息。"彭翼仲从英国使馆回到报馆，等候两日，英方哑然无声，于是《京话日报》照样刊登揭露英国当局的稿件。

　　彭翼仲在这篇演说中主诉与英国使馆官员的交锋，话语外柔内刚，以铁定事实为依据立言，强力谴责英方罪咎，显示了毫不妥协的斗争精神。文中围绕主诉话题引出多个相关话头，用通俗白话和浅近道理，进一步说明本报的"爱国图强"主题和"开启民智"宗旨。

文中指出，外国人看报，比中国人留心十倍；又说英国官员看透了本人办《京话日报》的始末根由，因此算得上本报的知己。出语轻松，幽默诙谐，话语背后凸显着彭翼仲强大的底气。

文言不喻俗（演说）

民智不开，无论要办甚么新政，一定是办理不通的。这个意思，我们说了不止一次。我国官民的分位，相差的太多，断不能当面交谈。从中通气儿的东西，全仗着张贴告示。外州县的告示，还有用四字一句的，有用五字一句的，或用六字七字一句的，这也是迁就愚民的苦心。因为长篇大论，恐怕他们不懂，所以才肯费这回事。可惜句子虽然短练，念出来总不顺嘴，大概勉强凑成句儿的多，文义不通的人念着，还是莫明其妙。至于要紧的告示，连到誊黄上谕，一切都是文话，小民识字有限，必须去请教土秀才，再被他咬文嚼字儿的一讲，更不免错讲错听，这张告示，就算白糟踏了纸墨，京城各衙门的告示，也不免犯这个毛病。总而言之一句话，"文言不喻俗"。

告示告示，简直的要同当面告诉一样，又同指着给他看一样，那才做实在了"告示"两字。字眼儿浅的人，觉着文话难，耍惯了笔头儿的，觉着文话比白话倒容易，白话要说好几句，文话用几个字就成，所以各衙门的告示，仿佛朝殿考试文字似的，千篇一律，要紧的地方，填上几句，其余都可通用，大家想想，这类的文字，岂是街上的小民能懂的吗？不要他明白，又何必张贴呢？据我们的见解，凡是告示文字，都当用白话编成。各处的言语不同，也可以随着土音编造，张贴之后，最好再派人宣讲，总要说得明明白白，不识字的人，也可以听得清楚，那才有用。这桩事情，关系很大，有教化民人责任的，仔细体察，以为然呀，不以为然呀？

（原载《京话日报》第一百五十五号，1905 年 1 月 17 日）

评析：

　　封建朝廷、官府行使执政职能，往往采用发布告示方式。但是，这类文件固守既定的文言惯例，早已凸显难为广大平民大众接受的弊端。《京话日报》屡屡针砭京城各类官府告示的文言体例，指出：这些告示民众难于接受，不能起到"安民告示"作用，甚至造成误害民众的不良后果。为此，强烈呼吁官府摒弃旧例，改用白话。本篇演说最早提出官府告示应使用白话的主张，其后还多次阐述此见，明确提出："所有宣布民间的事，文书、告示，全改成白话，办的是民事，不能不叫民知道"，"各衙门出告示，既要叫人明白，总得编成白话，字眼浅的人，看见就可以明白，不认字的听见，也不致再会错悟。"

　　白话文报纸《京话日报》以自身的语文实践及其宣传鼓吹，推进了凡俗语言向书面语言的进入，带动了白话书面语言在全社会的流通和传播。清末民初时期，与《京话日报》比并出现的众多白话报刊，都反映了白话语言由口头形态向书面形态转化的情状，都为其后的五四白话文运动起到酝酿和准备作用。

彭翼仲（1864—1921）

修理沟渠河道合新旧营房的款项那里去了（演说）

　　本报自出版以来，意在维持内政，监察政府，剔除积弊。凡各衙门同八旗的弊病，明说暗说，毫不容情，并广采舆论。有知道各衙门弊病的，可以给本馆来信，登报之后，由本馆担责任。请问明白人，本馆赔钱受骂，外带着担沉重，可不知为的是谁。正人君子，决不能挑我们的眼，那些个贪赃枉法的小人，和那些势利小人，不免就怨恨我们。好在我们为公益起见，任凭你怎么怨恨，怎么咒骂，决不能灰心丧志，有始无终。无论那衙门有了毛病，不怕招怨，直言不讳，大公无私。因为什么要招怨呢？现在的国势，一天比一天弱，日俄议和，不知中国要落在什么地步。中国的存亡，就在这个时候。要打算中国自强，必须先清理内政，内政就是国家的根本，没见过不修内政，国家能够富强的。各衙门的公事，就是我们中国的内政，抖落毛病，就是修理内政。故此本报不怕得罪人，知道就要照直的说。作好官作好人的，听见我们的话，不但佩服我们，还要格外感激我们。那些个贪官污吏，因为坏了他们的事，必要怨恨痛骂。奉劝老爷们，不必骂我们，现在不是往常太平年了，什么贪赃枉法咧，侵吞中饱咧，克扣兵饷咧，这些个事，兴不开咧，搂点子银钱落个眼前快乐（怕乐不了几天），也未必给后辈儿孙留得下。就是留下了，还怕叫外人给箍了去呢？这是何苦哇？本报为什么说这些个话呢？因为有一笔官款，至今没有下落，修理沟渠河道与管理新旧营房的官款，此项银两，每年开销不在少处，也不知是被人侵吞，也不知移办别的公事，也没见修理沟渠河道，也没见修理八旗营房，也许是庚子后户部没发这项款，如有知道此款，落在何处，望求给我们一个信，开明住址姓名，责任由本馆担当，决不能连累好人。如要没人来信，必是有人侵吞，不肯拿出。此款若是没动，把他提出来，正可以修京城的马路，办办地方有益的事。

（原载《京话日报》第三百五十三号，1905 年 8 月 12 日）

评析：
....

　　清末社会弊端严重，《京话日报》把主持正义、揭露弊政和鞭挞邪恶势力作为自己的职责。彭翼仲提出，"要打算中国自强，必须先清理内政"，而揭露和抨击贪官污吏，就是清理内政。彭翼仲还极力呼唤"开官智"，把它作为推动中国社会改革的重要组成部分。

本篇演说还表达了彭翼仲等人服从公理、不徇私情的办报态度，指出："本报自出版以来，意在维持内政，监察政府，剔除积弊。凡各衙门的弊病，明说暗说，毫不容情。"这种刚正无畏的强项精神，在《京话日报》上贯串始终。

《京话日报》多次表白："报馆是替天下人说话的地方，专讲公理，不徇私情。徇了私，便够不上报馆的资格。""我们这《京话日报》，是一个大胆妄言、不知忌讳、毫无依傍、一定要作完全国民的报。""应该争论的，刀放在脖子上还是要说。"彭翼仲还自觉承担新闻报道责任，敢于担当随之而来的任何风险，"登报之后，有甚么是非，都归本馆一面承担""为大众的事，本馆就敢出头担责任"。

《京话日报》的刚直、正义精神使它赢得广大民众的衷心拥戴，同时不可避免地遭受清廷顽固派残酷迫害。然而，它所坚守的新闻良知，永远使人敬佩，引人深思。

（编撰：彭望苏）

彭翼仲 (1864—1921)

『敢言』为大公 **英敛之**（1867—1926）

　　英敛之（1867—1926）　中国近代著名改良派报人、政论家、教育家。1902年在天津创办《大公报》，"开风气，牖民智，挹彼欧西学术，启我同胞聪明"，畅言变法、反对守旧；英敛之以"敢言"著称，开创了旧中国"文人论政"报刊的典范。辛亥革命后，渐生退意，1916年将报纸卖给王郅隆，开始从事天主教慈善和教育事业。他退居北京香山，创办女学和辅仁社，后成立天主教辅仁大学。每年冬天，募集赈款，在香山开粥厂，赈济贫苦百姓，1926年1月逝世。

"敢言"为大公

英敛之（1867—1926），名华，字敛之，满族，中国近代改良派著名报人，1902年在天津创办《大公报》，兼任总理和编撰工作，以"开风气，牖民智，挹彼欧西学术，启我同胞聪明"为办报宗旨，畅言变法、反对守旧。英敛之以"敢言"著称，创刊便大胆议政，对官场怪状和社会落后风气锋芒毕露，毫不留情，除了皇帝，他鞭挞一切祸国殃民的贪官污吏、暴发户、外国侵略者，开创了旧中国"文人论政"报刊的典范。辛亥革命后，退居北京香山，以从事天主教慈善和教育事业为主，创办辅仁大学。英敛之曾有诗云："献身甘作万矢的，著论求为百世师。誓起民权移旧俗，更研哲理牖新知。十年以后当思我，举国犹狂欲语谁？世界无穷愿天尽，海天辽阔立多时。"这是他对自己和《大公报》的写照。1926年初辞世，享年60岁。

创办《大公报》：开启民智

英敛之幼年家贫，先习武以入军籍，得补粮饷以维持生活。但他

英敛之（1867—1926）

《大公报》

认为，武艺这种"伎俩"，被社会所遗弃，并且也对身家无益。二十岁左右，英敛之弃武从文，刻苦自学，广泛涉猎古今群书，为以后长期从事笔墨生涯打下了基础。

生活在动荡不安的社会环境中，英敛之切实感受到中华民族所蒙受的屈辱。一方面是对清末腐败政治、黑暗现实的痛心疾首。他认为国家的危亡、人民的苦难多是由这些"奸贪误国、豪暴虐民"的达官贵人造成的。他在《说官》一文中提到："嗟乎，天泽之分别既严，人事之乖违日盛。降至今日，而官遂得蠹国秧民，擅威作福之专利商标矣！"① 另一方面，是对处于贫穷、落后、蒙昧之中而不自省的实际状况的同情，致力于开启民智。英敛之认为，报纸不仅是"近世文明之一大原动力"，更是"操纵天下之势力"。报纸不是官衙权势者的私物，不是文人骚客的雅玩，而是能开愚蒙、通智能、广见识、扩胸怀、救灵魂、变世道，即促进社会政治民主和经济民主，乃至道德进步的现代文明"公器"。② "新闻纸者开民智之物也，有妨害民智之事，新闻纸嫉之如仇，则立论已辟之。务使之不留余孽，庶可以破愚民迷惑之心。"③他们办报，同戊戌时期一样，仍然要用西方资本主义的学术思想文化，对国民进行反封建的思想启蒙工作。

1902 年 6 月 17 日，英敛之在舆论重镇天津正式出版发行《大公报》。英敛之在创刊号《大公报序》中说："报之宗旨在开风气，牖民智，挹彼欧西学术，启我同胞聪明。"他声明办报者"尤望海内有道，时加训诲，匡其不逮，以光吾报章，以开我民智，以化我陋俗而入文明"，并且将报名解释为"忘己之为大，无私之为公"。④《大公报》创刊不到一周，英敛之就亲自撰写了社评《原报》，历数古今、比较中外，反复阐述报纸对国家文明进步的意义。通过对比中国与英、法、美、德、日等国所办报馆的数量，英敛之感慨，因为"报馆之多寡，销路之畅滞，记载议论之明通猥鄙"，无不与"国民程度之高下，智识之开塞，风俗之美恶"有着直接或间接的关系。从《大公报》开办创刊到 1908 年这几年间，英敛之就办报有利于开民智、促维新、助宪政、强国家、救种族等等，撰写和发表了数十篇社评。⑤

中国虽然人口众多，但真正识字读书者不过五分之一，识字人太少因此报纸发行受阻，所以民智不开。而民智不开又导致中国贫弱，一个国家若处于贫弱之中，报纸又怎能兴盛得起来？为解决这一恶性循环，英敛之大力提倡白话文，以方便那些文字水平不高的普通民众获取各种知识。

在《大公报》的创刊号上就有"附件"栏，专门以白话来探讨各种各样、大大小小的社会日常生活问题。《大公报》先是经常性地刊载白话论说，后来又每日随报附赠白话专版。从 1905 年 8 月 21 日起，英敛之还在《大公报》上定期出版白话附张，以《敝帚千金》之名，免费随报附送，另有单张出售。这些文章的内容，多以开发民智、劝戒缠足、劝戒鸦片为主，兼及劝善惩恶，改良传统习俗、制度，介绍新知等。这无疑是开风气之先的一大创举。现在海内外学者一致公认，在日报中附设白话一门，以天津《大公报》首开其例。英敛之借助《大公报》这一大众传媒，自创刊之日起便成为白话文的有力提倡者和实践者。⑥

英敛之（1867—1926）

105

辣手著文章：敢言敢登

　　英敛之主持的《大公报》以"敢言"为一大特色，"敢言人所不敢言，敢登人所不敢登"。英敛之受到英国《泰晤士报》自由主义风格的深刻影响，认为报纸具有舆论监督功能。这一报刊自由主义思想在创刊后第二天发表的《大公报出版弁言》中宣示得淋漓尽致。"本报但循泰西报纸公例，知无不言，以大公之心，发折衷之论；献可替否，扬正抑邪，非以挟私挟嫌为事；知我罪我，在所不计。"⑦可以说，这番宣言正是日后新记《大公报》的"四不主义"和张季鸾"随时准备失败"的殉道精神的最初源头。这当中的要害是"以大公之心，发折衷之论"。所谓"折衷"既是"大公"之宗教意义上的外显，又是对"大公"精神的理性发挥。折衷，既有客观、公正、理性的含义，又同时有超阶级、超党派，不依傍和屈从于任何社会势力的气度，而且更重要的是，它还包含着反对暴力和激进的温和主义和渐进主义（甚至有后来所谓"中间道路"的含义）之深刻内容。⑧

　　清末思潮纷起，英敛之阅读了大量有关变法的书籍，在政治观点上倾向"维新派"。他曾撰写《论兴利必先除弊》，公开支持康、梁变法，将北京谚语所说的"皇上是傻子，王爷是架子，官是倭子，兵是苦子"的话加以发挥，并提到"康主政有为胶州疏内'蔽于耳目，狃于旧说'诸语，实进入之顶门针、对症药，痛快切当，言人之不敢言"。⑨变法惨遭镇压后，英敛之又在澳门《新知报》发表《党祸余言》，对变法失败"深感郁结，情不能已"。⑩正是对清末腐败统治的痛恨，以及对维新变法失败的遗憾，他与许多"怀才费志之士、识时达变之儒"一样，"篙目时艰，病瘠在抱"，下决心要"日出其聪明才智"，发为"议论"，著成"鸿篇巨制"，为国家"策治安、图富强"。⑪

　　英敛之在《大公报出版弁言》中，揭露了慈禧1901年回銮以后搞的一套假变法及其腐败朝政。文章尖锐地指出，酿成这种"苟且偷安"

局面的根本原因在于"士大夫鉴于戊戌之变，政府压力过深，倘有指斥时政者，则目为奸佞，不难加之以罪"，并明确表示要"知无不言"。创刊第五期，英敛之即亲笔撰写《论归政之利》一文，公开要求慈禧归政于光绪。该文强调只要慈禧一归政，就有八利："中外利、满汉利、民教利、新旧利、宫闱利、草野利、君子利，小人亦无不利。"[12]

清政府与沙俄于1902年秘密签订《交收东三省条约》，出卖领土主权。新闻记者沈荩将这一内幕披露给日本报纸后，惨遭慈禧逮捕并"立毙杖下"。《大公报》密切关注事态发展，在大部分报馆迫于清政府高压不敢言语的气氛下，对沈荩被捕和遇害全过程做了详尽报道。一个月之后，各国公使夫人觐见慈禧太后时，仍表示出对此事的强烈不满，[13]《大公报》影响力可见一斑。

英敛之的"敢言"，在对袁世凯的抨击中体现得最为淋漓尽致。英敛之支持戊戌变法，而袁世凯倒戈出卖。两人之间并非私怨，而是"为公"和"为权"的矛盾。1905年，袁世凯以《大公报》支持抵制美货运动为由将其封杀。英敛之绝不妥协，不仅接连数日在头版头条刊登大字广告据理力争，还撰写白话文《一息尚存，勉尽天职》表明态度："凡是力之所能尽，我们总要对得住国民，至于究竟成败如何，我们绝不管他……要数千百年后的人提起来，说当初《大公报》为国民尽力不成而死，我们《大公报》为国民殉了难，也算死得值。"[14] 英敛之偕同《大公报》慷慨赴死的气节跃于纸上，读之动容。

不过，英敛之彼时仍将爱国与爱大清联系在一起，十分担心因国内盲目排满而使外国势力趁虚而入。当时"大清国"是以汉满蒙回藏为首的众多民族和四万万同胞爱国思想的共同载体。在鼎革之前，爱大清就是爱自己的国家，两者之间并无矛盾。[15]他的办报思想，受资产阶级维新派影响，有自由主义倾向的一面，但更多的是出于满族士大夫知识分子发扬清议、以正人心的一面。所以，《大公报》在当时曾博得"北方清议之望"的美誉。[16]

英敛之（1867—1926）

107

追求言论自由：舆论自主

作为知识分子，英敛之办报意在通过报纸媒体表达自己的政治诉求，同时自觉担负起开启民智的责任，但这两大任务的前提是报纸本身具有客观、公正等品质。因此，英敛之将《大公报》的基调定为独立，即坚持舆论自主，追求言论自由。但这种理想状态在当时的社会环境中，很难实现。

中国报业在发展过程中，或是因为时局动荡而不稳定，或是依附官方沦为政治势力传声筒，始终难以独立发展。此外，媒体内部也存在很多问题，如追求纯商业利润的报纸，为盈利而不择手段，无视媒体从业者的职业道德。

另一个更重要的原因则是政府对报纸的种种压迫，针砭时弊的文人报纸，很容易受到官方和其他恶势力的打压。政府无法为舆论自由提供有力保障，报馆随时可能被取缔，报人也随时可能遇到威胁。[17] "但稍能自立、主持正理者，未有不为官界眼钉肉刺，必去之而后快者也。"[18] 英敛之强烈抨击清政府借定报律来 "拔眼中之钉去背上之刺" 的丑行，深深感叹 "报界上言论自由之灵魂已飞散于云霄之外矣"。[19] 针对清政府所颁布的条议 "严设报律，以肃观听"，英敛之一针见血地指出清政府的目的：第一，不在于拓展而在于闭塞民众的见闻；第二，不在于稳定而在于混淆人心；第三，对于社会舆论并非抱有敬畏之心，而是想方设法地误导社会舆论，使其不公开化。[20]

英敛之认为，报律的若干条款对于纪事类的文章倒是给予比较宽松的环境，而对于言论之类的则钳制得分外严格，实在不符合他一生所追求的 "独立自由之报纸" 的标准。纵观全球各国，凡是倡导言论自由的国家，都非常重视社会舆论，因为只有重视社会舆论才能清楚地反映民情民意。而中国自古以来，君主与民众之间保持着严格的等级制度，上下不通，导致政治腐败，民心涣散。[21] 因此，英敛之曾明确表示："世

界万国，未有君德不下宣、民情不上达能长治而久安也。故言论之自由与否与国家强弱存亡有密切关系。"㉒

注释：

①英敛之：《说官》，见《大公报》，1905 年 8 月 17 日。

②《论英敛之的自由主义报刊思想》，http://blog.sina.com.cn/s/blog_6084c8980100im7h.html。

③英敛之：《论新闻纸与民智通塞有密切之关系》，见《大公报》，1903 年 9 月 12 日。

④英敛之：《大公报序》，见《大公报》，1902 年 6 月 17 日。

⑤《论英敛之的自由主义报刊思想》，http://blog.sina.com.cn/s/blog_6084c8980100im7h.html。

⑥侯杰、肖冰：《英敛之与近代开民智》，天津师范大学学报（社会科学版）2011 年第 6 期，第 48—49 页。

⑦英敛之：《大公报出版弁言》，见《大公报》，1902 年 6 月 18 日。

⑧《论英敛之的自由主义报刊思想》，http://blog.sina.com.cn/s/blog_6084c8980100im7h.html。

⑨王芸生、曹谷冰：《英敛之时代的旧大公报》，见《文史资料选辑》9 辑，第 4 页。

⑩方汉奇主编：《〈大公报〉百年史》，中国大学出版社 2004 年版，第 4 页。

⑪英敛之：《新政真铨叙》，见《也是集》第 43 页。

⑫侯杰：《〈大公报〉与近代中国社会》，南开大学出版社 2006 年版，第 52—55 页。

⑬英敛之：《答来函》，见《也是集续编》第 10 页。

⑭英敛之：《闻定报律之感言》，见《大公报》，1908 年 2 月 9 日。

⑮何炳然：《〈大公报〉创办人英敛之教友》，见《中国天主教》1988 年第 2 期，第 54 页。

⑯侯杰：《〈大公报〉与近代中国社会》，南开大学出版社 2006 年版，第 58 页。

⑰方汉奇主编：《〈大公报〉百年史》，中国人民大学出版社 2004 年版，前言第 5 页。

⑱英敛之：《一息尚存 勉尽天职》，见《大公报》，1905 年 8 月 19 日。

⑲胡太春：《香山静宜园与〈大公报〉创办人英敛之》，见《纵横》2002 年第 5 期，第 52 页。

⑳唐琪：《论〈大公报〉创始人英敛之的新闻思想》，见《新闻世界》2010 年第 8 期，第 171 页。

㉑唐琪：《论〈大公报〉创始人英敛之的新闻思想》，见《新闻世界》2010 年第 8 期，第 171 页。

㉒英敛之：《闻定报律之感言》，见《大公报》，1908 年 2 月 9 日。

英敛之（1867—1926）

论归政之利

呜呼！今日之乱极矣，天下之仰望我皇上复辟久矣！两宫西狩，席不遑煖，食不遑饱，廷臣追随于荆棘草莽之中。皇太后已有悔心，而当时无闻以归政为请者，全权奉旨议和。议甫就绪，而外人即声言非两宫还京议不足恃。皇太后无如何乃偕帝回銮东归。百官郊迎于败垣破壁之下，太后触目伤心，抚膺痛哭。设有一迎机善导者，此时立请撤帘，天下之福也。而又无闻以归政为请者，是岂盈廷无一有人心者耶？夫亦目有利害在耳，而不知一归政则中外利、满汉利，民教利，新旧利，宫闱利，草野利，君子利，小人亦无不利，而固无所害也。吾试就至粗浅者，为天下正告焉。

庚子联军入京，郊庙陵寝多为外人驻兵，太庙神主以致转徙海外，案社复矣。问中国何以不亡，莫不曰以皇上故；问各国何以不瓜分，亦莫不曰以皇上故。皇上之有德于中外，至矣。饮水思源，中国遽忍一目忘皇上哉！谢罪玺书无不归过于己，罪己之诏至再至三，令人流涕不忍卒读。至各国君相，亦相戒其师徒曰："此非清国皇帝之过也，开衅者匪人也。尔董慎体此意，共保大清皇帝，无负天下万世之恶名也。"呜呼！微皇上，中国之祸尚忍言哉。此一归政而中外和，此即中外之利也。

刚毅国贼，自创言变法利汉人不利满人。宁赠天下于朋友、不送与家奴之言，中国志士闻而发指目裂，无不欲生啖其肉矣。是怨刚毅者尽移而怨满人。昔言勤王者，今亦倡言革命。满人愈惧，愈用权势压制汉人；汉人愈怒，愈思鼓动仇复满人。势不两立，几无可为解说。呜

110

呼！以四十万满人而欲仇敌四万万汉人，满人岂能当保其身家性命哉！然此可无虑也。为今之计，欲消患于无形，长保满人富贵，而顺天下人，必则非请太后归政不可。我皇上无满汉之见，天下所共信。非皇上不足服满人，不足抚汉人。皇上一亲政而天下翕然从风，即向之剑拔弩张嚣然不靖者，今且俯首帖耳、革面洗心，以求见用于世而又无所借口也。此一归政而满汉洽，此即满汉之利也。

自海禁开，外人所注意在通商，而往往战祸不在争商，而有在传教割地赔款，年必数次，记载者腕欲脱，民生益穷，国劳，势日削降，至今日竟至不可收拾。吾不知教果何负于民，而民必数数绝之恶之，至于此极夫。小民无知，犹可说也，而世之登大位秉国钧者，亦复丑诋之、仇视之，至不顾大局，欲逞一朝之忿而诛灭之。呜呼！此拳祸所由起也。试问今日民累教耶？教累民耶？赔教之款，无不仍摊派于民也，夫亦可以自返矣。团匪初入京城，举国若狂，若真能将中国，洋人可以从此斩尽杀绝者。独我皇上一人，知衅不可启，民教均不可不保。至执许景澄之手而泣，且令许景澄与徐用仪草诏严饬天下，督抚将军加意调护而卒之。徐许二公因保教，而与直言敢谏之袁昶同时被杀。呜呼！惨矣！故今日言保民教者，非皇上不行，非皇上不力，非皇上不信。皇上无政权，所言民教相安，一纸之虚文耳。上不以诚求，下多以伪应，拳匪之祸，方未已也。此一归政而民教平，此即民教之利也。

戊戌变法，许应骙阻之于前，怀塔布等阻之于后，皇上赫然震怒，天下惊疑，以为必杀一二大臣为天下法。而新党待人则甚恕，不过乞皇上贬谪之而即止，无所谓大狱也。八月初六之变，旧党复用事，尽反皇上之所为。新党之被祸者，罢斥之不已，而放逐之；放逐之不已，而诛戮之；诛戮之不已，而禁锢之。肆意野蛮，必求快心而后止。新党之待旧党如彼，旧党之待新党如此。天下至不平之事，无有过于此也。旧党故自知所为不善，而虑人报复也。壹意抑勒新党，且欲因此谋逆而废黜皇上。不知皇上与新党惟日求富强，能使其国立于地球之上，能抵制列强而无所亏损。至于私怨，皆不暇计及也。何也？新党日进于文明，文明人断不以杀人为事，亦不忍自残同胞，为天下笑。故一归政而新旧

111

泯，此即新旧之利也。

　　谄媚之小人曰："太后毋归政。归政则奴辈死，太后亦有所不便。太后已成骑虎之势矣，与其悔之于后，毋宁持之于前。"此不但太后为之动听，虽至愚至贼之夫，亦为之点首也。然而误矣。此辈皆以太后为孤注，贼夫已，而兼贼太后者也。即不为太后计，独不为一身计乎？今倚太后势擅威福计，诚得矣。太后年已老，安能千年万年为此辈常保其福？设有不虞，他日将何以自解？今日之压力愈重，他日之张力愈大。即不虑人心有愤激之时，亦不思天道有循环之报乎？故今日为太后计，忠爱于太后者，莫若请归政。盖归政而太后安，太后安而已，亦安忠爱太后、适以忠爱已也。且也，请归政者，不出之疆吏，不出之枢臣，而独出之宫禁。则他日者戴德之不暇，食报之无既，而又能使我皇上得侍太后颐养天年，无忧无虑，优游卒岁。君等匪特造福于国家，且有大德于皇上，有大功于太后，为太后计。固长为君等计，亦未必不善也。此一归政而宫闱安，此即宫闱之利也。

　　今天下疲困极矣，水旱连年，盗贼蜂起，暴敛横征，亘古未有。农不得耕，工不授器，商不获利，而士亦不能专一学业。观望徘徊，吁嗟愁惨，终日惶惶，莫知所止。中国几不知成何世界，成何国家。此非他人为之，皇上不复政为之也。太后为人挟持，诸事蒙蔽，因循苟且，百事无一获当。草野汹汹，欲溃为乱者，已非一日。徒以我皇上在，不忍泛滥横流，自弃生成之外，日望皇上复政，尚有一日解倒悬、释重负也。故每逢元旦万寿，海外之电请亲政者日众。盖惟皇上能知万民之疾苦，能举百事之废纲。一归政，则远近悦；不归政，则万民困。此一归政而草野欢，此即草野之利也。

　　方以类聚，物以群分，君子小人，消长之机，间不容发。世断未有桀纣之朝，而能容伊尹太公者。今也有志之士，鉴鸣犊之，亡辄临河而返，入山唯恐不深，去世唯恐不远。只因无明大体之人，互相排挤于朝，蝇营狗苟，谁复以国事为念者？太后虽圣明，而已孤立于上，虽欲图存，其将何以言治？若不及时早请归政，速作冉求之召，恐日复一日，年复一年，败坏日甚，虽有孔孟，亦无所措其手足也。幸也，英日新盟，俄德猜急。吾得此间，修其政刑，明其赏罚，十年生聚，十年教诲，天下事犹可为也。然无皇上主于上，不足以归海滨之夷望也。此一归政而君子来，此即君子之利也。

以太后之才，而欲保全一二信用之人，绰有余裕。谓皇上复政，必置此辈于法，以伤太后心。皇上天性纯孝，此必无之事也。然以太后之明，终不能保全此辈，太后将自馁乎？今天下欲除此辈已久，太后亦知天下恶此辈至深且毒。太后即为此辈废一帝，更立一帝，不独难保此辈，而适为此辈增天下之恶名，速天下之祸乱而已。故为太后保全此辈计，亦惟有毅然决然，立时归政皇上，而从容为此辈结恩于皇上。皇上仁慈文明之主，必能优容此辈，卵翼此辈，以报太后德。而此辈从此敛迹销声，善自仰体太后保全之意，长守富贵，以至老死，即太后之德能曲全母子之情，善体天下之人心也。不然魏客崔呈秀之逆案，不见于今日，必见于异时。太后不爱此辈则已，若爱此辈，慎毋失此机会。此实存亡呼吸之间，不可不明辨者。此一归政而小人保全，此即小人无不利也。

呜呼！今日之祸极矣，天下之仰望我皇上复辟久矣！吾言归政若是其利，不归政若是其害，往复推详，可谓至精且密。世之热心国家者，听吾言，得毋有动于中欤？

（原载《大公报》，1902 年 6 月 21 日。

选自《大公报一百年社论选》，复旦大学出版社 2002 年版）

英敛之（1867—1926）

评析：

本文集中阐释了英敛之的政治观点——保皇与维新。英敛之把国家希望寄托于光绪身上，不仅是出于中国传统士人对君主的尊崇，更是希望能通过光绪实行君主立宪，达到救国救民的政治理想。时值"庚子国变"后两年，慈禧继续把持朝政，英敛之在文中言辞激烈地要求太后归政，强调了归政八利："中外利、满汉利、民教利、新旧利、宫闱利、草野利、君子利，小人亦无不利。"

不过，英敛之对慈禧的批评是有限度的，只要求其还政于光绪，并不是要打倒她，锋芒直接针对的是枢要部门的权奸旧党。比如痛斥慈禧的亲信、军机大臣刚毅为"刚毅国贼，祸国殃民"。英敛之一针见血地指出，后党中的谄媚小人害怕慈禧一旦归政，自己就失去了政治靠山，所以根本不为国家民族的前途命运考虑。"只因无明大体之人，互相排挤于朝，蝇营狗苟，谁复以国事为念者？"

在清朝统治者推行文化专制的社会环境下，英敛之和《大公报》敢于如此仗义执言，不惮触怒权贵，体现了他宣传维新思想的坚定与无畏。

（编撰：王洁）

湖南言论界第一健笔 **唐才常**（1867—1900）

唐才常（1867—1900） 清末湖南维新志士的杰出代表，是我国近代民族革命发展史上承前启后的关键性人物，也是湖南新闻界的先驱者，与他的同学好友谭嗣同合称"浏阳二杰"。唐才常出身书香门第，学贯中西，以拯救民族危亡为己任。他参与创办并主持笔政的《湘学新报》《湘报》，有力地动员了湖南维新运动的舆论，并产生了全国范围的影响。他参与创办的湖南时务学堂、南学会等在团结和领导湖南维新力量、推进湖南维新运动方面发挥了重要作用。

湖南言论界第一健笔

　　唐才常是我国近代杰出的爱国者，清末湖南维新志士的杰出代表，与他的同乡好友谭嗣同合称"浏阳二杰"。在我国近代争取民族独立和国家现代化的过程中，唐才常从传统的封建旧式文人转变为维新和革命的探路人，为救国而到处奔走，以付出自己生命的代价，唤醒后来者继续完成其未竟之业，被认为是"在中国近代民族革命发展史上承前启后的里程碑式的人物"。① 唐才常也是湖南最早的新闻工作者，由他参与创办并主编的《湘学新报》及《湘学报》《湘报》是湖南维新派宣称变法、推行新政的言论机关，在湖南和全国范围内均有巨大影响。

潜心实学而娴于中西史乘

　　唐才常（1867—1900），字绂丞，后改佛尘，自号洴澼子，湖南浏阳人。其祖先在明朝初年从庐陵（今江西永丰县）迁居浏阳西乡黑沙塘。② 唐才常出生于书香门第，自幼聪明好学，才华过人。1877 年他与谭嗣同一道师从邑中名儒欧阳中鹄先生，1886 年 19 岁时参加科举考试，在县、府、道三级考试中均得第一，以"小三元及第"成了秀才。

　　然而，面对当时王朝腐败、列强环伺的晚清政局，唐才常无心走传统的科举之路，而是希望能探究新学，以变革时弊。1887年，唐才常入长沙岳麓书院学习，除了传统经文典籍之外，广泛涉猎现代政治、经济、历史、地理、格致、法律、教育等西学知识，视野大为开阔。在潜心研究中西历史文化差异的同时，写出了《尊新》《尊专》等一系列论文。在《尊新》一文中，他鲜明地指出，中国之所以未能振衰起弊而受困于欧美、日本等列强，症结在于守旧，"新其政不新其民，新其法不新其学"。因此，欲拯救国家则必须改进教育："欲开二千年来之民智，必自尊新始；欲新智学以存于鹰瞵虎视之秋，必自融中西隔膜之见始。"③

唐才常（1867—1900）

　　为补助家庭生活，1891年冬唐才常应聘任四川学署阅卷总校，1893年秋返回浏阳，受聘欧阳中鹄家塾教读。次年春考入由洋务派领袖、湖广总督张之洞一手创办的武昌两湖书院。两湖书院课程除汉学经书外，设有数学、化学、地理测绘、军体、英文、日文等课程，这种新式的体制和内容正是唐才常所向往的。唐才常在这里潜心学问，对西学用力尤深，深得张之洞器重。

　　在两湖书院的两年时间里，唐才常撰写了十几篇密切联系国家现实的论文，内容涵盖经文、历史、政治、经济等各方面。《古之学者为己今之学者为人说》一文，批评士大夫们受科举取士制度的毒害，"不强其于学一己，以求实际"，而是"相习为虚骄，处则好大言，出则辱君命"，"远不识五方之风气，近未谙一国之兴衰"，以致国家在内忧外患之际，"欲求一通变之人才而不可得"。因而，他反对"空文误国"，主张学术应分门课实，人才须淬厉得来。④在《历代商政与欧洲各国同异考》一文中，唐才常以历史视角全面对比了中国抑商政策与西方护商政策的后果，要求学习西法、变通商政，以实现富民强国。此外，他还提出了兴革钱币，改革兵制，广设武备学堂等一系列主张。

　　就在唐才常考入两湖书院不久，中日甲午战争爆发，洋务派苦心经营的北洋水师黄海一战全军覆没，清政府被迫签订丧权辱国的《马关条约》。面对三千年未有之大变局,唐才常在悲愤中挥毫写下传诵一时的诗句:"世间无物抵春愁,合问苍冥一哭休。四万万人齐下泪,天涯何处是神州。"他怒斥李鸿章出洋议定和约是"奸臣卖国,古今所无",而顽固派"惟痛诋西学,目为异类,以自护其时文试帖之短"。在唐才常看来,要挽救中国危亡,除了变法维新,别无他途。不久,他撰写了《孟子言三宝为当今治国要务说》一文,结合西方国家经验,提出治理好土地、人民、政事这三项要务的具体主张。经过一番筹备,1897 年,唐才常与谭嗣同等在浏阳建立格致书院,开设算学馆,又设立钱庄,以招股方式开办浏阳煤矿等,引领湖南维新运动。

湖南维新运动的第一健笔

甲午战后,随着列强瓜分中国狂潮的汹涌而至,中国民族危机日益严重,以康有为、梁启超为首的维新运动也正蓬勃发展。唐才常以满腔爱国热情在湖南投入了这一运动。1897 年 4 月,在湖南巡抚陈宝箴、按察使黄遵宪等开明派官员的支持下,维新派报刊《湘学新报》在省会长沙创办,每月出三期,半年后改名《湘学报》,内容专以讲求"中西有用诸学"为主,是一份以介绍"新学"、鼓吹变法为宗旨的综合性理论刊物,新闻只是附带内容,但当时报、刊不分,《湘学报》还是发挥了报纸的作用。⑤

唐才常是《湘学新报》暨《湘学报》的实际主持人,任总撰述兼"史学"、"时务"、"交涉"三个重要栏目的编辑及撰稿工作。他用"洴澼子"笔名,发表了一系列文章,向读者介绍西方发达资本主义国家的历史和政治经济制度,宣称民权思想,要求在中国进行自上而下的改良,实行君主立宪,发展资本主义工商业。他的文章慷慨激昂,富于鼓动性,深受读者欢迎。《湘学报》为湖南维新运动起到了开风气之先的作用,推动了湖南维新运动的发展。

为了培养维新人才，1897 年 8 月唐才常和谭嗣同等人又创办了湖南时务学堂，聘请梁启超任中文总教习。梁启超因事离湘后，唐才常接任中文总教习。次年初，唐才常等又在长沙发起成立南学会，以团结和领导全省维新力量，推进湖南维新运动。鉴于《湘学报》刊期长且文字过于艰深，不能满足日益高涨的维新运动之需，谭嗣同、唐才常决定再创办一份通俗的日报。1898 年 3 月，南学会机关报《湘报》因此问世，唐才常与梁启超、熊希龄、谭嗣同等同任董事，仍由唐才常担任总撰述。该报每日出一大张，铅字单面印刷，可裁成 4 页，装订成册，为湖南有铅印报纸之始。《湘报》每张报纸可容纳八九千字，售价五文，每月一百三十文，发行量最多时达六千份左右。

《湘报》与时务学堂、南学会紧密结合，经常刊登南学会讲义，及省内时务学堂、不缠足会、延年会、学战会乃至外省学堂、学会的文章，起到湖南维新运动的宣传鼓动者和组织者的作用。在唐才常主持下，《湘报》发表了一批持论具体而激烈的变法论说，着力批判封建君主专制制度，否定封建伦常，要求开议院、废时文、兴学校，甚至主张"改正朔，易服色，一切制度悉从泰西"，因而遭到守旧官绅的猛烈攻击，唐才常等人被称为"康（有为）门谬种"。唐才常在《湘学报》《湘报》发表大量回击文章，就要不要推行维新运动、要不要实行君主立宪、要不要改革教育制度等方面与守旧势力展开大论战。

唐才常（1867—1900）

英勇的自立军起义领袖

1898 年 6 月，光绪皇帝下诏变法，8 月，谭嗣同应诏赴京参与新政，时局发展令唐才常振奋不已。他上书光绪称自己"上急君父之险艰，下痛神州之陆沉"，盼望变法成功，则"国耻可刷，士气可伸"。9 月，变法失败，光绪被囚，谭嗣同遇害。唐才常悲愤中辗转于香港、新加坡、日本等地，联络各路海外志士，共同谋求救国方略。

1899年初，唐才常返上海，主持《亚东时报》，继续倡导改革，为康有为的勤王运动制造舆论。与此同时，戊戌政变后唐才常的思想逐渐倾向孙中山所代表的革命派。在日本横滨的一次晤谈中，他和孙中山讨论了革命派和改良派合作以及广东两湖地区的起兵计划。唐才常向孙中山表示："我们虽然用保皇的名义，实际还是革命"，决心"树大节，行大难，行大改革"，"共图起义"。⑥1899年冬，唐才常在上海发起成立正气会，随后即改名自立会，以示脱离清政府而自立的革命倾向。1900年，八国联军侵华之际，唐才常以"保国保种"相号召，邀请各界名流到上海召开中国议会，推举容闳、严复为正副会长，唐才常自任总干事，决定推翻满清统治，创造新的自立之国。不久，他正式筹建了以会党为基础的自立军，任总司令。8月22日，自立军起义失败。次日，唐才常在武昌就义，年仅33岁。临刑前，他吟诗"七尺微躯酬故友，一腔热血溅荒丘"，抒发他对谭嗣同、孙中山以及自立军故友的深情。

唐才常被害后，其遗骸当天由武昌慈善队草葬于武昌小洪山。1912年，在孙中山先生的建议下，唐才常等21位自立军烈士被合葬于洪山东北麓，并修建了烈士陵园，立有"铁血精神庚子之墓"的石碑。1956年湖北省人民委员会公布庚子烈士墓为省级文物保护单位。1991年武汉市文物办在原址重建了墓碑。

注释：

① 刘泱泱：《唐才常历史地位论》，见《益阳师专学报》2001年第2期，第70页。

② 宋梧刚、潘信之：《唐才常传》，吉林人民出版社1997年版，第5页。

③ 郑大华、任菁选注：《砭旧危言：唐才常、宋恕集》，辽宁人民出版社1994年版，第18页。

④ 郑大华、任菁选注：《砭旧危言：唐才常、宋恕集》，辽宁人民出版社1994年版，第1、2页。

⑤ 辛文思：《〈湘报〉和〈湘学报〉》，见《新闻研究资料》1982年第3期，第165页。

⑥ 曾长秋：《主编〈湘报〉的唐才常》，见《船山学刊》1995年第1期，第166页。

各国政教公理总论

唐才常（1867—1900）

公理者，唐虞三代君民共有之权衡也。民宅于器曰公器、器舟于法曰公法，法权于心曰公心，心万于理曰公理。古者井田学校，体用兼贯，上下沆瀣，无他，此心此理也。余读《周易》、《尚书》、《官礼》、《春秋》、《王制》、《礼运》、《礼器》、《五帝德》、洎《孟子》七篇，废书叹曰：伏羲、神农、黄帝、尧、舜、禹、汤、文、武、孔、孟，公其君民之心之理，焦精竭神，以谋天下，一夫不获，时予之辜，何其仁也！《尔雅》曰："林烝，君也；君者，群也。"群天下之芒芒蚩蚩而教之养之也。桀、纣、幽、厉之用心无他，私而已矣。楚灵王曰：是区区者而不予畀。此桀、纣、幽、厉之用心，而始皇之所以力征经营也。故历圣之公心公理，至秦而大晦。汉文帝，三代下之令主也，其臣贾谊有仁天下之心，无仁天下之术。宋神宗，三代下之英辟也，其臣王安石，有尧、舜君民之识，无尧、舜君民之材。汉武帝、唐太宗、元世祖、明太祖、亚历山德、沙立曼、拿破仑、大彼得、华盛顿、林肯，五洲之雄主也。然汉、唐、元、明之雄其主，雌其民，瞽其天聪，陵其天媚，之四帝者，又阴用其秦皇梏民之术，纵横决荡，莫敢谁何，此千百年之大痛，亿兆人之奇瘵也。

亚历山德崛起马基顿，囊括席卷，卒年甫三十三，余威震于殊俗，然无善政善教，深入人心。沙立曼战功不及亚历山德，而扶持教化，西人称之勿衰。拿破仑雄伟绝世，震动全欧，佳兵不祥，卒流荒岛。弦太急则折，鼓太厉则裂，殆天道欤！然使欧洲知民心之宜顺，律法之宜更，政教之因时变通，说者谓其构极大乱象，实辟极大治机，然哉然

《各国政教公理总论》

哉！大彼得艰苦卓绝，恣肆奇横，古今无偶。俄之受制鞑靼，与黑奴土番无异。彼得挈欧洲文学、格致学、兵商学，归教其民，铢积寸累，为天下雄。然残暴嗜杀，疑其妻，诛其太子，大狱斯兴，戮民亡算，其忍过秦皇、汉武、明祖远甚，幸戮民以刑者，百人千人而止，视戮民以术螫及后世者有间。若夫轨唐、虞之盛心，绵仁学之公理者，其华盛顿、林肯之为君乎！旅天位，宅民权，屣功利，韬兵祸，廓然夷然，是谓大公。痛斥买奴，始于加利生，成于林肯，花旗云扰，终竟厥志。是故启欧洲之战祸者，亚历山德也；广欧洲之教务者，沙立曼也；萌欧洲之新化者，拿破仑也；拓欧洲之艺学者，大彼得也；成五洲之公理者，华盛顿、林肯也。

今夫《春秋》之旨，王道备，人事浃，史家之例之法之理，靡不具焉。一言以蔽之，曰：拨乱世，反诸正。即彼释氏之学，唐、宋之儒，攻之不遗余力；然全藏之经，半谈格致，慧眼、天眼、法眼、佛眼备矣。大地山河，了了到眼，星球尘尘，厘然灿然。一言以蔽之，曰：度一切苦厄。之二教者，皆古圣人悲闵救世之苦心。惜儒教真派，厄于李斯、刘歆；佛教真派，厄于婆罗门，与夫顽空枯禅小乘九十六种外道。吾儒中之有语录、时文自鸣孔教者，犹佛门之有黄、红二孽派也；而胡安国之言《春秋》，孽之又孽者也。司马迁深于孔教者也，其文洞见本原，直刺时隐：进游侠，非好乱也，悼民权之衰也；称货殖，非逐末也，悯商学之失也；陈六家要指而评衡之，非等伦儒墨也，谓泥守弊生，进于大同则有济也。而目论之儒，诮其是非缪于圣人。呜呼！孔教微，无公理；公理微，无信史。后世史家，言例言法，言闰言正，言道学儒林，其上能整齐故事，藉资参考；其下则魏收作色，棼如乱丝。无他，二千年来，政学汶暗，微独《春秋》文致太平之宏旨不可闻，即司马氏损益得失之微权不可复。读史者习见夫唐、宋以降，规规旧制，方谓老成；附会尊攘，方名忠义；务抑民气，方尊朝权；禁谈时务，方端士习；力遏新学，方正人心。于是事事求副于唐太宗、元世祖、明太祖网罗钳束之私心，身衿缨而心圈苙，曰是固宜然。

　　本朝历圣相承，超唐轶汉，通君民之权，破中外之界，拓种教之仁，觥觥皇猷，人天同忭。然自开国以来，未有通明政学，斟酌古今之大臣，赞襄盛美。故康熙时曾于意国拿破里城设中华书院矣，而其后阒如；又尝罢黜时文九年矣，而守旧之臣，奏请复立；缠足之律，悬为厉禁矣，内外臣工，阳奉阴违。弁髦国宪，若罔闻知。同治初元，议使词曹诸臣肄西语西学，倭文端尼之。光绪初元，议开铁路，异论甫平，刘锡鸿煽之。余如同文馆、海军水陆学堂，诸臣方目笑腹非之不已。其心初非欲弱中国，困中国，至于斯极；不过沿历朝以来苟安目前之积习。议和约则必援南宋为言，议开矿则必援明季为言，议立会则必援东林为言，一唱百和，史文络绎，千金敝帚、弋誉清流。盖率四万万之种类为乡愿世界，而上孤圣德，下累民生者，皆诸臣之罪也。呜呼！不远规孔、孟改制之精心，近掇欧、美百年之新政，以承流宣化，惟是斤斤前朝锢习，恫愒张皇，此夏虫难与语寒冰，朝菌不可言暮夕，而欲其恢张能力，匡济时艰，颠乎踬矣。

欲拯其失，宜以《春秋》为经，以《史记》为纬，以各国百年来史乘为用。于唐、宋诸史，则力抉其秕政之根荄，力破其尊卑之隔阂，与夫正统之谬论，夷夏之臆说。如以尺量帛，长短乃见；以衡权物，轻重难欺。而后可与治今，可与道古，可与经世，可与救众生，可与进大同。

王韬曰："欧洲各国，素无史职，近代始有私史，其所以搜罗佚事、网举旧闻者，大半出各教士之手。"夫彼教之用心，岂仅资见闻、备钩稽已哉，盖将通黄、白、黑、红之性情，捆儒、墨、佛、耶之指趣，储公理以治二十周之地球也。惜乎各国君臣，未尽如彼教之用心，故公理有止行其国者，英美是；有其国参差者，法、德、意、奥、日本是；有其国毫无公理者，俄、土是。则夫苍苍者隐储一博考中西政教，以似续素王公理之机之时，意在斯乎！意在斯乎！何者？英伦三岛，君民共主，上下一心，可谓公矣。其治非、澳二洲，薙荻荆榛，修治学校，渐其狼性，革其鸮音。抚印度五千里之地，首平其良贱之等，次道以教养之法，仁人君子之用心耳矣。然役印近百年，止举议员二人；且贪莺粟税利，以毒亚东之民，其善士或倡禁烟会，而政府雅不欲，乃已。土耳其，大国也，疆土分裂，岌岌不支，英人恐其入俄，遂有黑海之助。事平，但责其不变，未闻实以善政相遗。其于埃及，清其国债，执其国权，而埃之不振如故。其于波斯、阿富汗、缅甸，奴之笞之，绁之轭之，修铁路，通电杆，只为手足捍头目计，其孕育其民，使为文明开化之国，无有也。岂时有未至，势有不逮，抑公理之未明也？美人脱英人轭，立正副总统治民，四年任满，与齐民伍；释黑奴，重法律，养兵不及瑞士、挪威，遇战争，守局外例，民是以大和。然其于华工也虐之，中日之役，不闻弭兵会之言，且贷款于日，以资之战。

法、意之兴，由于国会，然从前怙权世爵，尚思乘闲窃发，而党人旅进旅退，动即纷呶，是其失也。若法于安南、西贡，政烦赋重，民不堪命；意于阿皮西尼亚，剖其国，役其民，卒为所败，大损国权，（事详丙申《万国公报》。）足为恃权不恃理者戒。德之为政也，前亦禁民举官，禁民立会，朝野悖鷙，束缚万端。逮道光二十八年，普王威良第四，始一切弛其禁令。（是时普民不服王权，群起滋事，民兵大战于市中者半日，普王忧之，遂重议俯顺民情之制度。）继而俾士麦（一作毕士马克。）起，助保王权，隐通民气。同治七年，牒请下议院，查核相府所办各事益国与否，其时议员二百三十人，俱曰相国于普大有裨益。然其所谓求新班者，心滋不悦，（同治初，怨恣谤諿，俱集矢俾士麦之身。）隐忧所枨，恐犹未已。奥国君臣争权，倍蓰于德。道光间，奥皇翻西严禁报馆谈外事，恐其民备知欧洲改变朝政之举，遂嚣然不靖，（又使其亲信之人，遍地侦访，若有效他国求新者，即罪之，奥民大怨，道路以目。）故必薾然愚之。嗣皇飞蝶南尤甚。于是自俄来徙之恒加利人，乘机蠢动，逐飞蝶南，戕大臣赖兔儿。既而约瑟皇第一立，削平恒加利，而亦稍议更新矣。同治间，又衄于普，始益讲新政，通民隐，而国仍富强。日本痛改其锁国之谋，君民一心，孳孳求胜。然伊藤诸人，助保王权，如俾士麦之于德。其余衍物茂卿之余论，（《万国史记》：物茂卿睥睨一世，排宋儒，言孔子之道为安民，立之制度。）鼓煽会党者，亦不乏人。故以上诸国，公理参差，将来不无嚣然不靖之举。

俄之为无道秦也，恃压力之重，府私会之怨，振天网之淳烈。其灭波兰也，禁其民操波语，习波文，驱民实荒地，老幼骈死道路亡算。其用心乃秦皇之罪偶语、汉武之徙豪杰关中也。使臣侦各国阴事，必载艳姬以行，啖以酒色，廉得其隐，（见《西国近事汇编》及《法国志略》。）乃范蠡进西施之诡计也。故五洲之贼公理者，惟俄为最。土耳其历经大乱，至死不变。今其改革同盟会党白耳义府人布喇些路，传檄各处，将废土王。（二月日本《时事报》。）西班牙因古巴之自立，始破其自尊之见，思更国政。（香港英报云：西班牙从前拘守旧法，贪官虐吏，不恤民艰，以谓天下之才，举莫西班牙若。）暹罗国王愤其疆土日蹙，乃慕俄皇彼得之为人，决计遍游欧、亚，谊主哉。英、法于此，不惟不辅之，使成望国，且因而嫉之忌之。日本虽胜中国，然其人于法则法妬之，于波斯则波斯疑之，其尤眈眈相向者，莫如俄人。由此言之，宙合兵争之事之未已，而波罗的海、君士但丁峡、波斯海湾之祸之且移于太平洋也，可不惧哉！可不惧哉！

唐才常（1867—1900）

综而论之，西人最严种类之辨，其争自存也，急于燎原，迫于恤纬；争则忌生，忌则衅龃，其难以公理维系一。民而圉之，地而界之，商而战之，约而饵之，忠其民者不必忠其君，公其国者不必公其天，其难以公理维系二。投骨于地，众犬斗之，投饵于渊，众鱼涎之。英取爹勒高亚海臂，而德、俄侧目。法沟苏彝士河，而英人警訾；中俄约修东三省铁路，而全球震爝，其难以公理维系三。强弱错处，形势华离，此有所盈，彼有所绌，抵拒之微，机牙之应，任巧反蹶，守时则晚，其难以公理维系四。律法异，关税异，度量权衡异，君民轻重异。国异其俗，士异其学，交涉异其宜，其难以公理维系五。有此五难，以言画一，是求龙章于裸壤，奏韶護于聋俗，多见其不知审也。泙澼子曰：不然。心力所结，教旨斯宏，星球无以阻其域，脑气无以踰其捷，苦海无以汨其波。春秋大一统之法之例之理，芒乎芴乎？恍乎爝乎？距十九周之蛤利不远乎？余乃综列国政教落落大者著于篇，以见公理之郁斯邑，邑斯茁矣。曰国会，曰教会，曰太平弭兵会，曰君主民主，曰上下议院。

（原载 1897 年 5 月 31 日—7 月 29 日《湘学报》第五至十一号，选自《砭旧危言：唐才常、宋恕集》，辽宁人民出版社 1994 年版）

评析：

甲午战败，我国有识之士在备受震动冲击之余，纷纷放眼世界，潜心西学，努力在中外对比中寻求拯救国家危亡之策，唐才常是其中的杰出代表。他自觉地运用比较的方法，倡导学习西方。1897 至 1898 年，唐才常在《湘学报》上连续发表了《史学论略》《最古各国政学兴衰考》《日本宽永以来大事述》《各国种类考》等比较史学专论。

《各国政教公理总论》一文是这批比较史学论文中较有代表性的一篇。在这篇文章中，唐才常以宏阔的视野，对比分析了百年来各国政治体制尤其是国会的发展和作用，打破了传统史学的中国中心史观，力破"夷夏之臆说"，认为各国制度优劣可以通过对比分析得出客观结论，"如以尺量帛，长短乃见；以衡权物，轻重难欺"。在横向对比中，唐才常承认中国落后于西方，但他绝无民族自卑感，对"最严种类之辨"的西方人的现实政治，以及西方各国之间的重重矛盾了然于心。在唐才常看来，落后只是一时的，只要大胆地学习包括国会制度在内的西方先进制度文化，中国仍然有着光明的前途。

从这篇文章中，可以看到唐才常内心强烈的救亡图存意识。在民族危机深重的形势下，唐才常的比较史学研究，无疑是服务于救亡图存这一中心任务的。各国兴衰成败的经验教训，为开展维新变法运动提供了有力的思想和理论准备。

唐才常（1867—1900）

湘 报 序

执途人而语之曰：中国为极疲薾极滞拙之国乎？必怫然曰：余不信也；又语之曰：中国为极聪强极文明之国乎？必愕然曰：余不信也；又语之曰：中国为极疲薾极滞拙之国，即极聪强极文明之国，必更色然曰：而童昏我乎，何相轻之甚也？

今夫绳枢瓮牖之儒，井蛙篱鷃之子，咫尺不见，迅雷不闻，吾无暇与言。其少能开通耳目、发纤心力者，于所以疲薾滞拙之由，一一以中西比例之，抑无待余言。顾吾于反比例得正比例者，何以故？何以故？曰：夜叉见而佛道成，烦恼生而智慧出，其运至奇，其机至捷，其理至平。轮船也，电线也，铁路也，由今日以前五千余年之人，坐漆室面垩壁，而我亲见之；织造也，矿化也，工商杂遝于瀛寰也，由今日以前五千余年埋塞蕴藏之奇，而发其覆，而阐其珍，而我亲见之；学堂也，学会也，若官、若绅、若民，通力合作也，由今日以前五千余年磅礴樛窒之气，而启其钥，而破其局，而我亲见之。故以我所见者，方之欧、美各国，则诚疲薾矣，滞拙矣；而方之今日以前之中国，则为聪强文明

《湘报序》

之起点，而未有艾也。

尤有奇者，古者欲通上下之情，絜君民之矩，于是命太史陈诗，瞽矇献诵，工操艺谏，商订国约，雍雍彬彬，同我太平。暴秦而降，恃压力之重，私天位之宅，严巷议之诛，立腹诽之律，赤大侠之族，成党锢之狱，草芥臣民，牛马士类，黔首何辜，丁兹厄运？盖自开辟以来，君民上下之界，始断潢绝港，各怙其私，则秦为之也。浸淫至于前明，科条益密，法律益苛，时事天文，俱悬厉禁。驯至士夫以廷杖为荣，奸庸以讲学丑正，天地惨怛，日月晦冥，于斯剧矣。圣清受命，仁德如天，网罗大弛，士气宽和。

迩者海内诸君子，曲体朝廷育才至意，广开报馆，用代遒人，大声疾呼，海天同应。于是秦汉以来之愚障，始云开雾豁，重睹光明；于是四民之困于小儒腐说，辗转桎梏者，始脑筋震荡。人人有权衡国是之心，而谋变通，而生动力。夫由今日以前之志士仁人，其欲摩挲故府，钻研政典，求断烂朝报不可得，而赍恨终者，何可胜道！今乃海宇大通，朝野一气，政学格致，万象森罗，俱于报章见之。是一举而破二千余年之结习，一人而兼百人千人之智力。不出户庭，而得五洲大地之规模；不程时日，而收延年惜阴之大效。凡官焉者、士焉者、商焉者、农工焉者，但能读书识字，即可触类旁通，不啻购千万秘籍，萃什佰良师益友于其案侧也。其使中国为极聪强极文明之国，吾于是决其必然矣。

　　能庶常秉三喜民智之乍开，欲慈航之普渡，乃鸠同志，集钜赀，设湘报馆。义求平实，力戒游谈，以辅《时务》《知新》《湘学》诸报所不逮；亦以使圆颅方趾，能辨之无之人，皆易通晓。其愿力之宏，转移之速，更有不胫而走，不翼而飞者。今夫古今不可思议之奇，无如电机，孰管钥是？孰邮传是？是理也，在人为大脑小脑，在天为空气中至微至神之物，无以名之，名曰以太。以太之动，电即随之，虽八万余里之地球，无一发间。日报为效之神且速，吾不敢信其至是。其所以感动以太之理，则一也。嗟乎！焚如之灾，迫于旦夕，而士夫泄沓，猥曰：若而人者，用意良厚，其如敝箅不能救盐池之咸，杯水无以止车薪之火矣。夫诚可以已焉，秉三宁不自逸也，明知其万不能已；明知其不已，即有补聪强文明之运，则摩顶放踵奚辞矣！才常不敏，勉襄斯举，敢揭大旨，告我支那。陈辞之陋，所不恤焉。

（原载《湘报》第一号。选自《砭旧危言：唐才常、宋恕集》，辽宁人民出版社 1994 年版）

唐才常（1867—1900）

评析：

　　《湘报》创办于湖南维新运动不断高涨的背景之下，是湖南第一家近代日报。该报继续以学习西方、变法图强为宣传中心，但其文字更加通俗而富于爱国激情。对封建专制的猛烈抨击和对民权平等学说的热烈鼓吹，为同时期其他报刊所不及。

　　在《湘报序》中，唐才常对于报刊的社会功能给予了高度肯定。文中反复提到希望中国成为"极聪强极文明之国"，希望《湘报》能为国家"补聪强文明之运"；而要使中国成为"聪强文明之国"，最好途径正是"广开报馆"。因为通过报刊传播，可以"一举而破二千余年之结习，一人而兼百人千人之智力"，士农工商但凡识字者均可以报纸为良师益友，通过读报而触类旁通，革新思想。此外，唐才常在这篇短文里也阐述了《湘报》不同于《时务报》《知新报》等维新派报刊的特点，即更加注意贴近读者需求，"义求平实，力戒游谈"，务使文字"易于通晓"。

在唐才常等人的努力之下，《湘报》比同时期的维新派报纸具备了更多的民主性和群众性，迅速成为湖南维新变法的舆论中心和全国日报的翘楚，康有为曾称它为"全国最好的一张维新报纸"。

时文流毒中国论

海内深识之士，怵心浩劫，倡大义于林林之众曰：今策中国，宜开民智，伸民权，一民心，诚哉言矣！虽然，树木者不培其土性，竺其本根，而掘而徒之；治河者不瀹其源流，汰其泥沙，而堤而束之，而欲朽壤自腴，奔湍若性，必无幸焉矣。

唐才常椎心泣血，大索塞智摧权腐心之鸩毒于国中而不得，遂反而求之吾身。因忆吾未冠以前，低首摧眉，钻研故纸，瞑坐枯索，抗为孤诣秘理，沾沾自足，绝不知人世间复有天日，复有诟耻之事。乃瞿然而兴曰：吾之辗转桎梏十余年，幸奋身而脱焉，其沉冥惨酷已若斯之烈，则其他之营营帖括，沁入肝脾，终其身不知反者，其如何晦盲堙圮，更无言以状之。悲夫！吾中国之塞智摧权腐心亡种亡教以有今日者，其在斯乎！其在斯乎！

余往者读《校邠庐抗议》，见其摹绘明祖愚民狡计，以谓言之过当。既而历验吾身受病之源，周见切著，讳之无可讳，饰之无可饰。语曰："三折肱，知为良医。"余之挟五寸秃管，批抹至庸猥至无理之时文，亦既堆垛等身，弥历年岁，不可谓非三折肱之良医。而由今观之，则研精亡灵，奄然死气，欲掬前此之心肝而尽涤之而不能，则益以太息，痛憾于明祖愚民之术，而使吾四万万人宛转圈牢，徐供刀俎，靡可解脱。盖诚滔天之罪，擢发难数者矣！

今夫时文之毒，不可一二谈，吾亦不忍究言之。惟其极可痛息而无人理之尤，则约有数端：其柔者，戢戢抱兔园册子，私相授受，夜半无人，一灯如豆，引吭长鸣，悲声四壁，井蛙寒蚤，啾啾应和。或语以汉祖、唐宗，不知何代人；叩以四史十三经，不知何等物。贸然以生，则亦贸然以死。而是悠悠者，盈天下也。民欲智，得乎？其悍者，则篡取圣经一二门面语，以文其野僿芜陋之胸，有若十六字薪传，五百年道统，及纲常名教，忠孝节廉，尊中国，攘夷狄，与夫尧、舜、禹、汤、文、武、周、孔之道脉，填胸溢臆，摇笔即来。且嚣嚣然曰：圣人之道不外乎是。昔吕留良广刊制科文以致富厚，又多为高头讲章，惑世诬民，乡曲之士，靡然向风，则益狂悖谬戾，以孔、孟自居。而曾静、张熙等，于坊间得其讲义，倾倒追摹，至以本朝为夷狄，上书蜀督岳钟琪，大张其叛逆之焰，则皆时文僭诞之说有以启之。而世俗悠谬之言，猥曰端趋向，正人心，微论优孟尼山之大不敬也，即其言出自王孙贾、阳货之流，必益穷形尽相，曲摹宵人腑脏，以售其奸，而后目之曰佳文，则所为端趋向，正人心者安在？

况乃枯窘截搭，割裂经文，及夫连章半句，偏全斡补，掉弄虚机，钩钜险诈，非圣侮经，乱常蔑理，尤为伐性之斧，腐肠之药者乎！陕人路德，以一字不识、一理不通、蛮野阴很之夫，造为绳墨，立为谬条乱旨，汩人性灵，聋瞎人耳目，偃然自跻于宗匠之列。甚乃取有明诸家制艺，支解脯磔，怙其窃据坛坫之私谋，而经史子家、庄雅典重之字，俱以险僻奇之，使天下芒芴壅塞、高阁诗书、晦蒙日月者垂数十年。悲夫！悲夫！

僭妄则如吕留良，阴贼则如路德，而丐其绪余，煽其虐焰，以毒我黄种，颠倒我神明之胄者，何可胜道！才常尝遇一至亡赖之庸师，斥近人辄用《史记》游侠、儒林、河渠等语为谬妄，因反诘之曰："若书时艺，真乎？草乎？"则曰："小楷。"乃斥之曰："若奈何以孔子时未有之字体，代圣贤缮写乎？"（今人力争时文代圣贤立言，动曰清真雅正，皆不值一哂矣。）

又闻西国博物院，罗列各国珍品，至用玻璃瓶笼时文策撱其中，以为笑谑。其化学家虚心考求，谓中国宰相词林，胥由此出，其中必含美质，乃以八股试卷，广配药料，悉心化验，卒无他异。而税务司赫德，且忍于舍其子使肄时文，务穷幽奥，其瑰宝所在，究无以名之。由是西人窥破吾华握椠怀铅，如醉如痴之陋习，诋为无教，斥为野蛮，骎骎业诉，集矢于吾孔子矣。夫耶稣变教，乃有普人路德之徒，日昌大义于天下。而孔子改制，则董氏以来，无一人阐发宗风者，今且以时文贼之，而吾教大为五洲诟病。岂不痛哉！岂不冤哉！

或曰：时文诚陋，然自有明至今，名臣理学，代不乏人，子言毋乃太甚？曰：此非时文之能得人，乃一二豪杰之无他途可见，偶然幸获耳。今以全球大势比校之，学堂万亿数，人才恒河沙数，徒恃此一二幸获之豪杰，相为抵拒，则乌可以为国矣？

或曰：西国习尚，或偶用希利尼、罗马名人语言，或称引旧典以炫渊博，其于身心毫无裨益，而时人重之，则与中国之时文何以异？然彼特镜古以知新耳，时文则自数墨寻行外，无古无今，无新无旧，如坐荆榛，如抛沙砾，暗習千年，遂成长夜。故时文不废，孔教万无可存之理；孔教既亡，黄种万无可存之理。西国天演家专以择种留良为宗旨，余谓中国之种无待于择，但择其腐种瘠种之时文，捽而去之，斯良矣。如先不自择而待西人之入而择之，则浸淫百十年后，必如巫来由棕黑诸番之陵夷澌灭无疑也。子不见越南、台湾之事乎？越人愚柔，为法人有，而仍以科甲时文毒之。其获科甲如中国所谓修撰、编检者，上则擢为买办，次则或司阍，或巡市，营营牛马走，弗之怪。台湾隶日，日人广设学堂，教其英俊，而放其老师俗儒于穷荒槁饿之乡。今中国俗士言亡国，尚夷然安之，言废时文，则色然惊骇。且闻俄人改中国衣冠，习中国言语文字之无根游谈，即隐隐有生计尚存之喜。丧心病狂，无耻已极。呜呼！以越南则若彼，以台湾则若此，然则盍当兹一线之存，及时自废，而免于是二者之为乎！况我圣祖仁皇帝聪明天亶，曾深抱不安，罢黜九年者乎？然而枢要诸臣，与夫封疆大吏，则无有抉其弊，危其词，为我皇上言之者。且武科既设，悉从新章，而独于时文，似犹有所靳惜留恋，而恐吾子若孙，不为巫来由梭黑诸番之续，是诚何心，百思不解。此有志之士所为摽膺哀泣、仰首长号者也！日薄崦嵫，鲁阳未返；丝成染泪，墨子安归？当今之世，而竟无怵心浩劫其人者乎？则吾将奚适也矣？

（原载《湘报》第四十七号。选自《砭旧危言：唐才常、宋恕集》，

辽宁人民出版社 1994 年版）

评析：

在前一阶段的《湘学报》上，唐才常发表的文章主要偏重于对西方社会、政法、外交等情况的议论和学理探讨，在《湘报》上发表的文章，则更多地是对当前现实问题提出具体的改革主张，态度也更为明确。

唐才常（1867—1900）

在《时文流毒中国论》一文中，唐才常阐述了他新政思想的一个方面：惟有革新教育，废除八股时文。他开篇就回顾自己二十岁以前的生活，只是"低首摧眉，钻研故纸，瞑坐枯索，抗为孤诣秘理，沾沾自足，绝不知人世间复有天日，复有诟耻之事"，庆幸自己终于"奋然而脱"这个桎梏。文章继而历数了八股时文的种种流毒，沉痛地指出其为我中国"塞智摧权腐心"之祸根，"时文不废，孔教万无可存之理；孔教既亡，黄种万无可存之理"，把废除八股提高到攸关国家民族存亡绝续的高度。

废除八股时文，与唐才常尊崇实学的主张一体两面。在创办《湘报》之前，他已经在浏阳建立格致书院，开办算学馆，将兴新学的主张付诸实践了。他在刊于《湘报》的另一篇文章《浏阳兴算记》中追述兴办算学馆的初衷："我中国不欲保重则已，如欲保重，必尊崇西人之实学，而后能终能卫吾素王之真教，黄种乃以孳孳于无尽。"

废八股、兴新学，在当时的湖南阻力并不小，浏阳算学馆开办之始，一大批守旧官绅腐儒即如丧考妣，群起反对，认为这是玷辱至圣先师，侮我斯文。通过《湘报》这样的言论机关，唐才常通过《时文流毒中国论》

等一批时论文字，更加便捷地传播维新主张，对湖南士绅和中下层民众起到了振聋发聩的作用，为湖南兴办新学、开展维新提供了极大动力。

（编撰：陈开和）

清末民初报坛政论家 章太炎 (1869—1936)

　　章太炎（1869—1936）　清末民初民主革命家、思想家、著名报刊政论家，在文学、历史学、语言学等方面卓有成就，是中国近代著名国学大师。创办《经世报》，任《昌言报》主笔，在《苏报》与《民报》上大倡革命，推进了历史进程。以文章参政议政，抨击时弊。其政论谈古论今，逻辑性强，说理透彻，对反动统治者，极尽嬉笑怒骂之能事。不怕坐牢，不怕杀头，"疯癫"反对袁世凯。晚年发表抗日宣言，著书讲学，成为一代国学大师。

清末民初报坛政论家

　　章太炎（1869—1936），清末民初民主革命家、思想家、著名报刊政论家，在文学、历史学、语言学等方面，卓有成就，是中国近代著名国学大师。他的政论谈古论今，逻辑性强，说理透彻，对反动统治者极尽嬉笑怒骂之能事，不怕坐牢，不怕杀头，是一般书生难以望其项背的，因此，成为小疵不足以掩大醇，半世佯狂，政论大家。

为救亡图存而办报

　　章太炎，浙江余杭人，初名学乘，字枚叔，后改名炳麟，号太炎。一生中还用过多个别名、别号，但用得最多的是"太炎"。

　　章太炎有很好的家教，幼承家学，跟随外祖父、父兄治经书和文字音韵之学，后肄业于杭州诂经精舍，师事朴学大师俞樾，并问学于黄以周、谭献、孙诒让等经学家，攻古文经学。杭州诂经精舍地处浙江杭州府治孤山之阳，左有三忠祠，右有照胆台，面对西湖。书院由清代阮元于嘉庆六年（1801）创建。阮元为书院题联："公羊传经，司马记史；

中·国·名·记·者

136

白虎德论，雕龙文心。"俞樾亦有题联："与诸君拜许郑先师，敢以空谈荒实义；为昭代存乾嘉学派，须知经术即文章。"可以想见书院的气氛。诂经精舍，提倡经术济世，不尚空谈，章太炎在此7年，深受影响，打下了一生学问事业的基础。

1894年，中日甲午战争爆发。空前的民族危机，唤起了中华民族的觉醒。1895年章太炎加入康有为所办的上海强学会。1896年应梁启超之约，担任了《时务报》撰述，自此开始了他的报刊活动。他在《时务报》上发表了《论亚洲宜自为唇齿》[①]、《论学会有大益于黄人亚宜保护》等[②]，支持康有为、梁启超的维新变法运动，宣传维新变法思想。

1897年8月，章太炎又与兴浙会的一些人创办了《经世报》，他担任总撰述。1898年春，应湖广总督张之洞召，赴武昌，任《正学报》主编。同年12月，因放言革命，指摘张之洞《劝学篇》效忠清廷，被驱逐。返沪后，任《昌言报》主笔。百日维新流产，六君子遇难后，章太炎作《祭维新六贤文》，分析中国局势，抗议残暴行径。

1899年夏，赴日本，通过梁启超介绍，认识了孙中山。8月，即返沪编辑《亚东日报》。同年冬，《訄书》梓行，该书是章太炎"合中西之言"的代表作，力倡复兴诸子之学以济儒家，反满、反列强，首倡光复之说。[③]1900年7月，出席容闳等人召开的"张园国会"，对该会的宗旨予以猛烈抨击：一面排满，一面勤王，既不承认满清政府，又称拥护光绪皇帝。旋即当众剪去辫子，脱去"戎狄之服"，换上"欧罗马衣笠"，以表示与清廷及君主立宪派决绝的态度。宣布脱离，扬长而去，在场众人惊得目瞪口呆。翌年7月，在东京《国民报》发表《正仇满论》，是中国近代史上第一次对清廷、光绪皇帝，以及梁启超保皇主义的公开批判。

在《苏报》与《民报》上倡革命

1902年春，章太炎再次到日本，与孙中山等在横滨举行"中夏亡国 242 年纪念会"，撰写宣言书，5 月归国。1903 年 3 月，应蔡元培之约，到上海"爱国学社"任教。5 月，在《苏报》连续发表《序〈革命军〉》《介绍〈革命军〉》等文章，大骂皇帝和清政府，高呼革命为神圣"宝物"，要求建立资产阶级"中华共和国"，推荐《革命军》为国民必读的第一教科书。6 月 29 日，《驳康有为论革命书》在《苏报》刊登，鼓吹革命，斥光绪皇帝为"载湉小丑，未辨菽麦"。清廷为之震恐，照会上海租界当局，查封《苏报》，章太炎、邹容被捕下狱。结果是：判章监禁三年，邹监禁两年。这就是近代历史上著名的"苏报案"。章下狱后有《狱中赠邹容》诗明志："邹容吾小弟，被发下瀛洲。快剪刀除辫，干牛肉作糇。英雄一入狱，天地亦悲秋。临命须掺手，乾坤只两头。"[④]誓死如归，革命之志不可磨灭。

1906 年 6 月 29 日，章太炎出狱，中国同盟会派员至沪迎章赴日，担任《民报》主编。《民报》是同盟会的机关报，创刊于 1905 年 11 月 26 日，在东京印刷。从第 7 号起由章氏主笔政，编至第 18 号，章氏以脑病辞职；从 23 号起仍由章主编，出至 24 号时《民报》被封禁。章太炎从接办《民报》，到《民报》遭受封禁，两年间发表 83 篇文章。作为同盟会机关报，《民报》直言颠覆清政府、建设共和政体，主张土地国有化，猛烈抨击《新民丛报》保皇派立场，与梁启超论战，在革命派民主主义理论建设方面做出了重要贡献。他为《民报》撰写大量政论如《中华民国解》《国家论》《讨满洲檄》等。1909 年，汪精卫在东京恢复了《民报》，但章太炎却被排除在外，这引起一场风波。章太炎因平日喜欢褒贬人物，口无遮拦，个性桀骜狂放，人送外号"章疯子"、"民国祢衡"。章太炎先生不以为意，反而很痛快地撰文承认自己是"神经病"。

章太炎是 20 世纪初政坛上呼风唤雨的人物，还是学界的一代宗师，创设"国学讲习会"，讲授诸子学、文史学、制度学、宋明理学、内典学等。听讲者被称为"修士"，其中佼佼者有：黄侃、钱玄同、朱希祖、汪东、马裕藻、龚宝铨、康宝忠、周豫才（鲁迅）、周启明（周作人）、许寿裳、沈兼士、沈尹默、杜羲等。在当时，大报小刊上关于章太炎的消息层出不穷。章太炎渊博鸿深，为清一代朴学殿军，胡适称之为"章

《民报》

章太炎（1869—1936）

炳麟是清代学术史的押阵大将，但他又是一个文学家。他的《国故论衡》《检论》，都是古文学的上等作品"。⑤

与共和党决裂，"疯癫"反袁世凯

1911 年，武昌起义发生。11 月，章太炎从日本回国，与立宪派张謇等在上海建立"中华民国联合会"，其成员包括部分对同盟会不满的原光复会会员、立宪派人士和旧官僚。1912 年 1 月 3 日，中华民国联合会正式举行成立大会，章太炎被选为理事。1 月 4 日，中华民国联合会机关报《大共和日报》创刊，每日出两大张，章氏任社长，鼓吹"革命军兴，革命党亡"。为适应资产阶级民主政治的需要，3 月 1 日，中华民国联合会与预备立宪公会合组为统一党，章太炎任会长。4 月，统一党又与其他社团合并成了共和党，章任副理事长，黎元洪为理事长。但很快，章太炎因不满"共和党"干部人选，痛斥立宪派及旧官僚"以抵制同盟会为名，而阴怀攀龙附凤之想"，正式宣布与共和党决裂。

这时的章太炎，成为袁世凯的拉拢对象，被聘为总统府高等顾问。1913年，宋教仁被刺案发生，章太炎彻底抛弃了对袁世凯的幻想，发表宣言历数袁政府的罪状，各处报章竞相刊载他的言论文章。至此，章太炎与御用的《大共和日报》言论倾向、政治立场完全相左，开始分裂。

1913年8月，章太炎被袁世凯骗到北京，为袁世凯监禁。次年1月7日上午，他到大总统府拜访袁氏，衣衫不整，首如飞蓬，留着长长的指甲，大冷的天气却手持羽扇，扇柄上摇摇晃晃坠着一枚袁世凯亲自颁发的景泰蓝做的大勋章。袁世凯及秘书们都不见他，他大跳大闹，愤而绝食两次，各至十余日。他手脚并用，将招待室的器物尽数损毁。袁世凯得知后，命人备车马将他骗出总统府，软禁起来。在软禁期间，1914年，章氏修订《訄书》为《检论》，并编定《章氏丛书》。1915年至1916年年初，经门人吴承仕笔录，成《菿汉微言》一书。1916年6月，袁世凯在反袁浪潮中猝死，章太炎始获自由。

1913年之后，章太炎先后创办或主编过《教育今语杂志》《华国月刊》《国学商说》《制言》等报刊，多为学术性质。

章太炎的办报思想

章太炎一生从事报刊活动近二十年，形成了他的办报思想，发表的专题文章有十多篇。概括起来：

一是主张重视革命必须高度重视舆论，通过报刊制造舆论极为重要。在《苏报》上发表的《序〈革命军〉》中说："凡事之败，在其有唱者而莫与为和，其攻击者且千百辈；故仇敌之空言，足以堕吾事。"没有这样的宣传就不可能得到唱和者，也不足以占领舆论的空间。利用报刊政论不但宣传革命主张，也能够组织革命力量。

二是反对言论禁锢，主张言论自由、出版自由。他以文章参政议政，抨击时弊，他的报刊政论锐利无比，认为"言论自由、出版自由，文明国法律皆然"，主张政府不应用法律限制对报刊的出版发行。1903年，清政府制造了"苏报案"，拘禁了章太炎与邹容，在狱中和法庭上，章太炎同清王朝言论禁锢政策作了坚决的斗争。

三是章太炎的新闻思想中还蕴含丰富的舆论监督经验。如他主张中立、不偏不倚的态度，但是绝对不向强权者低头。他作《祭维新六贤文》而被通缉，逃亡日本。他认为坚持真理、忠于事实是记者的职业道德，尤其是办报如作史的真实性原则，在当时更十分可贵。章太炎对西方代议制的激烈抨击，包裹着佛学外衣表达出来的平等思想，以及主张平民在报刊上直接享受民主权利等，都不自觉地，但却是较明显地反映在了资产阶级民主革命高潮中，推动了民主革命的进程。

章太炎（1869—1936）

注释：

①汤志钧编：《章太炎政论选集》，中华书局 1977 年版，第 5 页。

②汤志钧编：《章太炎政论选集》，中华书局 1977 年版，第 8 页。

③《訄书》，《章太炎全集》第 3 卷，上海人民出版社 1984 年版。

④汤志钧编：《章太炎政论选集》，中华书局 1977 年版，第 236 页。

⑤胡适：《胡适古典文学研究论集》（上），上海古籍出版社 1988 年版，第 127 页。

序《革命军》

蜀邹容为《革命军》方二万言，示余曰："欲以立懦夫，定民志，故辞多恣肆，无所回避，然得无恶其不文耶？"余曰："凡事之败，在有其唱者而莫与为和，其攻击者且千百辈；故仇敌之空言，足以堕吾实事。"

夫中国吞噬于逆胡二百六十年矣，宰割之酷，诈暴之工，人人所身受，当无不昌言革命。然自乾隆以往，尚有吕留良、曾静、齐周华等持正议以振聋俗，自尔遂寂泊无所闻。吾观洪氏之举义师，起而与为敌者，曾、李则柔煦小人，左宗棠喜功名、乐战事，徒欲为人策使，顾勿问其瑟非枉直，斯固无足论者。乃如罗、彭、邵、刘之伦，皆笃行有道士也。其所操持，不洛、闽而金溪、余姚。衡阳之《黄书》，日在几阁。孝弟之行，华戎之辨，仇国之痛，作乱犯上之戒，宜一切习闻之。卒其行事，乃相紾戾如彼。材者张其角牙以覆宗国，其次即以身家殉满洲，乐文采者则相与鼓吹之。无他，悖德逆伦，并为一谈，牢不可破。故虽有衡阳之书，而视之若无见也。然则洪氏之败，不尽由计画失所，正以空言足与为难耳。

今者风俗臭味少变更矣。然其痛心疾首，恳恳必以逐满为职志者，虑不数人。数人者，文墨议论，又往往务为温藉，不欲以跳踉搏跃言之，虽余亦不免是也。

嗟乎！世皆嚣昧而不知话言，主文讽切，勿为动容。不震以雷霆之声，其能化者几何？异时义师再举，其必堕于众口之不俚，既可知矣。

今容为是书，一以叫咷恣言，发其惭恚，虽嚣昧若罗、彭诸子，

《序〈革命军〉》

诵之犹当流汗祇悔。以是为义师先声，庶几民无异志，而材士亦知所返乎？若夫屠沽负贩之徒，利其径直易知而能恢发智识，则其所化远矣。藉非不文，何以致是也。

抑吾闻之，同族相代，谓之革命；异族攘窃，谓之灭亡；改制同族，谓之革命；驱除异族，谓之光复。今中国既灭亡于逆胡，所当谋者，光复也，非革命云尔。容之署斯名，何哉？谅以其所规画，不仅驱除异族而已，虽政教、学术、礼俗、材性，犹有当革者焉，故大言之曰"革命"也。

（原载《苏报》，1903 年 6 月 10 日，
选自《章太炎选集》，上海人民出版社 1981 年版）

章太炎 (1869—1936)

143

评析：

邹容所写《革命军》是辛亥革命前最有影响的宣传革命的小册子，其影响一方面是内容气势磅礴，通俗易懂，说理透彻；一方面是《苏报》对其鼓吹，尤其是章太炎在《苏报》连续发表《序〈革命军〉》《介绍〈革命军〉》等文章，使《革命军》洛阳纸贵。章太炎认为没有《革命军》，这样的宣传就不可能占领舆论的空间。邹容所谈的革命"不仅驱除异族而已，虽政教、学术、礼俗、材性，犹有当革命者焉，故大言之曰'革命'也"。章太炎与邹容意气相投，认为"凡事之败，在其有唱者而莫与为和，其攻击者且千百辈。故仇敌之空言，足以骧吾实事"，认为《革命军》不但宣传革命主张，也能够组织革命力量。文中章太炎大骂皇帝和清政府，高呼革命为神圣"宝物"，要求建立资产阶级"中华共和国"，推荐《革命军》为国民必读的第一教科书。

驳康有为论革命书（节选）

长素足下：读与南北美洲诸华商书，谓中国只可立宪，不能革命，援引今古，洒洒万言。呜呼长素，何乐而为是耶？

热中于复辟以后之赐环，而先为是龃龉不了之语，以耸东胡群兽之听，冀万一可以解免。非致书商人，致书于满人也！夫以一时之富贵，冒万亿不韪而不辞，舞词弄札，眩惑天下，使贱儒元恶为之则已矣；尊称圣人，自谓教主，而犹为是妄言，在己则脂韦突梯以佞满人已耳，而天下之受其蛊惑者，乃较诸出于贱儒元恶之口为尤甚！吾可无一言以是正之乎？

谨案长素大旨，不论种族异同，惟计情伪得失以立说。虽然，民族主义，自太古原人之世，其根性固已潜在，远至今日，乃始发达，此生民之良知本能也。长素亦知种族之必不可破，于是依违迁就以成其说，援引《匈奴列传》，以为上系淳维，出自禹后。夫满洲种族，是曰东胡，西方谓之通古斯种，固与匈奴殊类。虽以匈奴言之，彼既大去华夏，永滞不毛，言语、政教、饮食、居处，一切自异于域内，犹得谓之同种也耶？智果自别为辅氏，管氏变族为阴家，名号不同，谱牒自异。况于戕虐祖国，职为寇仇，而犹傅以兄弟急难之义，示以周亲枌梓之恩，巨缪极戾，莫此为甚！近世种族之辨，以历史民族为界，不以天然民族为界。藉言天然，则褅袷海藻，享桃蝯蜼，六洲之氓，五色之种，谁非出于一本，而何必为是聒聒者耶？

长素又曰："氐、羌、鲜卑等族，以至元魏所改九十六姓，大江以南，骆越、闽、广，今皆与中夏相杂，恐无从检阅姓谱而攘除之。"不知骆越、闽、广，皆归化汉人，而非陵制汉人者也。五胡、代北，始尝宰制中华，逮乎隋、唐统一，汉族自主，则亦著土傅籍，同为编氓，未尝自别一族，以与汉人相抗，是则同于醇化而已。日本定法，夙有蕃别；欧、美近制，亦许归化。此皆以己族为主人，而使彼受吾统治，故一切可无异视。今彼满洲者，其为归化汉人乎？其为陵制汉人乎？堂子妖神，非郊丘之教；辫发瓔珞，非弁冕之服；清书国语，非斯、邈之文。徒以尊事孔子，奉行儒术，崇饰观听，斯乃不得已而为之，而即以便其南面之术，愚民之计。若言同种，则非使满人为汉种，乃适使汉人为满种也。

章太炎（1869—1936）

······

至谓衣服辫发，汉人已化而同之，虽复改为宋、明之服，反觉不安。抑不知此辫发胡服者，将强迫以成之耶？将安之若性也？禹入裸国，被发文身；墨子入楚，锦衣吹笙。非乐而为此也，强迫既久，习与性成，斯固不足以定是非者。吾闻洪、杨之世，人皆蓄发，不及十年，而曾、左之师摧陷洪氏，复从髡薙。是时朋侪相对，但觉纤首锐颠，形状噩异。然则蓄发之久，则以蓄发为安；辫发之久，则以辫发为安。向使满洲制服，涅齿以黛，穿鼻以金，刺体以龙，涂面以垩，恢诡殊形，有若魑魅，行之二百有六十年，而人亦安之，无所怪矣！不问其是非然否，而惟问其所安，则所谓祖宗成法不可轻变者，长素亦何以驳之

145

乎？野蛮人有自去其板齿，而反讥有齿者为犬类，长素之说，得无近于是耶？

……

长素又曰："所谓奴隶者，若波兰之属于俄，印度之属于英，南洋之属于荷，吕宋之属于西班牙，人民但供租税，绝无政权，是则不能不愤求自立耳。若国朝之制，满、汉平等，汉人有才者，匹夫可以为宰相。自同治年来，沈、李、翁、孙，迭相柄政，曾、左及李，倚为外相，恭、醇二邸，但拱手待成耳。即今除荣禄、庆邸外，何一非汉人为政？若夫政治不善，则全由汉、唐、宋、明之旧，而非满洲特制也。然且举明世廷杖、镇盗、大户加税、开矿之酷政，而尽除之。圣祖立一条鞭法，纳丁于地，永复差徭，此唐、虞至明之所无，大地万国所未有。他日移变，吾四万万人必有政权自由，可不待革命而得之也。"

夫所谓奴隶者，岂徒以形式言耶？曾、左诸将，倚畀虽重，位在藩镇，蕞尔弹丸，未参内政。且福康安一破台湾，而遂有贝子、郡王之赏；曾、左反噬洪氏，挈大圭九鼎以付满洲，爵不过通侯，位不过虚名之内阁。曾氏在日，犹必谄事官文，始得保全首领。较其轻重，计其利害，岂可同日而道？近世军机首领，必在宗藩。夫大君无为，而百度自治，为首领者，亦以众员供其策使，彼恭、醇二邸之仰成，而沈、李、翁、孙之有事，乃适见此为奴隶，而彼为主人也。阶位虽高，犹之阉宦仆竖，而赐爵仪同者，彼固仰承风旨云尔，曷能独行其意哉！

一条鞭法，名为永不加赋，而耗羡平余，犹在正供之外。徭役既免，民无恶声，而舟车工匠，遇事未尝获免。彼既以南米供给驻防，亦知民志不怡，而不得不借美名以媚悦之。玄烨、弘历，数次南巡，强勒报效，数若恒沙。己居尧、舜、汤、文之美名，而使佞幸小人间接以行其聚敛，其酷有甚于加税开矿者。观唐甄之《潜书》与袁枚之《致黄廷桂书》，则可知矣。庄生有云："狙公赋芧，朝三暮四，众狙皆怒，朝四暮三，众狙皆悦，名实未亏，而喜怒为用。"此正满洲行政之实相也。

况于廷杖虽除，诗案、史祸，较诸廷杖，毒螫百倍。康熙以来，名世之狱，嗣庭之狱，景祺之狱，周华之狱，中藻之狱，锡侯之狱，务以摧折汉人，使之嗫不发语。虽李绂、孙嘉淦之无过，犹一切被赭贯木，以挫辱之。至于近世，戊戌之变，长素所身受，而犹谓满洲政治，为大地万国所未有，呜呼！斯诚大地万国所未有矣！李陵有言："子为汉臣，安得不云尔乎？"

夫长素所以不认奴隶，力主立宪以摧革命之萌芽者，彼固终日屈心忍志以处奴隶之地者尔。欲言立宪，不得不以皇帝为圣明，举其诏旨有云："一夫失职，自以为罪者，而谓亟亟欲开议院，使国民咸操选举之权以公天下，其仁如天，至公如地，视天位如敝屣，然后可以言皇帝复辟，而宪政必无不行之虑。"则吾向者为《正仇满论》既驳之矣。

盖自乙未以后，彼圣主所长虑却顾，坐席不煖者，独太后之废置我耳。殷忧内结，智计外发，知非变法，无以交通外人，得其欢心；非交通外人，得其欢心，无以挟持重势，而排沮太后之权力。载湉小丑，未辨菽麦，铤而走险，固不为满洲全部计。长素乘之，投间抵隙，其言获用。故戊戌百日之政，足以书于盘盂，勒于钟鼎，其迹则公，而其心则只以保吾权位也。曩令制度未定，太后夭殂，南面听治，知天下之莫予毒，则所谓新政者，亦任其迁延堕坏而已。非直堕坏，长素所谓拿破仑第三新为民主，力行利民，已而夜宴伏兵，擒议员百数，及知名士千数，尽置于狱者，又将见诸今日。

……

今夫建立一政，登用一人，而肺腑昵近之地，群相谨诼，朋疑众难，杂沓而至，自非雄杰独断，如俄之大彼得者，固弗能胜是也！共、骧四子，于尧皆葭莩姻娅也，靖言庸回，而尧亦不得不任用之。今其所谓圣明之主者，其聪明文思，果有以愈于尧耶？其雄杰独断，果有以侪于俄之大彼得者耶？往者戊戌变政，去五寺、三巡抚如拉枯，独驻防则不敢撤，彼圣主之力，与满洲全部之力，果孰优孰绌也？由是言之，彼其为私，则不欲变法矣；彼其为公，则亦不能变法矣。长素徒以诏旨美谈，视为实事，以此诳耀天下，独不读刘知几《载文》之

章太炎（1869—1936）

147

篇乎？谓魏、晋以后，诏敕皆责成群下，藻饰既工，事无不可。故观其政令，则辛、癸不如；读其诏诰，则勋、华再出。此足以知戊戌行事之虚实矣。

且所谓立宪者，固将有上下两院，而下院议定之案，上院犹得以可否之。今上院之法定议员，谁为之耶？其曰皇族，则亲王、贝子是已；其曰贵族，则八家与内外蒙古是已；其曰高僧，则卫藏之达赖、班禅是已。是数者，皆汉族之所无，而异种之所特有，是议权仍不在汉人也。所谓满、汉平等者，必如奥、匈二国并建政府，而统治于一皇，为双立君主制而后可。使东三省尚在，而满洲大长得以兼统汉人，吾民犹勉自抑制以事之。今者满洲故土，既攘夺于俄人，失地当诛，并不认为满洲君主，而何双立君主之有？夫戴此失地之天因，以为汉族之元首，是何异取罪人于图圄，而奉之为大君也？乃曰："朋友之交，犹贵久要不忘，安有君臣之际，受人之知遇，因人之危难，中道变弃，乃反戈倒攻者！"诚如是，则载湉者，固长素之私友，而汉族之公仇也。

……

要之，拨乱反正，不在天命之有无，而在人力之难易。今以革命比之立宪，革命犹易，立宪犹难。何者？立宪之举，自上言之，则不独专恃一人之才略，而兼恃万姓之合意；自下言之，则不独专恃万姓之合意，而兼恃一人之才略；人我相待，所倚赖者为多。而革命则既有其合意矣，所不敢证明者，其才略耳。然则立宪有二难，而革命独有一难，均之难也，难易相较，则无宁取其少难而差易者矣。虽然，载湉一人之才略，则天下信其最绌矣。而谓革命党中必无有才略如华盛顿、拿破仑者，吾所不敢必也。虽华盛顿、拿破仑之微时，天下亦岂知有华盛顿、拿破仑者？而长素徒以阿坤鸦度一蹶不振相校。今天下四万万人之材性，长素岂尝为其九品中正，而一切检察差第之乎？藉曰此魁梧绝特之彦，非中国今日所能有，尧、舜固中国人矣，中国亦望有尧、舜之主出而革命，使本种不亡已耳。何必望其极点如华盛顿、拿破仑者乎？

长素以为中国今日之人心，公理未明，旧俗俱在，革命以后，必将日寻干戈，偷生不暇，何能变法救民，整顿内治？夫公理未明，旧俗俱在之民，不可革命，而独可立宪，此又何也？岂有立宪之世，一人独圣于上，而天下皆生番野蛮者哉？虽然，以此讥长素，则为反唇相稽，校轸无已。吾曰不可立宪，长素犹曰不可革命也。则应之曰："人心之智慧，自竞争而后发生，今日之民智，不必恃他事以开之，而但恃革命以开之。"且勿举华、拿二圣，而举明末之李自成。李自成者，迫于饥寒，揭竿而起，固无革命观念，尚非今日广西会党之侪也。然自声势稍增，而革命之念起；革命之念起；而剿兵救民、赈饥济困之事兴。岂李自成生而有是志哉？竞争既久，知此事之不可已也。虽然，在李自成之世，则赈饥济困为不可已，在今之世，则合众共和为不可已。是故以赈饥济困结人心者，事成之后，或为枭雄；以合众共和结人心者，事成之后，必为民主。民主之兴，实由时势迫之，而亦由竞争以生此智慧者也。征之今日，义和团初起时，惟言扶清灭洋，而景廷宾之师，则知扫清灭洋矣。今日广西会党，则知不必开衅于西人，而先以扑灭满洲、剿除官吏为能事矣。唐才常初起时，深信英人，密约漏情，乃卒为其所卖。今日广西会党，则知己为主体，而西人为客体矣。人心进化，孟晋不已。以名号言，以方略言，经一竞争，必有胜于前者。今之广西会党，其成败虽不可知，要之，继此而起者，必视广西会党为尤胜，可豫言也。然则公理之未明，即以革命明之；旧俗之俱在，即以革命去之。革命非天雄、大黄之猛剂，而实补泻兼备之良药矣！

　　长素以为今之言革命者，或托外人运械，或请外国练军，或与外国立约，或向外国乞师，卒之，堂堂大国，谁肯与乱党结盟，可取则取之耳。吾以为今日革命，不能不与外国委蛇，虽极委蛇，犹不能不使外人干涉，此固革命党所已知，而非革命党所未知也。日本之覆幕也，法人尝通情于大将军，欲为代平内乱。大将军之从之与否，此固非覆幕党所能预知。然以人情自利言之，则从之为多数，而不从为少数；幸而不从，是亦覆幕党所不料也。而当其歃血举义之时，固未尝以其必从而少沮。今者人知恢复略有萌芽，而长素何忍以逆料未中之言，沮其方新之气乎？呜呼！生二十世纪难，知种界难，新学发见难，直人心奋厉时难。前世圣哲，或不遇时，今我国民，幸睹精色。哀哀汉种，系此刹那，谁无父母，谁无心肝，何其天阏之不遗余力，幸同种之为奴隶，以必信其言之中也！且运械之事，势不可无，而乞师之举，不必果有。今者西方数省，外稍负海，而内有险阻之形势，可以利用外人而不为外人所干涉者，亦未尝无其地也。略得数道，为之建立政府，百度维新，庶政具举，彼外人者，亦视势利所趋耳。未成则欲取之，小成则未有不认为与国者，而何必沾沾多虑为乎？

......

夫以种族异同明白如此，情伪得失彰较如彼，而长素犹偷言立宪而力排革命者，宁智不足，识不逮耶？吾观长素二十年中，变易多矣。始孙文倡义于广州，长素尝遣陈千秋、林奎往，密与通情。及建设保国会，亦言保中国，不保大清，斯固志在革命者。未几，瞑瞒于富贵利禄，而欲与素志调和，于是戊戌柄政，始有变法之议。事败亡命，作衣带诏，立保皇会，以结人心。然庚子汉口之役，犹以借遵皇权，密约唐才常等，卒为张之洞所发。当是时，素志尚在，未尽澌灭也。唐氏既亡，保皇会亦渐溃散，长素自知革命之不成，则又瞑瞒于富贵利禄，而今之得此，非若畴昔之易，于是宣布是书。其志岂果在保皇立宪耶？亦使满人闻之，而曰长素固忠贞不贰，竭力致死以保我满洲者，而向之所传，借遵皇权、保中国不保大清诸语，是皆人之所以诬长素者，而非长素故有是言也。荣禄既死，那拉亦耄，载湉春秋方壮，他日复辟必有其期，而满洲之新起柄政者，其势力权藉，或不如荣禄诸奸，则工部主事可以起复，虽内阁军机之位，亦可以觊觎矣。长素固云："穷达一节，不变塞焉。"盖有之矣，我未之见也。

抑吾有为长素忧者，曩日革命之议，哗传于人间，至今未艾。陈千秋虽死，孙文、林奎尚在；唐才常虽死，张之洞尚在；保国会之微言不著竹帛，而入会诸公尚在；其足以证明长素之有志革命者，不可件举，虽满人之愚蒙，亦未必遽为长素欺也。呜呼，哀哉！南海圣人，多方善疗，而梧鼠之技不过于五，亦有时而穷矣。满人既不可欺，富贵既不可复，而反使炎、黄遗胄，受其蒙蔽，而缓于自立之图。惜乎！己既自迷，又使他人沦陷，岂直二缶钟惑而已乎？此吾所以不得不为之辨也。

若长素能跃然祗悔，奋厉朝气，内量资望，外审时势，以长素魁垒耆硕之誉闻于禹域，而弟子亦多言革命者，少一转移，不失为素王玄圣。后王有作，宣昭国光，则长素之像，屹立于星雾；长素之书，尊藏于石室；长素之迹，葆覆于金塔；长素之器，配崇于铜柱；抑亦可以尉荐矣。藉曰死权之念，过于殉名，少安无躁，以待新皇，虽长素已槁项黄馘，卓茂之尊荣，许靖之优养，犹可无操左契而获之。以视名实俱丧，为天下笑者，何如哉！书此，敬问起居不具。

章炳麟白。

（选自《章太炎全集·太炎文录初编》，上海人民出版社1985年版）

章太炎（1869—1936）

评析：

《驳康有为论革命书》是章太炎驳斥康有为《与南北美洲诸华商书》的长篇大论。康文洋洋万言援引今古，说明中国只可立宪，不能革命。章文历数清朝建立后对汉族的镇压与迫害，论述逻辑清晰、透彻，说明"公理之未明，即以革命明之；旧俗之俱在，即以革命去之。革命非天雄、大黄之猛剂，而实补泻兼备之良药矣！"只有革命，中国才有希望，才有光明前途。

《驳康有为论革命书》写成后于1903年6月29日在《苏报》上发表了摘录，题为《康有为与觉罗君之关系》；同月在上海出版了全文的单行本。以后曾多次翻印，还有与《革命军》的合刊本。在《康有为与觉罗君之关系》一文中，章太炎鼓吹革命，斥光绪皇帝为"载　小丑，未辨菽麦"。清廷为之震恐，照会上海租界当局，查封《苏报》，章太炎被捕下狱，邹容本来已避走，第二天又自动投狱。清廷以沪宁铁路管理为条件，企图引渡二人。上海租界当局为了执行治外法权不准引渡，结果判章太炎监禁三年，邹容监禁两年。章三年后出狱被请到日本东京编辑《民报》，邹容被迫害死于狱中。这就是近代历史上著名的"苏报案"。

（编撰：刘玉凯）

『是天民之先觉者』陈少白 （1869—1934）

陈少白（1869—1934）　清末著名革命家，孙中山忠实的追随者，清末著名"四大寇"之一。参与组织香港兴中会，筹划广州起义，事败之后，流亡日本，在横滨、台北等先后设立分会。1900年在香港创办《中国日报》，为中国革命报纸之鼻祖，宣传革命思想，与保皇派论战，使革命思想深入人心。广州光复后，任广东军政府外交司司长，不久辞职，投身实业，造福桑梓。他的一生，文能造势，武能安邦，被时人尊为"国叔"。

"是天民之先觉者"

他才华横溢，琴棋书画，无所不通；他最早追随孙中山，自觉革命，独领时代风骚；他创办报纸，笔扫千军，成为中国革命报业第一人；民国成立，他居功至伟，却激流勇退，投身实业，造福桑梓，善始善终。文能造势，武能安邦，他求真务实、为国为民的一生让后人见识了一代伟人的英雄本色和正气风骨，他就是时称"国叔"的陈少白。

反清青年革命志士

陈少白（1869—1934），原名陈闻韶，陈白，广东新会人。出生于一个基督教牧师家庭，少小聪慧，擅长文学，能歌赋，善诗画；早年就读于美国长老会创办的广州格致书院（岭南大学的前身），接触西学，见识广博，思想开放。1890年前后，他与孙中山结识，两人一见如故，随后转入孙中山所在的香港医学院学习，与之朝夕相处，提倡革命。与此同时他们结识尤列、杨鹤龄，四人志趣相投，共以反清为目标，被戚友交游称为"四大寇"。陈少白从此追随孙中山，成为孙中山革命事业

《中国日报》

陈少白（1869—1934）

的重要伙伴和助手，与孙中山以兄弟相称。1894年，孙中山在檀香山建立兴中会，次年返香港与陈少白等人建立兴中会总机关，策划广州起义。后因谋事不密，起义失败，被清廷通缉，陈少白流亡日本等地，散播革命火种，筹措经费，继续策动武装起义。

主办《中国日报》畅言革命

第一次广州起义失败后，孙中山意识到革命宣传未能深入人心，是革命失败的重要原因，"将图国民之事业，不可不造国民之舆论"，因此决定出版革命刊物，传播革命思想。而陈少白文笔凌厉，口才敏捷，又精通外语，是革命党中的"才子"，因此孙中山就将此重任交托给他。1898年秋，陈少白从日本购进印刷机器、排版铅字等设备。1900年元月下旬，资产阶级革命派的第一张报纸——《中国日报》在香港创立。

陈少白任该报社长兼总编辑，杨少欧、陈春生、冯自由等先后任主笔，胡汉民、章炳麟等任特约撰述。当时国内封建阶级视革命党为洪水猛兽，孙中山的四处游说也是言者谆谆，听者藐藐。孙中山和陈少白对这份报纸寄予厚望，希望它能启迪民智，挽救中国的局势。取名为《中国日报》，有"中国者，中国人之中国也"之意。这份报纸也就成了中国"革命报纸之鼻祖"。

从创刊到1906年8月，陈少白一直掌管该报。在《中国报序》中，他写道："报主人见众人皆醉而欲醒之"，"因思风行朝野，感惑人心，莫如报纸，故欲借此一报，大声疾呼，发声振聩，中国之人尽知中国之可兴，而闻之起舞，奋发有为也。"从创刊开始，《中国日报》就倡言"大抵以开中国之风气、祛中国人之萎靡颓庸，增中国人兴奋之热心，破中国人之拘泥于旧习，而欲使中国维新之机勃然以兴"①，力倡"救国保民"、"复兴中国"。

在他的主持下，《中国日报》一方面猛烈抨击清政府的腐败无能，对保皇党的言论大加鞭挞；另一方面传播民主共和的思想，声援革命党人的革命活动，报道各地的革命思潮。其中一大批宣传民主革命的文章在海内外产生了很大影响，《民主主义与中国革命之前途》等更是成为轰动一时的名篇。《中国日报》也成为当时影响力最大的报纸。"不数年，国内商埠，海外华侨，闻风兴起，同主义之报林立。"②正是由于《中国日报》的宣传，广造革命舆论，对人民大众起了教育和鼓舞作用，成为资产阶级民主运动的号角。在它的不懈宣传下，社会大众对革命的认识有了根本性转变，革命支持者日益增多，广州地区革命条件越来越成熟。

1911年以前，《中国日报》不仅是革命党在华南的重要舆论阵地，还是香港的革命基地，联络革命志士、组织策划起义的据点。国民党元老邹鲁在他的《中华民国开国前革命史》一书中，曾记述这份报纸的作用："自广州一役失败后，中山久在日本重图大举，知创设宣传机关之必要，始于己亥秋间，派陈少白至香港筹办党报，兼为一切党务军务之进行机关……香港中国日报为革命机关之枢纽，自己亥以迄辛亥年此十三年中，兴中会及同盟会所经历之党务军务，皆藉此报为唯一之喉舌，中间遭遇无数之风潮，及重大阻力，均能独立不挠，奋斗不懈，清、英二国政府，均无如之何……"③，把办报和武装起义等实际革命活动紧密结合在一起，是《中国日报》的一大特点。

实践报刊业务改革

陈少白（1869—1934）

作为一个革命派的报人，陈少白很注意报刊如何能切实有效地宣传革命思想，想方设法提高宣传效果。报纸创立之初，陈少白注重传播策略，不公开排满，以防清政府有借口查封报纸。他常常在文字里巧妙表达反清革命的主张，由于技巧高超，清政府虽恨之入骨，也无可奈何。就拿打击清朝末代皇帝溥仪来说，《中国日报》没有正面出击，而是拟定一上联曰："未离乳臭先排汉"，向该报读者征求下联，并委托海外各党报代为征集。海内外应征者极为踊跃，收到对联在十万件以上。这样既省时省力，又对清王朝极尽冷嘲热讽之能事，引得粤港各家报纸纷纷效仿。

在内容安排上，报纸分"庄"、"谐"两个部分，"庄部"是正面论述的文章及新闻报道，"谐部"则刊登小说、掌故、打油诗等轻松诙谐文字，相互结合，旗帜鲜明地鼓吹革命。此举引得其他报纸竞相效仿，此后的香港报纸均设有"庄部"和"谐部"两部分。

在编排上，陈少白也积极进行改革，他将《中国日报》从中文报纸的长行直排改为短行，便于读者阅读，开中文报纸之先河。在此之前，各地的中文报纸排印一律采用直排长行，阅读相当不便。陈少白力排众议，文字版编排借鉴日本报纸版式，版面均分为 6 个横栏，字行缩短到 15 个字，便利阅读。"中国日报始仿日本报式作横行短行。初时人多异议，中国日报毅然不屈。未几，香港、广州、上海多报陆续改用横行短行，是亦报式革命也。"④

157

中国日报馆除出版日报外，还出版《中国旬报》，十日一册，主要登载中外重要新闻、名人言论以及知识性文章，同时发表许多讴歌革命的文艺作品。《中国旬报》设有"杂俎"专栏，利用广东民间喜闻乐见的说唱戏曲等文艺作品，讽刺昏庸腐朽的清朝官吏。《中国旬报》停刊后，"杂俎"专栏移入日报，改名《鼓吹录》，成为中国报纸最早的文艺副刊之一。

为了向基层群众宣传革命，陈少白还大力提倡广东戏剧，先后创立了"采南歌"、"振天声"等剧社，亲自编剧，书写民族大义，提倡革命思想。他所创造的《自由花》《赌世界》等剧目在当时广受欢迎，更是今天广州粤剧的雏形。

1906年春，陈少白在《中国日报》上载文激烈抨击粤督岑春煊的"违法占权"行为。岑恼羞成怒，下令禁止《中国日报》入境，《中国日报》在广东之销路由是断绝。是年8月，陈少白辞去社长兼总编辑职务，改经营实业。

投身政治，兴办实业，立国安邦

1905年，中国同盟会在日本成立，陈少白、冯自由等人便在香港以兴中会为基础，进行改组，大量吸收新会员，又利用香港中国日报社为会址，于秋冬间正式成立中国同盟会香港分会，陈少白被推选为会长。1911年11月，辛亥革命期间，广东宣布独立，胡汉民为都督，陈少白出任广东都督府外交司长；1912年2月中华民国成立，孙中山在南京宣誓就任临时大总统，外交权归中央，陈少白辞去外交司长职，仍留广东致力发展交通事业。1921年5月，孙中山在广州就任非常大总统，陈少白、杨鹤龄、尤列被聘为总统府顾问，"四大寇"重新聚首。然陈炯明旋即兵变，孙中山脱险北上。陈少白再度请辞，回到故乡。1925年孙中山逝世后，陈少白回到新会外海乡担任乡长，热心于家乡建设，办学校，修建道路、市场等公共设施，并创办了以移风易俗为宗旨的《外海杂志》，为我国最早的乡报。1934年底，病逝于北平，终年65岁。

陈少白身为革命报人，进可以立国安邦，退可以著述立言，以如椽巨笔针砭时砭，撼动人心；他终身革命却不做大官，只求强国之道，为百姓谋福祉。后人称他为"是天民之先觉者"，是对他一生最好的评价。

注释：

①丁守和：《辛亥革命时期期刊介绍》第二集，人民出版社1982年版，第3页。
②陈少白：《兴中会革命史要》，中国文化服务社1941年版，第62页。
③韦金燕：《陈少白与〈中国日报〉》，见《青年记者》2010年第6期。
④《革命逸史》初集，中华书局1981年版，第66页。

陈少白（1869—1934）

作品选编

东亚联合要旨

陈白，字少白，粤东志士。年少气锐，盛说东亚策，言语明晰，议论风生，亦可谓一个奇男儿。通清国各地话，兼能英语，前年因事去邻国流寓本邦。顷日寄言述所感，即左一篇也。

门协氏绍介

作者小传略附作文缘起（自叙）

陈白，广东士人也。甲午战后，因事不得于清政府，至为所窘，遂整装东行，作海上逍遥计，亦欲有以开拓其眼界，时乙未十一月也。及睹时局岌危，不可朝夕。而我两国为东方巨擘，责任在专。唯彼此下民，以战事决裂之故，仇视之心，未或稍泯。至于一洲大势非能以动其衷，而破其陋见，白因作联合东亚要旨，布之报章，冀有以耸见小者之听，而措我亚于磐石云。

陆宣公有言：以言感人，感人已浅，言之不善，何以能怀。谓以德入人者，不可轻得，犹望人之能善感以言也。

五洲大局，幻入风云，四百年来欧洲以文化自鸣，近五十年，且恃其区区之富强，凌轹东国，稍有不满，便恣意攻取攘夺，如待奴仆，若报怨雠。我亚之聪明，蔽塞于暴君贼臣之政，千有余载，孱懦昏怯，震震然睨而旁视，莫敢谁何。

东海中有日本，同受挫辱，翻然改图，弃短从长，年未三十，而百废具举。然而，耽耽逐逐者，仍呼群引类而来，撤我藩篱，窥我堂奥，大有囊括席卷之势。由是，皇然心急，跋足四顾，西有支那，酣睡若死；北有高丽，荏弱如孩；及西有印度、缅甸，而奴于英；极南有安南，而隶于佛；暹罗身陷虎穴，奄奄一息，不可终日；至于极北，东西万里，平沙无垠，横踞亚背，而入于海者，异日为我一绝大兽蹄鸟迹之道也。由是有甲午之战，割地索费，以为支那当头之一棒。无如君相委靡而少仁，官府贪残而无耻，恬嬉顽惷不让曩日，又复开门揖盗，结好于一不尴不尬之露，无何而高丽亦陷于阱焉。亚洲之大，几无完国，亚局之望，亦已绝矣。

日本抱先觉后觉之雅志，而为觉罗氏一念之私以败之，是果亚局从此不可以收拾矣乎？然清政府之不可以共事也如此，曷不更用之于四百余州之民乎？夫国者，积民而成者也。君相者，代民而治者也。国以民为本，是政府国之末而已。溯其末而求其本，其势逆；由其本以达其末，其势顺。今失其末而势逆者，尚有本而势顺者在也：是所失者小，而尚在者大也。然则今日我亚之最后之望者，惟有联吾洲之民心而已，并此失之，望斯绝矣。

战事前后，日本之演说家、著述家及新闻家，笔秃舌干，莫不以联合东邦为救亚之第一策。即近日支那之远识者，亦靡不以此说为常谈，冀有以动衮衮者之听，其说散见于各省之新闻纸者，不少概见。今以政府异见之故，间有着眼在民者，而要皆轻轻著笔，否则隔壁搔痒，鲜有能言。所以联亚民之善策，而详陈其条目，且的中其肯綮者。

试问清国乘新败之后，入怀怨愤，常情大抵皆然，而忽以刃血未干新仇之人，约以共图机未成局未见之国，强者将抚剑疾视，弱者亦不顾而唾耳，谁遑味其言而允与同事也哉！而或者谓此皆庸人之见耳。事关国家，责在士君子，既曰士君子，当不尔也。不知此论正今日君政之国最大之缺点。书曰：纣有臣亿万，唯亿万心；朕有臣三千，唯一心。臣，训民也。夫有民亿万，以不一其心而失天下，今徒晓其士君子而忽其民，是上下不同心矣，尚可以共持大局者乎？而或者又谓大使言和，慎订条约，两国臣民有目共睹，谁不知干戈久已化玉帛耶？不知有挟行成，难诚不信，区区约章，不过债款之实券，修睦之具文而已。其未见此约章者无论已，然则处吾亚之局者，不亦殆哉，而吾亦有说。

陈少白（1869—1934）

但凡物之格格不入者，必有干阻于其间，而欲洽而融之者，非有以通之不可，人情亦犹是耳。然则通亚民之情奈何，一曰通言语，一曰通文字。

今日外交之道，遇有国事相交涉，于是慎择使臣，精选陪从，约以地限以时，官样应酬而外，不敢多置一词，恐贻陨越也。惟民则不然，言话相投遂成至契。贸迁者，欢联社会；游历者，款洽主宾，甚则盟弟兄，订嫁娶，初未尝以山河疆域之或异；而易其蕴结之至意，是通情好者，只可求之在民，而不求之于政府也明矣。然而土音纷杂，省郡相殊，如支那十八省，有北话、南话、苏白、闽音、广噪等之迥别。至细分之，则北话之于天津，南话之于湖南，苏白之于上海，闽音之于厦门，广音之于客家，又各自不同。其中界一山、隔一水，纷歧杂出，不能缕计。以平常人资方计之，至少三年，方可以通一方之言语，而宣达其款曲，是尽一生之精力，亦不能遍解。一支那之语，以周行其国，则不得不择其精而赅者，以肆力而求之矣。所谓精而赅者，根柢于广噪，而辅之北话是也。常人胥以为北话为京畿官话，用之可以纵横廿一省，在支那人用之则然矣，在外人用之则大不然也。国事交际，尊爼之旁，如上所云，官样应酬而外，不敢多置一词，其用之，时有限也，地有限也。唯广噪则遍布地球，何有廿一省，听夕必需，何限时刻。何以言之，查地球寄留外国人数，以支那为首屈一指，美洲、澳洲、日本、俄国、南洋海岛、安南、暹罗、缅甸、印度及欧洲以西，或多或寡，数百千万总不绝支那人之足迹之人也，皆广东人也。其中或杂以闽、浙、苏三省之人，而不过百中数人而已。至国内之通商口岸，厦门、福州、杭州、上海、苏州、镇江、九江、汉口、重庆、沙市、天津、燕台、太沽、牛庄、北京以至于内地，无处不到，要皆能握商务之大权，掌财源之总路。支那所到之区，即日本人所到之区，随地会晤，则随地会谈，是广噪之用，不限于地之谓也。

今日外交商情，十居其九，支那商民，广东人也。广东人所散处诸地，即天下人散置之市场，而为日本人之所必趋者也。货市电价，急于兵火，卖买会话，岂有问朝夕日夜者乎？是广噪之用不限于时之谓也。

且用广噪，其利有四：一曰固邦交。广东地势濒海，人习风涛，外国经商视为熟径，所以谙外情者，广东人为最。今我等蒿目亚局之陵夷，而欲联其人以自固，即日本人民，皆怀此志，又安能买棹西航，执支那人而逐一告之哉。今之居留广东人，在日本者，在外国之与日本人杂处者，若是之众，酬酢晋接之间，示以恳挚之色，感以关切之言，始或不顾终能猛醒，归而持其说以告其亲友邻里，渐而及于政府，将宿恨潜消，恩信渐洽，则亚洲之局，渐有望矣。此收用广噪之利者一也，北话无济也。

二曰扩商务。广东人善权什一，遂专支那商政之权。日本正在整顿商业之秋，我两国土货工作之待销仰给者，同其消息，且外洋交易，藉相扶持者，实非浅尠，使能臭味相投，大局相顾，则必无倾轧抬压之弊，而商务必日见起色，此收用广噪之利者二也，北话无济也。

三曰便学习。支那言语，纷杂之故，大约有两大端。支那六书，首在象形，文字万千，音音自异，非如罗马之字母，及日本之假名，有一定之音，且简捷易记。故支那人之散处既久者，忘其字音，妄为悬拟者有之，以此代彼，彼此相错者有之，此一端也。言语之用，所以道达诚意，诚意不达，不如勿言。凡异国人与异国人相会话，务设法以令彼此会意，不暇求其字音之正误，用久成习，遂成土音。而在支那不定之字音，更易流于此弊，此又一端也。近时京省在燕，自然以北话为宗主。然北话峻急躁烈，且音不全，计中国音有九，北话只得其四，上平、下平、上、去是也；混上上、下上、上去、下去为一，而抹煞中、上、下之入声，故其字义淆乱，难以一听而解。南话虽和，且全备九音，而韵不足，无 PM 两韵，如林本 M 韵，而南话置之 N 韵，读之为 Lin。答本 P 韵，而南话置之 I 韵，读之为 IST，余皆类此。唯广噪则温和柔逊，既全九音，又多二韵，有上平、下平、上上、下上、上去、下去、上入、中入、下入，林不读 Lin 而读 LBM，M 韵也；答不读 IBT，而读 IBP，P 韵也，余亦类此。且字音平庸，珍重言之，南北人可解，即闽浙及其余之人，亦无不可解。至于闽音、苏白，则惟其土人自解之而已。且西人以广东开埠最先，历年麇集于此，其学广噪之书，汗牛充栋，此中善本极多，则凡通英话者，由而习之，成功最速，故谓广话为便学习者此也。此收用广话之利者三也，北话无济也。

四曰借臂助。支那地运，自北而南，慷慨悲歌之士不在燕而在粤。通商以后，人怀远志，履浩海如坦途；视异种如同类，故能富甲二十一省，才出四百兆人。且半面临海，不恤风波，他日歃血会盟，相驰逐于太平洋之洪涛巨浪中者，舍广东人又将谁属，则欲结交於无事之时，激励于有事之日，非平日通其声气，厚其款接，以商榷咨度，曷克臻此。此收用广噪之利者四也，北话无济也。

然教者非人，终贻后累，故教习必以土著之人，盖言语一道，比

163

文字工艺，十倍之难，学者非濡染于童年，操练如日课，则虽置身于庄岳十载，亦不过得其糟粕，效其形似口吻未肖也。各方土语，俱有一天然之妙谛，声口之高下疾徐，神态之宽迫闲肃，有非可于字句音韵中摹拟者，使学者求学于此等有声韵而无神理之师，不将讹以传讹，误因更误，而日降愈下乎？况乎支那言语，虽因地各异，而同出于一本之文字，其中声音之相同者，相近者，及相异者，或差累黍，或隔天渊，若非土著谁能谛辨。外国人之操支那语，而精善者固不鲜，而一入土人之耳，则知其音或混于邻音，或拘于正音，一句之中，一字之内，必不能得其妥贴自然。使其人又持以授徒，相习日久，驳杂遗忘，不数传，又多一种支那土音矣。如今日日本人之所谓汉音者，支那人不解，而日本人自解之，不可以为前车之鉴乎！

支那各大之区会之方言馆，多置日本语学一科，广聘日人以当其职，支那亦知为不容缓矣，长谷川雄太郎一帆无恙，安达珠江。他日我两国人，相遇于途，握手问好，情意殷殷，如出天性，外人尚能从中离间而唆弄之也哉。是通亚之情，首在通言语也。

夫广噪音韵之全，声气之广如此，则凡学之而精者，稍辨声音之同异，字音之高低，便可操南北之话，诚转移间之事耳，先从事于北话者，无此便利也。

然而支那幅员数万里，人民数百兆，其远而僻者，足不踏外地，目不见外人，则操支那语者虽多，其势万难遍及，且乡曲小民，淫于习俗，更有非唇舌可以折而服之者，则非济以文字不可。

文字之道为何，则仿西人之新闻纸而行之也。欧美大邦盛行新闻之风，万千百十家不等，其功力、权力，有不可以意测度者，如操觚者得人，可以一言倡政柄之从，违定舆情之向背。至其通上下之情，联内外之谊，增益民智，壮大国势，服用起居之微，言谈举止之细，无不可以为万众法。日本知其利，刊发日盛，政府知其利，保护维殷，可谓知其所务矣。然继而又以文字之缘，限于疆宇。日文新闻，日人自读之，即有互相译印者，局面终小，未能宣达旨意，是以前岁有NAJION'S FRIEND，今年有JAPAN JI，MFS，则其设想立意之妙，复绝流俗，为莫可及。何则，夫今日文明，以欧洲为盛，欧洲大国，以英为雄。今忽捌两英字新闻于用假名文字之国，诚以英国商务，遍于天下，言语便于四方。用一英字之新闻无异用欧美亚澳非五洲之文之新闻。而日本有欲与天下人言之言，可附此二新闻而出之，不劳重译而直达也。其收利之广，非常物之可以比伦也。万国有政刑之改革，军实之情伪，及各良法美意，藉此新闻而传之，不劳重译而直达也，其收利之广，又非常物之可以比伦也。更何从搜索日本毫发之遗憾乎？

然世有政刑明，水陆固，国富民智，而卒不能以自立者，其故何也？其形势单也，其应援薄也，其异类相逼，同类相离也。今日本于西国所谓文明进化之政，描摹刻画，惟妙惟肖，而忧世者尚有歉然不能自足，而发亡国之音者，又何哉！诚以满政凌迟，版图日蹙，朝廷委靡，政令在人，区区三山，浮鸥逐浪，瞻言四顾，骨肉消沉耳。然而神州陆沉，楚囚对泣，何裨时局世之唏嘘匡卢，书空咄咄，而不亟图一救急扶危之策者，未得自命为俊杰也。

今日日本文风日盛，尚攻涉猎，随地皆然，有所谓国文、时文、欧文不等。更前之所鄙夷而高阁置之之汉文，亦从取而温习之，研求之，不止一人，不惟一地，筑坛起社，征课会盟，若不暇焉。如今年之东亚学会，其昭昭者矣。其研习之宗旨，殆不出数端，曰经学、曰史学、曰理学、曰词藻学，推陈出新，勾剔入微，水户以还，於斯为盛。而六朝靡丽，朝廷朝暮易人；元曲声情，宫闱荒淫无道；清代袭前明之陋，以帖括诗赋为士子进身之路，遂使天下优秀，埋首于剿袭，堆砌数百字之中，老死而不悔以至人才乏绝，国步艰难，礼乐政刑，日流愈下，岂文字真足以害人家国哉？不善学者之过耳。

然则今日之业汉学者，其必有以挽时局之危，免前人之弊者而后可欤。今日本之为政也，弃专制而重民权，准舆情而崇清议，是以新闻之权利，比别项而更优，为之民者，不能出奇策以扩社稷久远之图，奠邦家金汤之固，将毋负此国家乎？今之所谓奇策者，继学支那语而后印刷一汉字新闻，以消流日本支那高丽三国，人使读之者，皆知同类之可资，异族不可恃；小嫌不足较，大敌尤可防；旧习不可为，新法亟宜举，憬然而悟。知所为人，地本兄弟，势实唇齿，联亚洲之心以为心，认黄人之类以为类，守望既固，犄角势成，灭豺虎包藏之祸心，褫鬼蜮觑觎之恶魄，永安土宇，共庆太平之谓也。

惟其事固国家臣民之事，其责则业汉文者之责也。夫能英文者能于和文而外，别刓英字新闻，以通五洲之消息，彼固知其要而后出此。而汉文新闻为今日之尤要，业汉文者，不能倡而行之，以结亚洲之声气，而从事于批风抹月，摘句寻章，理本中庸，务求穿凿，才堪倚马，技实雕虫，世岂少雕人物者眉目如生，刺鸳鸯者精神欲活，不善学者正复类此，又何以挽时局之危，而免前人之弊也哉。吾所以谓创汉字新闻以挽时局，为业汉学者之尚责也，听者其有意乎？请终其说。

查日本之社会，其留心亚事者，不一而足，其肆力汉文者，不少概见，法宜联集各已成之社会，如东邦协会，昔之兴亚会等，及支那高丽有心时事者，以厚其赀力。东京为首善之区，物力所充，人民文所萃，择一妥地，以总设馆，主笔政者，先择日本支那高丽之有广心、有巨眼、而善属辞者，各一人以当之。如事过烦剧，则各佐以副，文字则以词达理举，痛切盹诚，不亢不卑，宜雅宜俗者为主盖。笔政必主以三国人者，以此新闻之畅流，期于三国，人情嫉妒，褒己贬人，今之建议立论者，出自己国之手，必可泯其人我之陋见，而导之卒读，以收其效。出纸之期除星期之外，最妙每日一张，其效较速，纸内大概分为论说、时报、考据、理学、史传、词藻、诗谜、告白等类论说，必以有关于亚局者为主脑。三人各抒己见，按日轮刊，若名言谠论，美不胜收，则同日共刊之，亦无不可。时闻为见闻之门，惩感之鉴，故所采必博，所录必真，至于考据、理学、史传、词藻等类则有志者、力学者，附寄选刻，以征赏奇疑析奇之雅，借以石攻玉之功。诗谜细端，亦在收采者，则茶头酒尾之余，丹铅几席之侧，未尝不可以资话柄，养性灵。告白一门，既可以广事物之流传，又可以济经费之匮乏，其利甚溥，在所必需。若夫消售之法，使其文畅事确，可卜不胫而驰，商埠遐陬，俱能寄售，即欧美南洋各埠之有我三国人之轮蹄马迹者，亦先睹为快，其消场不虞其不广也。惟其消场广，斯其感人深，感人深，则其见效必矣。

世之谈救亚之策者，学支那语而外，舍此奚适。语曰：此而不图，何者为急，某君以日本人之学汉文、支那语，比诸欧人之学希伯来、希腊、罗马文字，可于学问上矜淹博，以此较之，其相去尚不止霄壤也。不河汉斯言，毅然行之，亚洲幸甚。

（原载《东亚学会杂志》，1897 年，日本，
选自《陈少白年谱》，岭南美术出版社 1999 年版）

评析：

1895 年，清廷北洋水师与日本海军遭遇甲午海战而大败。同一年，革命党人在广州发动反清起义，事败后纷纷逃亡日本和南洋。陈少白跟随孙中山乔装东渡日本，船行途中，想到清政府的颟顸无能和日本的侵略，就在船上写了这篇《东亚联合要旨》，并投给报刊发表。该文提出，今日的日本和中国同为东亚国家，同样面临欧洲列强的侵略。日本汲取教训，发愤图强，才摆脱被欺凌地位，遂有甲午之胜。中国虽然战败，但败的只是清政府，并不是民众。只要民众由此幡然醒悟，后起直追，则必能再造复兴。而要使民众醒悟，就必须通语言文字，即发展西方式的新闻业。文章表明了陈少白从投身革命向关注舆论宣传的转变，这一转变的结果便是革命党的第一份机关报《中国日报》。

陈少白（1869—1934）

哀 徐 桂

天下之最可痛者，莫徐桂一狱若；天下之最可愤可恨者，又莫若清官之判徐桂一狱若。

夫徐为香山实业学堂教习，因地方公益事故，与何鼎元构讼，致为所拘陷，为所罗织，而徐桂之冤狱以成，而清官判徐桂以"谣言太重"四字之冤狱已成。哀哉徐桂！哀哉未来一般之徐桂！

夫"会党"二字，非政界之所忌而迫于扑灭者乎？故人无论为纯谨、为恶劣、为束身自爱、为慷慨好义，一坐以会党之大题目，鲜有不杀头流血，九泉饮恨者也。夫满清自二百六十余年来，各省驻防，为防家贼计，早已嫉忌我汉人，加以太平天国一役、汉阳一役、惠州一役，前仆后继，肝脑涂野，血雨腥风，至今未艾，满人于此，谁不魄悸魂惊！

近年以来，万福华尚未出狱，而吴樾车站轰炸五大臣之案，寻复发现，此剧一演，而满人防家贼之政策益严烈，风声鹤泪，草木皆兵；蛇影杯弓，而徐桂不免于狱，而"谣言太重"四字，见以沈桌之批。鸣呼徐桂！鸣呼一般之徐桂！

上以是求，下以是应。清廷既以"会党"二字严求于疆吏，疆吏复以"会党"二字严求于府州县，府州县以博宠计、邀功计，于是守其平日血染红顶之政策，饬差四处罗缉、四处密拿。夫会党非随处皆有也，差役穷于所获，上必有以严责，以清国之狼差虎役，有何良心！只求有以消吾差耳。既穷于所获，势必将平日之与吾有仇隙者捕之，曰：此是"会党"也。良民之无辜者，将且不免，况徐桂剪吾辫、易吾服，前有何鼎元之构陷罗织，后有疫党之运动也哉！于是而徐桂之狱不免，岑督判徐桂以"谣言太重"，暂行监禁所不免。鸣呼徐桂！鸣呼未来一般之徐桂！

鸣呼！鸣呼！三字奇冤，千古共愤。何图以粤省自号开通之大吏，而竟以无凭无据，不伦不类，"谣言太重"之四字判徐桂于狱也，此真地球万国之所罕闻，而为最野蛮、最黑暗之清国所独有也。悲夫悲夫！

吾国民处于异族专制政体之下，内而受虐政之残贱，污吏之罗织，恶劣之构陷，奸人之暗算；外而强权苛例，凌轹践踏，鞭挞淫辱，牛马奴隶之不若，吾国民其真无立足地矣。噫！时耶命耶？亡国遗民，无可告诉，何止一徐桂也。吾言及此，吾喉咽、吾泪下、吾心痛、吾无暇为徐桂哭，而为我汉族四万万同胞哭矣！

今者徐桂之狱成矣！暂行监禁，直永远监禁矣！

黑狱沉沉，暗无天日。阅其报又知为监中牢头李照所苛虐矣。我同胞对此，其忍恝然视之乎！夫吾辈日日言救国，日日言救同胞，国如斯其大，同胞如斯其众，犹欲思有以救之，岂区区为民请命之徐桂，则不能救耶？

噫！吾今有知吾粤学界平日之满口救国救同胞者，类皆纸上谈兵，空言无补也。然不能独为吾粤学界责也。徐为香山人，为香山人除大蠹、谋幸福，至于下狱，香山学界，应有切肤之痛，而竟漠然视之，置若罔闻，言念及此，不能无责言于香山学界诸公也。语曰："锦上添花有，雪中送炭无。"余每念斯二语，心内不禁恻恻然悲，未尝不叹世道日衰，江河日下，而人情世态之竟如斯也。哀哉徐桂！哀哉未来之徐桂！

抑吾闻之：徐君一贫如洗，自去年入狱，至今固尚未通门头，即监内之招呼钱（监内有招呼钱之名目，牢头要之），亦无人代为之请派，监内通门头，未派招呼钱者，则牢头视之若牛马、若奴隶，多方苛难，多方凌虐，或吊或打，无所不至，其惨状有不堪言者，幸而徐桂得何、黄等为之照料，不至若是之苛酷耳。不然，吾恐徐桂不冤死于野蛮官吏之下，而惨死于监中野蛮狱卒之手也。呜呼徐桂！呜呼未来一般之徐桂！

呜呼我同胞！呜呼我学界！徒哀无益也，适足以增徐桂之怆矣。必当有以研究营救徐桂之策，营救之不能，亦当联集同志，慨助徐君之狱中费，使之不至为牢头所苛虐，不至有饥冻之痛苦，所益于徐桂者甚小，而于未来之徐桂甚大也。记者与其无一面缘，不过以徐君因公被逮，既无辜而抱不白之冤，复无辜而受牢头之虐，吾同胞又安能坐视之耶！记者虽无力，亦当节衣缩食，以附同胞之骥尾。同胞同胞，其有慷慨任侠，乐善好施，而赞成斯说乎？其速行之！

悲夫悲夫！徐桂以"会党"二字，陷之于前，马潘夏亦以"会党"二字狱之于后，处此黑暗世界之中，野蛮专制政体之下，天荆地棘，网罗重重，无时不恐怖，无处不陷阱。天乎天乎！胡为使我黄帝子孙之至于此极也？

噫！惨已惨已！

（选自《陈少白年谱》，岭南美术出版社 1999 年版）

陈少白（1869—1934）

169

评析：

　　陈少白才思横溢，嬉笑怒骂，皆成文章，有时甚至难脱刻薄之嫌，但在臧否时事时，却能义正词严，作铿锵之声，感人肺腑。《哀徐桂》一文是就因香山县（今中山县）实业学堂教习徐桂被清廷逮捕而发表的呼吁，颇能代表陈少白的时评风格。1905年，奸官污吏何天保、何长清勾结劣绅何鼎元，横行乡里，鱼肉乡民，华侨徐桂揭发了他们的罪行，却反被诬陷为会党，被判终身监禁。当时华侨各界纷纷在报刊撰文声援徐桂。陈少白的文章从哀叹徐桂冤狱出发，进一步批判了清政府编造"会党"罪名，实行专制恐怖统治的本质。

（编撰：陈继静　王润泽）

民初北京报界『怪杰』 刘少少 （1870—1929）

　　刘少少（1870—1929）报界"怪杰"，民初三大名记者之一。在东京参与《中国新报》工作，呼吁救亡图存，"文誉大振"。回国加盟北京《帝国日报》，以"少年中国之少年"之义取笔名"少少"，评论时政，鼓吹宪政，驰誉京师。民国初年，"少少"之名频见《中国日报》《共和言论报》《震旦》《大中华民国日报》和《亚细亚日报》报端，爆得大名，成为一代名记者。刘少少文才卓著，不媚权贵，庄谐杂出，时杂倭语，使得"京国咸知刘少少"。

民初北京报界 "怪杰"

刘少少（1870—1929），民初著名记者、报刊评论家。他与黄远生、丁佛言因共同服务于立宪派报纸《亚细亚日报》，文章蜚声于时；三人"皆无彻头彻尾之主义，因事立言，不取雷同，独辟一种旨趣，引起一部分人之惊叹"，① 合称民初北京报界"三怪杰"，传名于世。

《中国新报》开始报人生涯

刘少少，原名藟和，字少双，笔名少少，湖南善化人，出身于封建知识分子家庭。少年时代贫困无家，住岳麓书院院舍中，曾随提督方有升参加援越之战。青年时代就学于岳麓书院，"敝衣破履，扃宣读书，为文时有新思，琼绝意表"。② 维新变法期间，他深得湖南学政徐仁铸赏识。他日夕握笔，著书曰《刘子》者十余篇，论述"儒圣之不同流，男女配合之当由己意"。③ 1898 年岁试，同案县学生三十八人，"少双名列弟一"，"拔冠县士，同时才秀，皆慕与交"，与杨度"论学尤合"。1905 年，他和杨度结伴赴日本留学，进入东京法政大学，"问民法于梅谦次郎，考刑律于冈田朝太郎，求政治于小野冢，穷哲理于枫克彦"。留学期间，他勤于苦读，"日益多闻"，积极倡导"立宪当开民选议院"主张。

1907年1月20日，立宪派人物杨度在东京发起创办《中国新报》月刊，刘少少与熊范舆、薛大可、李傥等为编撰。该报以促使清政府早开国会，成立责任政府，变中国原有之专制政体为立宪政体为主旨，内容设论说、时评、译件、杂著等栏目，曾刊载《金铁主义说》《中国今日最宜之政体论》等文章宣扬君主立宪，要求召开国会，强调发展军事力量，反对列强瓜分中国。刘少少先后撰写《苦政治家与乐政治家》(第七号)、《国会反对论之征伐》(第八、九号连载)、《题板桓伯小像(附注)》(第九号)等文章，积极唤起民众反对清政府卖国求荣和列强侵略中国，呼吁救亡图存。"对于我国之救济方法，有被外界逼促不知不觉而潜移默化者，则数十年来父老相传之自强问题，一变而纯为救亡问题。今一年中而三协约成立，自外人一方面而言之，直可谓瓜分支那预算案，已为列强议会通过，其着手实行之。"④ 1907年10月，《中国新报》迁回上海出版，1908年1月停刊。刘少少自《中国新报》开始"文誉大振"，走上报人之路。

刘少少(1870—1929)

"少少" 名满京国

1909年12月，刘少少北上参加《帝国日报》的办报活动。当时，陆鸿逵、雷光宇等立宪派请求清政府速开国会，实行君主立宪，在北京前门外五道庙堂子胡同创办报纸《帝国日报》，刘少少担任编辑撰述工作。该报自称以"扶持宪政，指导舆论，扩张国权，发表政见"为宗旨，实则宣传反清革命，是资产阶级民主革命派在北京地区的最早的言论机关。

刘少少在《帝国日报》撰写文章时以"少少"笔名撰写政论，取"少

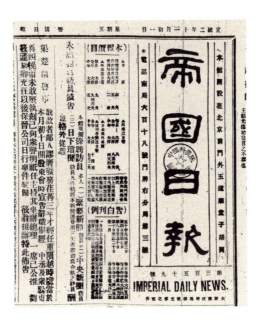

《帝国日报》

年中国之少年"之义，评论时政，鼓吹宪政，时出新意，逐渐驰誉京师，在新闻界崭露头角。1910 年 8 月 26 日，清政府借口《帝国日报》刊登黄河铁桥损坏的消息失实，予以警告处分。1911 年 9 月 18 日，《帝国日报》以所刊禁烟公所徇私舞弊消息，被京师地方审判厅以"有碍名誉"罪名，判罚 50 元。当日该报特发表《帝国日报控地方审判厅及检察所文》，表示抗议。

　　民国成立后，刘少少更加积极从事报刊活动，以"少少"笔名撰写的文章频现其他报刊，成为《中国日报》《共和言论报》和《震旦》月刊等报刊的撰稿人。《共和言论报》1912 年第一期发表刘少少的政论《盛宣怀的国有派之复活》，严厉批评叶景葵的汉冶萍国有政策，"此真谬种流传。朝四暮三。愚弄我国民之术。……谓之为正式之国有，则已为非驴非马之象矣"。⑤《震旦》月刊 1913 年第 1 期，刊登政论《旧国情与新宪法论》，诘问当朝"不知旧式，安辩新型？不识病情，安解医法？"，并建议说"中国宪法宜注重国权无徒重民权"，"中国宪法对于政府宜为防其奸私而不必尽防其暴虐"。⑥

1913 年 3 月 1 日，《帝国日报》和《中国日报》合并，改名《大中华民国日报》。刘少少成为该报主要撰稿人。第一个月就发表社论、短评近三十篇，几乎每天发稿。宋教仁被刺后，他奋笔疾书，发表时评《断与忍之分》，谴责凶手"其手段至卑劣，其心理极愚忍，殆为野蛮人而近于兽境者也，果使得之，非报以极刑以维人道不可"。他在政治上主张"调和革命、立宪两党"，曾发表社论《真党派总评》（3 月 21—25 日），分析两党并无利害关系。4 月 2 日，发表《袁大总统之新政党》一文，揭露统一、共和、民主三党与袁政府的密切关系。在该报第七版辟有"问答"专栏，经常与读者交流思想。4 月 4 日后，"少少"笔名从《大中华民国日报》消失。⑦ 9 月，《大中华民国日报》与《大同日报》合并，改称《帝国大同报》。

9 月，刘少少参加了《亚细亚日报》撰稿编辑工作。9 月 3 日，以"少少"笔名发表时评《第一流人才内阁质疑》，批评熊希龄组织成立的"第一流人才内阁"，诘问"其所谓第一流人才内阁，果系重在第一流人才耶？"他指出："何、梁、杨、张皆以第一流人才见招者也。然张则绝辞，梁则辞而未绝，杨则绝而不辞，但肯居心部，不肯居闲部。三公之行不同究，孰为第一流人才之行动，熟非第一流人才之行动乎？"⑧ 9 月 18 日，他撰写短评《大总统选举法评》，批评为袁世凯独裁复辟帝制铺路的《大总统选举法》。

民国初年，刘少少因文才卓著，达到了其记者生涯的顶峰。他以"少少"笔名发表的《不阿时论》，庄谐杂出，时杂倭语，务出己意，竟至无人不知，"群士喜诵其文"。其好友李肖聃说："刘少少名盛时，所著文章，日本杂报，多相转述。"朋友易实甫则赠诗云："京国咸知刘少少，比阁古古赵闲闲，好色性情真佛海，著书位业定仙山。"⑨刘少少名满京国，成为民初新闻界著名记者。

笔耕不辍，执教北大

　　1914 年，刘少少一度返湖南，任共和党报纸《湖南新报》编辑。同年 10 月，他和徐特立等教育界人士创办《公言》杂志。该杂志以"刷新社会，讨论学艺，发皇国粹"为宗旨。在目前仅见的第二号中，他一人就撰写了《湘中最近风俗迁变论》《荀子学说论》《吹剑一决谈》三篇文章。

　　1915 年 8 月，杨度、严复等组织筹安会，通告全国支持袁世凯复辟帝制。杨度借袁世凯之名任命刘少少为咨议，每月支俸千元。刘少少断然谢绝，著文攻击杨度说"吾誓不与乱臣贼子为伍"，宣布与杨度绝交。9 月，袁世凯御用报纸《亚细亚日报》欲出版上海版，刊登启事，聘请刘少少为总撰述，也遭到拒绝。刘少少避祸天津，与复辟帝制分子决裂。

　　袁世凯的复辟帝制活动，使刘少少对中国政治日渐丧失信心，转向研究老庄之学。早在 1914 年，他就在《中华杂志》上先后发表了《孔子欠乘说》《韩非学说疏》《老子学系论》《墨子天志篇驳论》等文章，宣扬孔孟学说，申说老子学派为中国"文化之花"、"开山之祖"。1915 年，他在《中华杂志》上发表文章《论各省自治之有益于国家统一》，在《甲寅》杂志发表《勘报》一文。他笔耕不辍，潜心老庄之学，著有《新解老》一书。英国哲学博士罗素来华访问，初至上海，专门谈到此书，并询其人安在。刘少少一时声名大振。

　　1918 年，北大校长蔡元培聘请刘少少作研究院导师，前临研究所，讲授老庄之学，先后在《东方杂志》发表《哲理学说与伦理学说》和《儒家之两大法学派》两篇文章。1919 年 1 月，他在《北京大学日刊》上连载长篇论文《太极图说》，认为太极图是"吾人四五千年历史之真文明"，西方的某些物理学理论，"不意吾国四千年前祖先已发见之"。同年 6、7 月，刘少少作《中国大学论》在《新中国》连载，鼓吹中国大学的"特种任务"就是"保存本国之古文明学术"这一套歪论，公开宣称自己"大胆反对"新文学运动。他甚至讥骂白话文学是"马太福音体"，反映出他维护封建国粹、仇视文学革命的顽固立场，因而成为围攻新文化运动的反动逆流的一部分，遭到新文化阵营同人的迎头痛击。

刘少少晚年居北京法源寺十余年，撰文自给，其保守立场无大转变，但仍勤于笔耕，1928年先后在《国闻周报》连载长篇论文《中国精神文明之真解》（第3、4期）和《中国圣学》（第8、13、16、21、24、25期）。1929年夏秋间，刘少少病逝北京，终年59岁，葬于北京湖广公墓。

注释：

①《北京新闻界之因果录》，见杨光辉等编：《中国近代报刊发展概况》，新华出版社1986年版，第178页。

②⑨李肖聃：《刘少少事略》，见《长沙市新闻记者联合会年刊》，1933年2月。

③李肖聃：《记刘翥和事》，见《李肖聃集》，岳麓书社2008年版，第158页。

④刘翥和：《国会反对论之征伐》，见《中国新报》第八号，1908年1月，第1页。

⑤少少：《盛宣怀的国有派之复活》，见《共和言论报》1912年第一期，第26页。

⑥少少：《旧国情与新宪法论》，见《震旦》1913年第一期。

⑦丁守和：《辛亥革命时期期刊介绍》（第五集），人民出版社1987年版，第196页。

⑧少少：《第一流人才内阁质疑》，见《亚细亚日报》，1913年9月3日。

刘少少 (1870—1929)

苦政治家与乐政治家

中国向无政治家之名词，然考九家者流，皆云出于某官某官，是古之九流，即九派之政治家也。逮德下衰，不有政治家，而但有官吏，

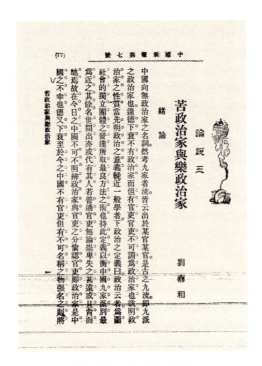

《苦政治家与乐政治家》

官吏不可谓为政治家也。欲明政治家之性质，当先明政治之意义。挽近一般学者，下政治之定义曰：政治云者，为图社会的独立团体之发达，所取最良方法之术也。持此定义以衡中国九家派别，最为近之其余，名世间出，亦或代有其人。若普通官吏，无论崇卑，失之甚远或且背而驰焉。故在今日之中国，不可不明辨政治家与官吏之分。倘认官吏即政治家，是中国之不幸也，德又下衰。至于今之中国，不有官吏，但有不可名称之物，强名之则将曰享特别权利者也。凡现世各国法律上对于官吏，皆认为义务而非认为权利。一则曰，行使国家权力之时，非权利主体，再则曰，但于行使国家权力之外，得有私法上个人之权利。由是言之，为官吏者，除个人私法上之权利外，断无特别之权利明矣。又况既为官吏，并个人私法上之权利，亦不能完全。如必负执行国政之义务，是格外负担也。必不能经商，是营业不自由也。必限以一定住所，是居住不自由也。凡军人结婚，必加限制，是结婚不自由也。故法律家谓官吏成立之要件有二，一特别权力之服从，一公法上之契约。第二件尤可玩味，其曰契约云者，所谓必双方愿意也。宪法家之言曰，国家不能以命令强制人民为官吏。若以今日中国所谓官吏为归纳法之资料，则以上诸学说，为不合论理矣。故在今日之中国，不可不明辨官史与享特别权利者之分。倘认享特别权利者即官吏，是又中国之不幸也。

由是关于第一说，有一问题焉，政治家是否必为官吏乎？换言之，即官吏实为政治家之要素否乎？盖政治家图施行政治，必有行使政治事务之权限，而有行使政务之权限者，非官吏不得有之，此问题之理由也。据余论之，政治家有广狭二义。以广义言之，则官吏外凡新闻记者政党主张一政策之学者，皆政治家也。以狭义言之，则必握有行使国家政务之权者，乃能达最良方法之目的，即官吏是也。但政治家之范围广，官吏之范围狭，谓政治家而为官吏则可，谓为官吏即是政治家不可也。谓官吏可为政治家则可，谓非为官吏，即不能为政治家则不可也。……

刘少少（1870—1929）

苦政治家与乐政治家之异点

苦政治家与乐政治家根本之区别，苦政治家为主观的。凭一己之研究，不傍人为影响，折中审慎，确有独得之主义，乃起而惨淡经营之。一身之利害不顾，举世之毁誉不顾，己不能行强聒于人，人或有同我者。彼能行之，不啻若自我躬出，人尽不同我者，我亦不以馁其气。如孔子之知其不可而为，东周墨子之力事日强，愿欲日逾，是其证也。

乐政治家为客观的。默察当时情势，持可利用之主义，以投机于政海。要求同类，扩张势力，希冀领袖，以自表见。同者不让，恐其抹己也，异者不辟，恐其敌己也。委曲求全，畏首畏尾，以希达其目的，至数蹶不达，则难保其不变矣。如苏秦之屈首受书，揣摩当世，以取相印。李斯感于厕鼠，趋布衣驰惊之时，西说秦王，是其证也。

苦政治家为感情的。时难将作，民瘼已深，彼其知觉既先，性情弥厚。苟有可以救世者，仰而思之，夜以继日，幸而得之，坐以待旦。非故为是栖栖汲汲，试未忍恝然与世相舍也。此一念出于仁慈，一念出于任侠。如禹稷以饥溺由己，八年胼胝而不辞伊尹，若推匹夫匹妇于沟中，翻然受聘而出，是其证也。

乐政治家为野心的。读英雄之传，自命不凡，披舆地之图河山可惜，天下非常之事，必待非常之人斡旋枢轴措置磐石，安能望之碌碌余子，乃公宁非其人耶。如叔孙通之服短后，以从刘季王融反搥车壁以羡邓禹，是其证也。

苦政治家为淡泊的。蒙庄有云，其嗜欲深者，其天机浅，反而言之，则彼动以天机者，嗜欲宜其淡也。一身之受用与闻誉早已取消，惟剩此一片不忍人之心，而又恰值其时，不能不挺然自任。佛念我不入地狱谁入地狱，孔念天下有道，某不与易彼二氏者，岂有丝毫幸福之望存于心耶。如尧之茅茨土阶，禹之卑宫室菲饮食恶衣服，墨翟禽滑釐之非乐节葬以自苦为极，宋钘尹文之以禁攻寝兵为外以情欲寡浅为内，弟子虽饥不忘天下，是其证也。

乐政治家为奢侈的。误解圣人所谓有大德必得其位、必得其禄、必得其名、必得其寿之旨。以为我以一身系天下安危，未可妄自菲薄，但使有益于国，治人者事于人，亦通义也。近今地位欲望之说尤盛行，经济学家至据为根本概论，此真可谓世道哀悼者也。如管氏之三归塞门反坫，韩魏公之堂书锦，贾似道之后乐园，张居正之列房之车，是其证也。

苦政治家为有限的。抱一定之主义，出而以身殉之，若不幸其目的终不得达，则鞠躬尽瘁死而后已。固所凤愿，若目的幸达，则大事已了，一切敝屣遗之可耳。如黄帝之登假，尧之禅让，范蠡之扁舟五湖，留候之从赤松子游，是其证也。

乐政治家为无限的。雄心勃勃，横厉无前，视天下事，惟吾所欲为，不以权为限。既欲行政，又欲立法司法，既握三权，又欲大权作用，不以时为限。既为开创元勋，又欲为太平宰相，不以年为限。少壮既图进取，耄期仍不倦勤，谥号袭封，长期坐待。如秦始汉武之求长生于神仙，陈平畏谗而甘附诸吕，危素履声橐橐自称老臣。是其证也。

……

虽然二者不同，而有政治家之价值则同，固非冥顽固陋土人木偶者可冒似而混充苦政治家，又非嗜纵贪鄙狗苟蝇营者可冒似而混充乐政治家也。一言蔽之曰，所谓政治家者，必持有主义，对于政治而为积极的活动，无论大小久暂，于政治上必见有良好之效果者也。

苦政治家与乐政治家之适用

二者既有此种种不同，然则一国政界，究以何者为适宜乎，此则最宜研究者也。以纯理言之，则所谓苦政治家者，时无古今，国无中外，无在而不宜者也。立望黄河之曲，尚思微禹其鱼。听谈纵琴之歌，几愿为公作马。盖苦政治家者，社会公共信仰之神也。特普通政治家，属于乐的十之九，而属于苦的十之一，或竟绝迹焉。故欲论二者之适用，则事实与理论每不能符。无己，惟就国家之际遇，及政治之状态，所必需要苦政治家，而决不可少者，树为标准，以为之说焉。

国家当建造时代，不可不有苦政治家。

夫建造国家，或筚路蓝缕以启山林，或遗大投艰以立基础。未来之成败，既不可知，当时之势力，又毫无足恃，危险迭生，心身交瘁。芜篓亭之燎衣热火，会稽山之尝胆卧薪，生趣黯然，前途寂尔。斯时倘非恃一己之把握，贯寸心之精诚，其不中途废沮者，几希矣。使蜀汉无诸葛武乡，则偏安之王业未必成。意大利无嘉富耳，则罗马之荣光未必复。孟子言曰：故天将降大任于是人也，必先苦其心志，劳其筋骨，饿其体肤，空乏其身，行拂乱其所为，所以动心忍性，增益其所不能。斯言亦至矣尽矣。至若国本已立，扩充修明，萧规曹随，前播后获，此则时势自可造英雄而不必造时势之英雄也。

国家当变革时代，不可不有苦政治家。

当大政变动之际，所关兴亡者甚钜。泥古者难为通，随俗者易为靡，苟非明进化之大机，通社会之心理，又以至公至平至纯至诚之观念，竭忠而周谋之，未易睹其成效。倘稍用客气，福小而祸大矣。中国变革最大者惟秦商君，实为主动力。今观其言曰：曲主虑私，非国利也，而人为之者以其爵禄也。此语实足见其本身之价值。更观孙卿入秦

刘少少 (1870—1929)

181

之言曰，及都邑官府，其百史肃然，莫不恭俭敦敬，忠信而不欺，古之吏也。入其国，观其士大夫，出于其门，入于公门，出于公门，归于其家，无有私事也。不比周，不朋党，偶然莫不明通而公，古之士大夫也。嗟乎，由今企想，犹可断其必强，况当日乎。法兰西之乐伯斯皮耳，马拉丹顿，亦主变革也，何以经三次革命，二次反动，至今犹未圆满耶，普鲁士之夫依朴帖斯拖茵亦主变革也，何以使人民爱国，君主热心，上下疏通，纲举目张，一跃而为欧洲强国耶，无他，苦政治家乐政治家根本之分而已。

国家当危亡时代，不可不有苦政治家。

自历史上观之，东洋之苦政治家，多出于国家危亡时代，西洋之苦政治家，多出于国家建造时代，此不可不谓为东洋政治界之特色也。申包胥之痛哭乞救，温太真之读祝兴师，陶都督之运甓习劳，史阁部之终夜露坐，模糊所忆，屈指难胜。然而巴里城破，不闻殉难之臣，波兰国亡，未见捐躯之士（军人不论）抑独何耶。但中国有一说，最似是而非，流害国家者，则"天地闭贤人隐"（按此乃易经解譬现象之词，非圣人教人必如是也。）"既明且哲，以保其身"（按此语尤多流弊，不过时，人以私意赞美人之词耳。）等语是也。履行古训，自宜以孔子为准，其对于晨门荷蒉及沮溺，丈人之批评至公至当矣。盖自命为苦政治家乃当艰难拮据而退隐，已名实不合，何则隐逸者求乐也，非求苦也。于是无限在朝之政治家，乐其肉体于上，无限在野之政治家，乐其精神于下。而国家乃大苦，此又中国历史所数见不鲜者也。嗟乎，艰险既深，希望将绝，使非有为悲悯所激之人，无所为而起为之，则人心何以能为最后之团结，国力何以能为已失之恢复乎。

国家当竞争时代，不可不有苦政治家。

凡国与国间，或激烈战争，或平和抵抗权谋术数。意国传王子之书，合纵连衡，周末重苏张之策，以言手段，本与私人道德不同。但近今国际竞争愈急，而爱国议论愈昌，盖内外本末，自当认明，不容混视。今有政治家于此以国际竞争之手段，对于国内种种而亦行之。于议院则为选举之竞争，于内阁则为党派之竞争，于官职则为迁转之竞争，彼将曰今固一竞争世界，不知国内竞争过甚者，则对外之竞争必弱，此经济界尚有，然矧政治界乎？商君书曰，国民勇于私，斗必怯于公战。其言可深长思矣。又况公道在世，至诚动人外交政策，辄有视邻邦敌国之政治界人物为转移者。秦穆罪己而晋避其锋，蔺相如触柱而秦摄其气，鲁仲连有蹈海之论而梁魏之难解，他利兰于维也纳会议，执公法正统之义，而法土保全。由是观之，国际竞争岂可仅恃一二人之野心，一二事之阴谋，数辆华丽之轺车，数回珍奢之宴会，即占优胜之地位耶。

中国今日最宜之政治家

就以上推而论之，则今日中国所需之政治家，从可知矣。今日中国政治界之情形，几合上言之四种时代而兼值之。以言乎建造，虽无新立国之名义，然数千年之陈腐旧套，不能不彻底更张，立宪制度未载在典章，议院名词不见于经传，事业则八索九邱无所考，官职则三通四史未尝书，一切新开不殊草创。以言乎变革，则近日朝野上下亦公认之，然上之举措无方，下之议论不一，东涂西抹，北辙南辕，无他，各保各利，各争各名，其发见故如是耳。果使上下一般捐屏私念，以赤心相见，而共研究一定宗旨，必欲将中国改成一如何之国家，然后分途合力，着着进行。以数万里富源之领土，数千年文化之人民，而谓不能一飞冲天，吾不信也。言念及此宜乎国人之具有热心者，每为痛惜。而小子所以无词可说，惟馨香祷祝，祈苦政治家之出现也。至于危亡之机竞争之世，则尤有目所共睹，有耳所共闻，他姑不论，第即最近之日法协约书观之，辞意之间，直对于中国领土上，而彼两国为直接之交涉。嗟乎，彼其埃及摩洛哥我乎？国际法惯例本认甲乙两国结约而灭亡第三国为正当权利，特第三国无被灭亡之义务耳。然则今日中国列强虽极环伺，外交虽极困难，终不能禁阻我之革新图强。特患政界人物，甲则拘执死句，文其庸陋无知之病，使外人得以鄙之。乙则崇拜欧化，以炫其新奇独得之名，使外人得以骄之。而甲乙相对，一则以抹倒了事，一则以谩骂了事。故二者之本心究非必欲亡中国也，但因自我之观念太重，

刘少少 (1870—1929)

183

私人之利害太明，亦不知不觉，自然出此现象耳，是又岂可长此终古耶。故吾今稽首顿首而祝未登场之政治家曰，公之本愿，其为佛之慈悲对众生以殉，公之行道，其为孔子之中庸博大而不失其正，公之心理，其为黄老之明通，世应要我如何，我即如何以与世应，公之身体，其为墨之任侠，以自苦为本分。嗟乎，以公辅望他人，自知其僭祝籥车于蹄酒，亦识其难。然而即事论事，今日中国政治界，固不可不有是人也。

结 论

大凡政治家，必有政治家之预备，而具政治家之条件，其通常条件之必要者三：一普通智识，二政治思想，三一定政见。

此固非碌碌官吏所可冒托。吾前固言之矣，今日中国求有此预备而具此条件者，多自新学界中诸人。此非偏袒之言也。年来党派之纷烦，书报之表示，当否虽不尽同，要皆各有所见，以发见政治之罪恶，而欲改进之。至近日立宪说胜，国会论起种族革命，一进而为政治革命，划一政策，组织政党，以对于政府直接要求，此尤为各国政治家之正当办法，而亦今日中国于理论上事实上唯一之正当办法也。诸君子中，吾确信有苦政治家资格者，吾爱之敬之，而祝中国多有之。吾又确信有乐政治家资格者，吾疾之惜之，而祝中国暂少有之。若比较而观，则苦者终占最少数，尝绎寻其所以然之故。盖有数原因，一因于宗教缺乏无孔佛高尚之理想，无清教徒刻励之迷信。二因于经济困惫，未能充欲望于既往，遂常冀得受用于将来。三因于观感差异，但睹各国今日成功之元勋，未接各国曩日开国之志士。此皆影响于无形之中，而不能陶铸今日中国之苦政治家者也。

顾或者曰中国虽无苦政治家之名称，而尝有苦政治家之事迹。且能超乎以上三种原因而外，特别以儒侠精神独立最高人格者，亦不乏其人，若三代以前实尽然也。然则苦政治家者，本中国之出产物也，而今竟何如耶？据进化论之公例曰，凡生物一种类，其祖先之固有性质虽失之经数百代，而其子孙偶值合宜之境，必忽显而发达焉，生物家名之为复化。嗟乎，中国近日其果将复化也乎？

（原载《中国新报》第七号，1907 年 11 月 19 日）

评析：

　　《苦政治家与乐政治家》是刘少少发表的第一篇政论文章，也是他早期最出彩的文章之一。刘少少在政治上倾向改良，主张君主立宪。他一改时人专论政治制度构建的论调，另辟蹊径，从政治活动家出发，论述好的政治家对国计民生的重要意义。

　　文章以明辨官吏与政治家、官吏与特别权力享受者的分别为开头，指出官吏乃狭义上的政治家，官吏不该享受特权，政治家理论上也不该，但是现实中却有很多人以获得特权、报酬为目的而从政，刘少少将这类人称为乐政治家，而将不以报酬为目的的政治家称为苦政治家。苦政治家对自己的主义有固执的坚持，是有情有义且淡泊名利的，是对自己的欲望有所限制的。乐政治家则曲学阿世、充满野心、生活奢侈、欲望无限，是以利益为导向且贪得无厌的。他认为，苦政治家对于刚建立的、处于变革之中、处于危亡时代、处于激烈国际竞争中的国家来说，是十分必要的。而时下的中国，可以说这四种情况兼而有之，亟须苦政治家出现。因此，他在文末不免发出沉重的呼喊，希冀于此动荡时代，在中国能多出苦政治家，少出乐政治家，以救民族于危难之时。

刘少少（1870—1929）

袁世凯论（节选）

　　凡一国家一时代必有一国家一时代之重要人物，无古与今，无中与外一也。但人物分量之轻重多少有异，斯一国家一时代所被影响之大小良窳随之。至其人物之分量类别，但就政治界人物言之，有为社会之重要人物者，有为国家之重要人物者，有为一朝廷一政府之重要人物，有为一官府之重要人物者，且通俗所谓重要者，多系指权势地位而言。因末俗一般鉴识力薄弱，而又驱于崇拜富贵之风。故品其人之重要不重要，大抵惟以权势地位为背景，而烘托出之。至其人物之真价或反以之为第二重要点，或且并不以之加入重要条件中。试观石显王凤，当时之重要程度，必远胜于萧望之王章，杨国忠、武三思当时之重要程度，必遥在段秀实、颜杲卿之上。盖如果其人物本真重要，而地位亦居重要，则尧禹舜皋当位奏绩，原自不成问题。惟其人物本真之重要程度，每每不与所居地位之重要程度相等，于是有地位的重要，而不必即为人物的重要者，而知人论世之士议评遂于焉以起。大道不明，春秋所由作也，夫子盖伤之矣。今吾国表面重要人物，举国第一惟知一大总统袁世凯矣。夫袁世凯果何等之人物乎？此一大问题也，殆甚有研究之余地，且确实研究之下，至其断案，或相倍蓰，或相千万之差，未可料也。矧袁世凯现在俨然居吾国大总统之职，其于国家，殆可谓有存亡兴败直接之关系，而又值民国正式大总统选举在即，吾人为国民者，于职责上、于公德上决不容不细加正确之研究，以向我全国论定之。此吾人袁世凯论，所以不容自己也。

若旷聆现在国中之论袁者，称誉之者多乎？訾鄙之者多乎？是不待言。称誉之者十人而九，但徵于最近京内外各著名报纸，无论为敌派，为友派，举皆对于袁氏之为人，嗫若寒蝉焉。是则不可不谓袁世凯唯一特长之表现，而亦袁世凯惟一天骄之幸运也。至举国称誉袁氏者之心理，吾人颇能知之，略可分数种心理：

其一，则纯为倚赖袁氏以得享富贵者，宛如妾妇之誉，其抬举扶正之丈夫，以己之名位，皆袁予之，己与袁例应同荣枯也。

其二，则虽未纯由袁氏得富贵，然己一生之生活，实与袁氏有密切共同关系，设袁一有倾摇，则己之生活将立起变动，宛如飞鸟依人，此亦其一也。

其三，则其身虽未必限于向袁求生活，然自问必不免依人成事，袁氏即许以可依，自个人都合上打算，亦不必嚣然与忤，自招不利。

其四，则其人虽能与袁为抗敌，然因袁氏果用种种方法，或以金钱，或以禄位，或以虚荣，买其心而塞其口，其人为世故曲情，亦不愿直言相攻，伤私人之感情和气。

其五，则其人并未尝直受袁氏之润泽，然无奈己之势力，又常处上列各种人支配之下，苟有不许訾议者，己遂亦不敢有特立独行之气概，而秉直笔以訾议，但能随人称誉之。

其六，则一般人民对于袁氏并无有何等察觉，但循社会习惯，其人地位高，关系广，名字屡入于耳，则无论其人内容如何，即一哄而群视为大人。此即日本所谓弥次马之通性也。

以上六种人，殆占全国人类十之八九，宜无怪现今称誉袁世凯之多也。然此六种人者，逐此人持而细问之曰：君等之袁世凯，其名位权势，固一时无两矣，然其才学识力，果亦一时无两乎？吾知彼等必踌躇不能遽答也。又使问之曰：君等之袁世凯，在君等固受其利益矣，然国家果信能受其利益乎？吾知彼等又必踌躇不能遽答也。又使问之曰：袁世凯今与君等无所逆忤，君等固称誉之矣，使袁世凯而忽予君等以不堪者，君等信犹将称誉之乎？吾知彼等又必踌躇不能遽答也。总而言之，今之称誉袁世凯者，类皆囫囵随和，或各有所为而为，至谓彼等确有仰钻，自出于心悦诚服，则可断言其不然也。以如此震耀一时之大人物，而事实上并难信有心悦诚服之人，袁世凯人物之真价，于是为可疑矣。

吾人欲论全身的袁世凯，其历史之长久，其事迹之繁杂，其毁誉之参混，无论何人皆知其畸形而不规则。然自科学研究法发明之后，吾人论事，无论何事，决不能遂任其不规则以终，盖不规则之中，终当觅得其不规则之规则焉。科学研究法维何？即不外演绎法与归纳法二种论理的研究是也。演绎法者，先立正常标准而后以其所研究之材比照之别，其合否以下判断。归纳法者，不立标准但取所研各种材料，集合察究其共同性质以下判断。吾人对于现在所谓大人物之袁世凯之研究，不敢以轻心掉之，而稍有冤屈，故拟两种论法并采用之，兹请先用演绎法以研论袁世凯。

此演绎论法当如何？吾人试将吾国及外国普通大人物成立必要之要件，作为标准。然后一一以袁世凯之为人按入之验其合否？先言吾国

187

大人物成立必要之条件。

一、道德

刘项之雄，尚贵长者。安史之恶，犹慕圣人。此道德非腐实，既为人类以上，必应持此以自别于禽兽（禽兽如虎狼，亦可仅恃强力，雄视一时，但终归无成耳）。此实中外人物共秉之要件，不可为浅薄论所诬也。不过，道德所秉之程度不同，方面各异。斯人物有大小同异之别耳，未可到处皆无也。若问袁世凯为人之道德如何？吾人未尝闻其行道德之事。亦未尝闻其奖励道德之事；且出入仕宦数十年，并未尝闻其有曾、左、胡、罗等之道义团体，则其反对影象，不难明矣。吾人若必搜攻其私德乎。虽有材料可供，然此论论点既立，定在公人政治的观察。则泛攻私德，似嫌琐屑，且以吾国大总统之尊严上，亦有未便逞论者。然吾人之论袁之道德，终不敌外人之论袁之道德，易为国人所信其无偏心也。并试译日本松平康国论袁世凯者节录于次。

（上略）某国公使及高级武官有梦想袁帝国，欲依袁成事者。余与其悯其愚，宁爱其痴。试翻观袁世凯之弟世彤曾谏袁之书简中说即可知。（松平氏节录原书一要段。吾人为忌讳，故不备，抄且国人类有能知者。但其书中要语即（吾家数代忠良，数世清德，至兄则大失。二十年来，兄之所为均与先母相背）。又（兄抚心自问，上何以对国家，下何以对祖先。母亲在世之日，谆谆告诫吾兄，而兄置若罔闻，将置母亲严慈之训于何地乎）。诸语是也。）孟子曰：寡助之至，亲戚畔之，以此卜袁之前途，思过半矣。

又曰：彼之才在外交。然彼之外交，自始无一点诚意。（中略）彼之所为，常小刀细工而已，并无过人之胆识，故鼯鼠五技不免穷时。试观彼在韩国之末路，如仁川之失落，何等丑态耶。

又曰：（上略）彼忍于待自国人，又何有于外人。若正直果为最善之政略者，则不正直乃最恶之政略也。最恶之政略，已以失败为意味。（中略）彼之将来，唯见黑暗而已。松平氏此论，见今年第一期《外交时报》中，固可案也。吾人欲论袁世凯之道德，拟即举松平氏此论以表其大体；至其琐事，固不暇论。亦不可论，且不必论也。

二、学术

君子之大道，且姑勿论。吾此所谓学术者，即吾国普通伟人修养具体的学术，即周公多才多艺之谓也。世之抬高袁世凯者，每谓为治世能臣，乱世奸雄，有魏武之风。夫曹阿瞒乃绝世可儿，吾人所心赏者也。彼袁世凯何足以比拟之。君等岂以曹孟德，真如三国演义所描之混帐之雄者乎。按魏书云：以能明古学复徵拜议郎。异同杂语云：太祖博览群书，雅好兵法，抄集诸家兵法，名曰：接要。又注《孙子》行于世。魏书云：于是权臣专朝，贵戚横恣，太祖不能远道取容，托疾归乡里。春夏习读书，传秋冬弋猎。又云：御军三十余年，手不舍书，书则讲武策，夜则思经传，登高必赋，及新造诗被之管弦，皆成乐章，才力绝人，手射飞鸟躬禽猛兽。张华《博物志》云：汉世崔瑗张芝等，善草书，而魏太祖亚之。桓谭蔡邕善音乐，山子道王九真、郭凯等善围棋，太祖皆与埒。又能好养性法，亦解方药，招引方术之士。由是观魏武，岂无学术而能成耶！今袁世凯文不能著一说，武不能瞄一准。经史既不能通，科学复不能晓。昔闻人言项城床头只一部《三国志演义》。此言或未足确信，然亦足见袁公室内书籍之少矣。且袁曾向吴景濂诸人云：我素不看报（此系翟鸿禨主义。曩翟相尝对人云：我在军机相戒不看报）。中国现今报纸，诚或未足入公之眼，然公讵通外国文看外国报耶？不然世界时局，政治潮流，公又从何知悉。夫以巍然中国大政治家、大外交家自命之人，而不看书，不看报，而谓于世界时局政治潮流能有察觉，公殆有千里眼顺风耳之神通则可，不然则此大法螺之吹，亦甚危险矣。

刘少少 (1870—1929)

三、才能

论袁世凯而至才能。吾知议论比将纷起，何则袁之为人，固有人目为才能中人也。"才能"二字本难一定。圣哲有才能，权奸亦有才能（所谓才足济奸），宵小盗贼，亦有才能。此例甚多，不遑枚举。但吾人论才能，素持有一极平实正当之标准，曰：于其目的物能收良好之效果而已。袁世凯出头，始于朝鲜驻扎，而朝鲜之效果以亡。袁世凯世得清皇朝之宠任，而清末四方失地，群贵弄权狼狈立宪，积弱不振，乃遂消歇。清朝之效果何如耶？袁世凯二次应朝廷之呼援，而俨然出马，全国共和之功罪且不论；然清廷果早愿如此逊让，隆裕太后可忧为也，摄政王可忧为也，即奕劻亦足忧为也，又何必需要袁世凯。夫当时袁固为清廷召出也，自清廷一面而论，几若倩人放爆竹，则清皇朝之效果又何如耶？袁现今又居然首占民国第一次大总统矣。列强承认，渺茫无期，财政困难，借贷无术。最近西藏、外蒙，并无能现状维持，行将听其脱卸。兹但数荦荦大者，则民国初期之效果，又何如耶？袁之最唯一得意者，惟在北洋练兵时代耳。国家练兵，原以卫国，非徒以金钱涂饰装潢品也。今试问国中军队，是否可供曹刿之一战。去年征蒙论起，堂堂袁氏重将陆军总长段将军，尚硬谓无有把握。然则袁氏练兵之效果又何如耶（至崇拜物质的欧风不在才能论内）？总而言之。袁氏才能之名或有，至才能之效果则未见其有。袁氏于个人自身之效果则诚有，至于国家大局之效果则未见其有，袁世凯之才能如是论断可矣。

四、气节

此言气节，亦非陈腐之论。吾人盖确有所研究乃敢云然也。试譬喻之。气节之撑支一世局，正如大柱之撑支一厦屋。大柱之所以能撑支者，实由柱之自身有许多不撑他处之分子，排积结固而成一竖立体之长柱，故能撑屋而得力也。倘该柱浑身各分子，起初即皆悻悻然，曰：余皆将到处撑屋，何屑拘拘然，必结一柱，以单撑一处为哉。五人知此撑屋者论，虽似通然，实则浑身分子散沙铺地，寸柱不成。始欲处处皆撑其结果，一处亦不能撑，而屋倒踏压耳。伟人所必需气节，以撑支家国天下，亦复如是。子舆氏所谓人有不为也，而后可以有为，诚为知人论世之卓识名论也。至若问袁世凯之气节如何？则巍巍荡荡，民无能名。吾人虽列此名目。请暂付缺如。

以上各件为吾国向来大人物成立之要素也。而袁公比之，则已如此。然旧学头脑之论法，今或嫌有不适用处，则以下更举现今世界各文明国大人物成立之要素比论之。

计东西各文明列国，方今所谓大人物之资格，约必具有左之各要件。

（一）学术

上节所言吾中国之学术，容或犹有，但具原理而无应用者。若外国自各种科学兴，学术乃日趋于实用。历观各国当局大人物，不仅必以中学以上普通科学常识为第一法定资格，且多系有专门学科研究，及得有博士学位者，以各当其职各尽其长。例如，最近法国大统领、美国大统领、葡国大统领，皆法学博士也。卢斯只卸大统领，而为报馆主笔，塔虎托卸大统领，即被聘为某大学讲师，皆学问识务也。其他为卿相，而以学问著者甚多。即日本之桂太郎，人固有以拟吾国袁世凯者，然桂公固德国留学生出身者也。可知近世新政治，必与新科学为缘，政与学日相接近，盖非是则不明法政及一切原理，势将不行，而袁世凯之新学问何如者？吾人耳低窃未有所闻也。

刘少少 (1870—1929)

（二）政治手腕

崇拜袁者，辄以袁具有新政治家之手，运用得意。吾人于袁之手腕灵活，亦认为袁氏全体中之特长，所惜者，袁氏之历来运用手腕，皆用之达个人荣势之目的，而非用之达国家富强之目的。松平康国亦云（彼明于权势利害之打算，为制造自己何事亦无不为），此语诚当然则袁之手腕，乃权势手腕，非政治手腕也。政治手腕最要者，尤在外交。袁固当外交多年，且常以外交著称。然试考袁氏为军机大臣兼外部尚书，独当外交折冲之局时，所经过以下各问题即如：广东铁路问题、津镇铁路敷设条约废弃问题、苏杭甬铁路问题、吉长铁路自营问题、新奉铁路买收问题、满铁并行线问题、盖平及熊岳贼渔业问题、中立地带驻兵问题、铁路警察问题、鸭绿江森林问题、千台山天宝山矿问题、抚顺炭矿问题、吉林日本租界问题、营口大连禁谷出口问题、大连税关开始问题、北满税关问题、间岛问题、上海会审衙门事件、第二辰丸事件、西江警察权问题、美国排斥华工问题。

此外《英俄协约》《日法协约》《日俄协约》亦皆成就于其时期中。试问以上各外交问题之成绩如何？其中因国民合力对付赢得少许活动者，固亦有一二件。然以袁世凯为外相之个人本领，讵曾凭手腕占得一利益，如德之俾麦斯乎？又曾凭手腕抗拒一损害，如法之他利兰乎？吾国曾劫刚能争回伊犁，而袁世凯至今争外蒙、西藏之手腕何如耶？庚子之变，刘砚庄、张香涛能使各国承认东南各省中立，而袁世凯至今使各国承认中华民国之手腕何如耶？嗟嗟袁公陈平计奇，自云阴祸，江淹才尽，窃恐梦还矣。政治手腕云乎哉。

（原载《民立报》，1913 年 4 月 22—26 日）

评析：

《袁世凯论》是刘少少记者生涯顶峰时期的扛鼎之作，从 1913 年 3 月 1 日至 8 日在《大中华民国日报》社论栏目中连载 8 天（未能查阅到该报，只好选用《民立报》连载内容）。袁世凯在北京就任民国临时大总统后，作为共和政体的缔造者，赞誉之声日渐高涨，不少士子讴颂袁世凯，以为袁为当世英雄，连革命党人也认为袁世凯是能领导中国的政治领袖，当选民国大总统的声音甚嚣尘上。

在这种舆论环境中，刘少少以如椽巨笔作《袁世凯论》，不为袁世凯歌功颂德，而是客观理性分析赞誉袁世凯的各种社会心态，揭露袁氏玩弄卑鄙政治手腕，"用种种方式，或以金钱，或以禄位，或以虚荣心，买人心，塞人口……乘有地位，利用社会心理之弱点，能敢于制造自己权势之人也"。他纵论古今，比较中外，从道德、学术、才能、气节等四方面细致分析袁世凯不具备当选大总统资格，一针见血地指出：其无道德之事可闻，更无学术智能可言，呼吁民众反对选举袁世凯为正式大总统。"袁世凯为人之道德如何？吾人未尝闻其道德之事功；未尝闻其奖励道德之事。"文章洋洋洒洒独著万言，斥责袁世凯为曹操、王莽之流，内欺清室，外逛民党，卑劣非人，揭示出袁世凯"乱世之奸雄，窃国之大盗"的本质。

文章发表后，一时洛阳纸贵，引起全国各大报纸关注，纷纷连载，"国民党人为刊数万纸，广发京津间"，成为国民党人反抗袁世凯独裁统治的一个信号。袁世凯惊恐万分，下令警察秘密逮捕刘少少，幸得杨度"力解得免"。

（编撰：邓绍根）

刘少少 (1870—1929)

193

侠气豪情女报人 **唐群英** （1871—1937）

唐群英（1871—1937） 中国近代史上著名的女报人，资产阶级革命派团体华兴会、同盟会的第一个女会员，女权运动的创始人之一，被誉为"一代女魂"。唐群英一生曾先后在日本、北京、湖南三地创办或编辑了《留日女学会杂志》《神州女报》《女子白话报》《亚东丛报》和《女权日报》五种报刊，主张女子解放和反清革命，提倡先进妇女参与国家政治，以《女子白话报》影响最为深远。她的一生为民国创立、妇女解放和女子教育事业都做出了很大的贡献，代表作为《宋遁初先生诔》。

侠气豪情女报人

唐群英（1871—1937），字希陶，号恭懿，湖南衡山县新桥镇人。唐群英不仅是华兴会、同盟会的第一个女会员、辛亥革命的双枪女将，而且还是创立民国的巾帼英雄，近代女权运动的创始人，近代的著名报人，被誉为"一代女魂"。

唐群英（1871—1937）

冲破封建束缚，做封建社会的现代女性

唐群英出生于湖南衡山县新桥镇黄泥町的一个名门望族。其父唐星照，青年时期曾参加曾国藩的湘军。咸丰年间，唐星照立战功，被赐予"长勇巴图鲁"（勇士）称号，封为振威将军。

唐星照敬佩曾国藩家教有方，所以特别重视对子女的家庭教育。他在花园旁砌了三间书屋，名曰"是吾家"，延请名师在这里为其子女授课。唐群英在家里排行第四，她就是在这里启蒙并熟读了《三字经》、"四书"、"五经"、《楚辞》《史记》等经典著作。

唐群英从小便向往男女平等，敢破旧俗。按旧时习俗，女子尤其

195

是名门千金，都要缠足，"三寸金莲"方显贵气。唐群英开始缠足时以为男女都如此，所以谨遵母命，强忍疼痛；可当她发现哥哥都不缠足，健步如飞时，坚决要求和哥哥一样，并自作主张解下了裹脚布，她由此萌生了为何女人不能和男人享受平等权利的疑问，并萌生了试图反抗旧礼教、旧风俗的苗头。①

1890年，唐群英的父亲病逝，次年，21岁的唐群英遵母命嫁到湘乡荷叶塘，与曾国藩的堂弟曾传纲成婚。在那里她结识了葛健豪、秋瑾等人。在与两位杰出女性交往的过程中，唐群英被她们忧国忧民的精神所感动，并开始关心国家大事。在经受幼女夭折、丈夫早逝的悲痛后，她毅然摆脱"三从四德"等封建礼教的束缚，回到娘家。开明的母亲将家中财产按男子标准分给她一份，使她在娘家独树一帜，专心致志攻读诗书。这个时候维新派的进步书刊得到广泛传播，通过秋瑾的帮助，唐群英接触了不少维新书刊，尤其对其中关于男女平等的内容颇感兴趣。维新人士救亡图存、男女平等的思想使她的认识上升到新的高度：要求男女平等，必先救国救民。康有为的《大同书》引起了唐群英的共鸣。她写了一首《读〈大同书〉抒怀》诗："斗室自温酒，钧天谁换风？犹居沧浪里，誓作踏波人。"这表达了她要换风易俗、扭转乾坤、誓作踏波人的远大抱负。

东渡日本留学，做革命时期的先锋战士

1904年，得知好友秋瑾去日本留学后，唐群英决心走秋瑾的路。她以"天下兴亡、'匹妇'有责"说服了母亲，踏上了留学之路。1904年秋，唐群英怀着探求救国之道的梦想到达日本。开始，她自费考入青山实践女校；两年后，她以优异成绩转入东京成人女子高等学校师范科，并由自费改为官费。

在日本留学期间，唐群英先后结识了刘道一、黄兴、孙中山等著

名人士。在他们的影响和带动下，唐群英的女权思想进一步得到了升华，并开始自觉地将女子解放运动融入到反清革命浪潮中。1905年，她由留日学生赵恒惕介绍加入华兴会，成为最早加入该会的女会员。1905年8月，兴中会、华兴会等革命团体合并，成立中国同盟会，她第一个在会员名册上签名。

在统一的革命政党领导下，中国近代女权运动被推向一个新的高度。唐群英在这场运动中成为女界著名活动家。在她的影响和鼓励下，两百名女知识分子参加了同盟会，其中有名有姓可查的有105人。1906年唐群英发起成立了中国留日学生会，并任书记（后改任会长）。为了促进舆论宣传，她全力支持革命报刊杂志，在《民报》经费拮据时她将自己平时节衣缩食积累的200银元献出。在《洞庭波》创刊号上她以诗言志："霆云瘴雾苦经年，侠气豪情鼓大千。欲展平均新世界，安排先自把躯捐。"②

唐群英（1871—1937）

1907年底，唐群英从东京成人女子高等学校师范科毕业。1911年4月孙中山、黄兴等人领导的广州黄花岗起义失败的消息传来，身任留日女学会会长的唐群英在日本东京创办了《留日女学会杂志》，并于9月27日出版发行了第一期。该刊致力于介绍欧洲女权运动及妇女新生活状况，宣传民主共和制度和天赋人权的观念。该刊是在我国外患内忧极其严重的情况下创办的，它对帝国主义在政治经济上侵略中国的瓜分之祸进行了揭露，对清朝封建专制的腐败统治进行了抨击，强调挽救国家危亡必须要改革政治，改良社会，并指出了妇女在这些方面所负的责任和应尽的义务与方法。

在民族危机日益严重的关头，唐群英明确提出了"恢复女权、还我自由"的口号和先尽义务、再享权利的方案。她认为要让女子担义务、尽天职，必须促其觉醒。她认为必须大力提倡和发展女子教育，指出："女子，教育之起源，文明之根本也。教育完备，专赖女子。女子不学则已，女子有学，吾敢断言之曰：救国家之危亡，得力于女界者为尤多。"

1911年武昌起义爆发，唐群英从日本赶回上海。回国后，她积极联络张汉英等女同盟会员，发起组织了女子北伐队。以"纵抛头颅死也瞑"的决心，率女子北伐队挥戈疆场，成为当时有名的女军首领。随后她又与张汉英在上海成立"女子后援会"，派员深入各省筹措军粮军饷，一面奔赴战地，调护民军受伤军士。③

1912年南京临时政府成立，唐群英作为"女界协赞总会"的代表之一受到孙中山的接见。她被誉为"巾帼英雄"，荣获总统府"二等嘉禾勋章"。

女权运动的领导者，以报纸倡导女子参政

资产阶级共和国刚刚成立不久，一部分先进妇女便提出了参政的要求。唐群英经过与张汉英、王昌国等人的商议，决定以王昌国在长沙组成的女国民会为基础，联合上海、南京的女子参政同志会、女子同盟会、女子后援会、女子尚武会等五个妇女团体，组成一个大的女子参政团体。1912年2月20日，各女子社团在南京集会，决议由唐群英负责"女子参政同盟会"的组建工作。从此，一场震惊中外的女子参政运动在唐群英等人的领导下爆发了。

为促进女权运动深入发展，唐群英等人于1912年4月8日成立女子参政同盟会，在南京设立本部，各省设立支部。在她的四处奔走下，正在筹建的女子参政同盟会由初创时的两百多人迅速发展成为全国女子参政运动的核心。

1912年4月袁世凯窃取民国大权，临时政府和参议院迁往北京。1912年9月4日，袁世凯政府规定选举权和被选举权为男子独享，公然剥夺了妇女的正当权利。袁世凯还通过收买妇女爪牙的方法来瓦解妇女运动阵营，并悬赏万元通缉唐群英、张汉英等领导人。

作为近代的著名报人，唐群英一生曾先后在日本、北京、湖南三地创办或编辑五种报刊——《留日女学会杂志》《神州女报》《女子白话报》

《神州女报》

《亚东丛报》《女权日报》。其中影响较大且至今保存较为完整的当属《女子白话报》。

《女子白话报》，1912年9月10日创刊于北京。该报是唐群英创办的时间最长、出版期数最多、出版内容最为丰富的妇女报刊，宣传妇女解放思想是它的主要特色。唐群英不仅从古今中外社会革命、历史发展的趋势等方面论证女子参政的必然性，而且还从经济、教育等方面来论述探讨女子独立的途径与手段。对袁政府反对女子参政的行为，唐群英明确地表明了自己的态度："我女界当视为公敌。"对袁政府的腐败现象，她进行大胆揭露与抨击。《女子白话报》作为女子参政同盟会的宣传阵地，以女子参政为中心内容，用浅显的白话文字，向女界灌输了新思想、新观念。

《神州女报》，1912年11月复刊于北京。该刊曾于1907年12月为纪念秋瑾被害而创刊。为继承秋瑾遗志，唤醒广大妇女，经唐群英多方联络得以复刊。该刊对中国边疆危机（如蒙古问题）进行了大量的宣传和报道，力图唤起国人的民族意识和爱国主义精神。在参议院否决女子参政权后，它继续宣传报道世界各国妇女参政的历史和现状，并论述中国妇女应从经济独立方面来争取男女平等、女子独立。

《亚东丛报》，1912年11月创办于北京。"提倡女权，发挥民生主义促进个人自治"是该报的办报宗旨。社论、译著、选论、法令、人事记闻、时评、专辑、女子教育、女子实业等是该报的主办栏目。

《女权日报》，1913年2月19日创刊于长沙。为反击《长沙日报》对女子参政同盟会的攻击，唐群英与张汉英、丁步兰等留日同学在长沙创办了支部机关报《女权日报》，每日出版两大张，这是湖南地区有史以来第一张妇女报纸。在民国之初妇女参政运动的热潮中，它以完整充实的内容成为湖南女界参政运动的言论机关，当时受到广大妇女的好评。

从事女子教育，做女子成才的辛勤园丁

孙中山的"提倡教育，使女界知识普及，力量乃宏，然后始可与男子争权，则必能得胜"的言论是唐群英思想的转折点。唐群英认识到女同胞们要想争取平等的权利，必须先从学问上下手，若要学问平等，又必须先从教育上下手。

唐群英决心以"普及女界知识"为己任，让妇女享受教育权是她男女平等思想的一部分。女子只有受教育，在知识、技能、本领、力量上与男子平等，才能在权利地位上平等。她不仅在女权运动的高潮中注意发展女子教育，而且在女权运动失败后、她的后半生也一直潜心致力于女子教育，力图从根本上解决男女平等问题。在长期的教育实践中，她不仅着眼于普及、提高女子的科学文化知识，而且努力提高女子的思想觉悟、斗争意识和自强自立的能力，充分体现了她的"学以致用"的教育思想，培养了不少妇女人才。

从民国元年到民国十九年的19年间，在唐群英41岁到60多岁的

后半生中，她共参与筹办、创办或任教其中的学校有十所之多，如"中央女学校"、"女子法政学校"、"女子美术学校"、"自强女子职业学校"、"岳北女子实业学校"等。唐群英在办学过程中既重视正规教育，又重视发展职业技术教育；既注重向学生传授基本文化知识，又十分重视德育教育。1937年，唐群英病逝于家乡，终年67岁。

注释：

①黄娟、陈九如：《论唐群英的男女平等思想》，《黑龙江史志》2008 年第 21 期。

②徐辉琪：《中国妇女运动历史资料（1840—1918）》，中国妇女出版社 1991 年版，第 431 页。

③桑兵：《近代中国女性史研究散论》，《近代史研究》1996 年第 3 期。

唐群英（1871—1937）

宋遁初先生诔

维中华民国二年六月二十六日，即阴历五月二十二日。为前农林总长桃源宋渔父先生灵輀窆于海上之辰。同人会葬，不期至者，道为之塞，巷为之空。蘮取吴淞，同悲逝水，惟兹永日，共哭长沙。一掬芳馨，莫雪灵均之愤，两行热泪，难招宋玉之魂。既念陈人，复伤来者。长江滚滚，英雄有淘尽之悲。前路茫茫，世道有沉沦之叹。倘无先达，谁唤迷途，未竟前修，难为后死。群英之痛，社会之忧，岂徒不见斯人。便伤耶国。不期旷世，始颧英豪，用是薄荐素羞，略尽明歆之告。相将执绋，聊申哀惜之辞。诔曰：

《宋遁初先生诔》

维我宋公，天生英杰，衡山岳岳，历著奇节。江汉滔滔，益表高洁。当满季世，腥膻莫涤，志在澄清。赵帜易色，航海而东，学如不及，气迈风云。心存邦国，三月廿九，广州之役，并命黄花，长留碧血，薄海同悲，发指眦裂，知不可为？暂时蠖屈，大吹法螺。民有喉舌，武汉一呼，全国震慑。五色扬徽，苍龙扫迹。南衙初建，法纪继绝。匪公运筹，何以速立？两界协和，五族合力，匪公北行，何以统一？公志休休，班行共式，不幸唐氏，皇然去职，抗手投簪，仁政斯息。吁嗟！临时更陷，纷迭沐猴，可冠聚蚊附热。风雨摇摇，鸡鸣恻恻，国步艰难，挽回是亟。维公不忍，乃誓提洁。阁制主张，不挠不折，奸人不亮，怵为腹疾。乃比群小，构此惨剧，五步之间，砰然一击，使公成仁。竟非所恤，为政杀人，况同盗贼伤哉？公仇今孰与雪伟哉？公抱今孰与洁？此愤填膺，缨冠谁急？沉潜高明，兼在无匹，坐言起行，继在无辙，我慨玄黄，我思英杰，掇花揾泪，为公凄绝。呜呼哀哉！

评析：

　　作为参与创立民国的巾帼英雄，她的胸襟和气质自有"一代女魂"的魄力，落笔自现。就连为悼念不幸被刺身亡的宋教仁而作的"诔"，也自有一股巾帼气度。

　　她下笔先道宋先生遇刺后，于湖南公葬的罕见场面：道塞巷空，各方志士咸来，为之悲泣不能自已。把痛惜之泪比作滚滚长江，寄予无限的哀思与痛惜。出于对宋先生人格的崇敬，不禁为之挥墨写志。

　　唐群英记述宋教仁高杰的人格，澄清的作风，为革命而鞠躬尽瘁，百折不挠，不辞辛劳地奔走于建立民国和争取民主政治之中，为国为民，将生死置之度外。这样的英雄没有来得及施展济民救国的伟业，而惨死在政治流氓的枪下，实乃痛惜不已。在为宋先生不幸遭遇感到悲痛之余，内心更是积满了对这帮政治流氓"盗贼"般无耻伎俩的愤恨！

　　唐群英文章词句整饬，一气呵成，善用比喻排比，使得文章气势不凡。更加之将情感倾注文章，字里行间流露出强烈而又分明的感情倾向，使人读来不禁爱憎交加，颇具感染力。显示出了革命时代巾帼非凡的气度！

（编撰：哈艳秋　王淑凤）

唐群英（1871—1937）

『蹈海烈士』

杨笃生

（1872—1911）

　　杨笃生（1872—1911）　早年积极参加长沙《湘学新报》《湘学报》报刊工作，在湖南报界崭露头角。在东京主编《游学译编》，著述《新湖南》传布内地，成为发行量最大，影响最大的革命读物，因而暴得大名。出任上海《神州日报》总主笔后，撰写大量时评社论，"言人所不敢言"，大造革命舆论。最后，却在英国闻知黄花岗起义失败后，纵身投海身亡。他以务实、勤勉、激进著称于世，是辛亥革命时期杰出的资产阶级民主革命家和宣传家。

"蹈海烈士"

杨笃生（1872—1911），辛亥革命时期杰出的资产阶级民主革命家，他一生追随伟大的革命先行者孙中山先生，积极参与和组织革命活动，以务实、勤勉、激进著称于世。同时，他是一位卓有成就的革命宣传家，先后参与《湘学新报》《湘学报》《游学译编》《神州日报》《民立报》等报刊宣传活动，撰写的大量时评、社论"皆能言人所不敢言"，大造革命舆论，宣传民主革命思想。他在英国闻讯黄花岗起义失败后，纵身投海身亡。民国初，他被追授为"蹈海以殉"、"亡身报国"的革命烈士。

长沙：崭露头角

杨毓麟，字笃生，一号叔壬，别号蛊龠，复改号守仁，1872年11月出生于湖南省长沙县高桥乡一个普通农民家庭。他自幼聪颖，"七岁能文，惊名宿"，至十二三岁，"已遍读十三经、《史记》《文选》及各大名家诗、古文辞"，先后入长沙岳麓、城南、校经三书院读书，"泛览国朝人经说、本国文学、历史，尤留心经世文学"，①奠定了深厚的国学根基。

1894 年，甲午战争爆发，泱泱中国被蕞尔日本打败，颜面尽失。正在校经书院读书的杨笃生，爱国思想油然而生，奋笔疾书《江防海防策》，要求清政府收复失地，雪洗前耻。书院院长杜仲丹阅其文，赞为"景略雄谈"。1897 年，杨笃生高中举人，并获广西知县任；但他放弃功名，毅然受聘时务学堂，成为湖南维新运动的重要骨干。

在时务学堂教学之余，杨笃生担任湖南维新派喉舌《湘学新报》"掌故学"栏目的撰述。他撰写的《述长芦盐法》一文，在《湘学新报》（第20 册）和《湘学报》（第 21—23 册）连载。他从清廷盐政弊端的角度倡言改革的必要性，并制定出切实可行的改革措施。发表有关史学的系列论文，呼吁对"古史"进行改造，摒弃儒学中的糟粕，以大无畏的勇气向"正史"发起了攻击，为维新变法大造舆论，从历史的角度探讨变法的理论依据。[2]

百日维新失败后，时务学堂被解散，长沙省城风声鹤唳，杨笃生避难乡间，幸免于难。1899 年春，入瞿鸿机幕府，后两年在湘绅龙湛霖教馆授课，午夜青灯，阅读革命书籍。

东京：暴得大名

1901 年冬，杨笃生离开龙氏教馆，准备留学日本。1902 年 4 月抵达东京，"先入本国人设立的清华学校，学习日语、数学"。不久，进入宏文学院，后入日本名校早稻田大学，专攻政法，在黄兴等革命志士引导下，走上革命道路。

1902 年 11 月 16 日，《游学译编》在东京创刊，杨笃生担任主编。该刊"专以输入文明、增益民智为本"，内容"以译述为主"，介绍域外新知、世界大势，鼓吹发展实业，推行近代文明教育。言论日益激烈，公开宣传反满。先后发表译作《自由生产国生产日略述》《纪十八世纪末法国之乱》等长文，介绍西方政治学说，论述法国革命历史。他撰写的论文《满洲问题》，详细阐述了满洲问题的由来及其解决方法，"声政府之罪，慷慨淋漓，声泪俱下"，成为传颂一时的佳作。

1902年冬，他以笔名"湖南之湖南人"，撰写洋洋数万言的《新湖南》一书在东京刊行。他从强烈的爱国主义思想出发，用文言写成《新湖南》，揭示了帝国主义利用清政府统治中国人民、实施"以汉治汉"的手段，论证了反清革命的必要性，鼓吹反帝反封建斗争。该书出版后，"风行于世"，"传布内地"，是当时散布最多、影响最大的读物之一，③成为辛亥革命准备时期最具鼓动力的著作之一。

上海:《神州日报》总主笔

杨笃生 (1872—1911)

在办报同时，杨笃生积极参加革命实践斗争，如加入"拒俄义勇队"和"军国民教育会"等，并自学制造炸药，准备从事暗杀活动。1903年11月，《游学译编》停刊。12月，他应邀回到长沙，参与华兴会的组织筹备工作。1904年6月，在沪加入同盟会，参与收回利权斗争、响应萍浏醴起义、营救受难同志。

1907年4月2日，《神州日报》在上海创刊，这是同盟会成立后革命派在国内出版的第一份大型日报，更是东南八省的革命言论机关。杨笃生任总主笔，于右任任社长。他们以"函三"笔名共同撰写并发表了《发刊词》，开宗明义表明创刊宗旨:"挥政客之雄辩，陈志士之危言，澡雪国魂，昭苏群治，回易听众，纪纲民极";④论述"神州人种智慧"、"神州宗教观念"、"神州法律统系"、"神州文学思想""神州冒险性质"等特色;明确提出三个"神州主义"，即"神州社会主义"、"神州国家主义"、"神州帝国主义"，隐约地宣传三民主义思想。

4月3日、4日，杨笃生以"寒灰"笔名撰写社论《论本报所处之地位并祝其前途》，论述了报纸具有"指导国民"、"监督政府"两大功能，指出《神州日报》对于国民负有研究国内外问题的责任。他表示愿与《神州日报》同"为破暗之烛","为自由之钟"指导国民,"鼓吹以迎汝盘敦,以陈汝、教汝、诲汝、寝汝、馈汝!"最后,祝愿"未来之中国国家万岁!未来之四万万同胞万岁!未来之《神州日报》万岁!"⑤

1907年5月8日黎明,《神州日报》创刊仅37天,因邻居失火而殃及受灾,机器设备付之一炬。火起时,杨笃生还在伏案疾书,烈焰封门,他只好沿窗外电杆而下,幸免于难。5月9日,他在复刊的《神州日报》发表《本报三十七号纪念词》一文,表达出积极向上的乐观革命精神,他写道:"火者,所以除旧布新。今旧神州之黑暗将被扫除,新神州之光明将益见,盖已于是乎兆之。"⑥

杨笃生在担任《神州日报》总主笔的一年多时间里,是该报宣传民族主义思想最为激烈的时期。他一直"风风雨雨,夜以继日,四处奔波,可谓至苦"。他先后发表过十余万字的政论时评,痛陈民族危机形势,号召国人奋起反帝,宣传"排满革命"。⑦他的文章生动活泼,幽默滑稽,抒发真挚感情,"以其坚确之辞义,抒其真挚之情感",时人誉之为"公之文欲天下哭则哭,欲天下歌则歌",⑧深深打动了读者,成为《神州日报》"最努力的一个人"。1908年4月20日,杨笃生被留欧学生监督蒯光典聘为秘书,离开上海前往英国。

利物浦:纵身西洋

杨笃生离开了《神州日报》,但继续为其撰稿,如6月19日《神州日报》刊发他撰写的《时事小言》。1908年冬,他辞去秘书职务,转赴苏格兰爱伯汀大学专攻英文及生计学。1909年秋,杨笃生曾在伦敦与孙中山晤面,建议设立欧洲通讯社,并以欧洲特约通讯员名义为《民呼日报》《中兴日报》《星洲晨报》《民立报》等国内外报刊撰稿。

1911年4月27日,黄花岗起义失败。消息传到英国,杨笃生悲愤交加，忧伤过度，"精神痛苦，如火中烧"。当时社会上误传黄兴已在战场牺牲，他闻讯深受刺激，夜不成寐。加之"旧病复发，头痛浮肿，愈不成眠"，悲愤交集，"愤不乐生，恨而之死"，决定"投海中自毙"。他留下绝命书，托人将留英数年积蓄130英镑中的100英镑转寄黄兴作为革命运动之费，30英镑转寄其老母，以报养育之恩。

8月5日，他愤然赴利物浦大西洋海岸边投海自沉，年仅40岁。旅居利物浦华侨为杨笃生召开追悼大会，厚葬他于利物浦公共坟园。纪念碑上用中文写着："中国蹈海烈士杨先生守仁墓。"纪念碑上的一块用花岗岩制成的碑石上，用英文写着："中国烈士杨守仁，因政治思想而死。死时40岁。1911年8月5日。"

噩耗传来，举国震惊。黄兴闻讯，悲痛不能自持。于右任发表《吊杨笃生文》，高度评价了他在《神州日报》的办报活动："主持笔政，海内惊为创见。及秋瑾误杀事件，沪杭甬借款事件出，皆能言人所不敢言，当时自署'寒灰'与'卖痴子'者，皆其作也。海内自有定评，当知子非私好也。"⑨他的好友杨昌济在《蹈海烈士杨君守仁事略》写道："在神州报馆为总撰述，每著广论，精神进露，义气凛然，读者深为感发。君固工文辞，有远以，其不可及处，尤在其言有物，出于至诚，盖并世所罕觏也。"⑩《民立报》先后刊发了《杨笃生小史》《蹈海记者之痛死》《杨君笃生绝命书》等文以示纪念哀悼。

1912年3月，陆军部呈请以南京玄武湖端方私宅建祠，写道："杨笃生，湖南人……痛黄花岗之大功不就，于英岛蹈海以殉，亡身报国。"3月6日，孙中山以临时大总统名义，下令批准云："以上诸烈士，或谋未遂而身赴西市，或难未发而瘐死图圄，或奋铁弹之一击，或举义旗于万夫，或声嘶去国之吟，或身继蹈海之烈，死事既属同揆，庙食允宜共飨。该部所请，事属可行。"⑪对杨笃生"亡身报国"、"蹈海以殉"的革命行为给予充分肯定和高度评价。

注释:

①杨昌济：《蹈海烈士杨君守仁事略》，见王国兴编：《杨昌济文集》，湖南教育出版社1983年版，第29、30页。

②杨毓麟撰，饶怀民编：《杨毓麟集》，岳麓书社2001年版，第4页。

③杨毓麟撰，陶成章：《浙案纪略》，见《陶成章集》，中华书局1986年版，第342页。

④杨毓麟撰，饶怀民编：《杨毓麟集》，岳麓书社2001年版，第195、205、235页。

⑤杨毓麟撰，饶怀民编：《杨毓麟集》，岳麓书社2001年版，第195、205、235页。

⑥杨毓麟撰，饶怀民编：《杨毓麟集》，岳麓书社2001年版，第195、205、235页。

⑦杨毓麟撰，饶怀民编：《杨毓麟与神州日报——以民族主义宣传为中心》，《湖南农业大学学报》（哲社版）2003年第4期、第51期。

⑧于右任：《吊杨笃生文》，见傅德华编：《于右任辛亥文集》，复旦大学出版社1986年版，第196、197页。

⑨于右任：《吊杨笃生文》，见傅德华编：《于右任辛亥文集》，复旦大学出版社1986年版，第196、197页。

⑩杨昌济：《蹈海烈士杨君守仁事略》，见王国兴编：《杨昌济文集》，湖南教育出版社1983年版，第29、30页。

⑪孙中山：《孙中山全集》（第二卷），中华书局1982年版，第183页。

作品选编

满洲问题（节选）

绪言

满洲第二期撤兵，惹起世界列强之注目，于兹三阅月矣。俄国不履行撤兵之约，而以新条约要求于满政府，知满政府之易欺也。厚币以

《满洲问题》

诱之，甘言以给之，英、美、日本知满政府之不足恃也。因势力平衡之利害，而各出于其所欲干涉之地步，荏苒数月，尚无归宿。夫满洲问题，非一满政府之问题，而世界各国经营极东者之问题也；非世界各国经营极东者之问题，而为亚洲大陆主人翁之中国民族存亡之问题也。中国民族不能自解决此问题，则必使欧美、日本列强取而解决之；使欧美、日本列强取而解决之，则为亚洲大陆主人翁者，将永无视息天日之下之一日。夫满政府外交界之现象，惟仰俄人鼻息之不遑，其必终出于让步可知也。列国知俄国主意之坚牢，清政府措置之蒙昧，不屑为无益之争，其必出于最后极平和极惨毒之一解决可知也。今日解决此问题，势必举黑山白水全壤而奉之于俄；举黑山白水全壤而奉之于俄，英之在长江上下游，日之在福建，德之在山东，法之在广西、云南、贵州，皆非见利而思义者也。吾国民于此问题，不可不知其真相，不可不思其究竟，不可不处之以冲决网罗之决心，不可不应付之以实行民族建国主义

杨笃生 (1872—1911)

211

之手段。同胞乎！国民乎！请与诸君熟观外交之黑幕而详察之。

一、俄国新要求之发见

庚子乱定，中俄两国所缔结之条约，六个月以内，满洲俄兵当作三回撤退。第一期线之撤兵，去年年末，名虽履行，然实止于挪移地域而已。第二期线，以本年三月十一日（阳历四月八日）为撤退期。俄国代理公使遂提出关于满洲统辖权之条件要求满政府。据日本《外交时报》所载，俄国新要求之要领书，译文如下（伦敦泰晤士北京通信员所电告本国者）：

俄国与清国，为二世纪以来之邻邦，其接境实长九千里。因他国之干涉，害彼此国际之交好，将使前日所协商之诸般事务，陷于困难之域。于是俄人以防遏外人之干涉为其义务，于关系满洲诸事无不然者，俄国为镇定满洲回复清国正当之官宪，不惜牺牲数千之生命、数百万之金钱。依战胜之权利，俄国固有可以并吞此地之理由。虽然俄国不欲利用此机会，欲如千八百八十一年还附伊犁于清国之往事，如去岁还附长城、牛庄间地域之往事，故今又欲与清国为盟约，而还附奉天、吉林之两部及牛庄之条约港。……

华盛顿《斯达亚报》所论云：俄国对清国所提出之满洲新要求，所谓主权之宣言书也。俄国欲获得一定之新条件，而后履行撤兵之约。如此条约见许诺时，是与俄国以满洲主权，非独对于他国有该地之主权，即对于清国亦得有该地域之全主权。在此条约中，清国尚得于满洲有行政权耶？此不可得之事也。是满洲者，俄国所不许开放而独占之贸易港也。夫牛庄之海关收入，自是不纳于清国税关，而当新纳于华俄银行，是全省收入之掌管权归于俄国之手中也！满洲无论何部分，不能附与他国，是惟俄国将来于全地域有命令权也！非俄国人则不得任用为军政、民政之行政顾问官，是地方行政惟俄国全有宰制权也！且得以清国电线为己国电线之权，是于通信机关当与清国得均等之便利也！……抑因此条件让步于俄国者，是非独失满洲而已，又将举清国全部许俄国以全有之主权，俄国于北京恫喝清廷，他国虽如何相为援助，不能使清廷恢复其正当之权力云云。

二、俄人在东三省之举动

俄人既断然执行收东三省为领土之意见，其在东三省撤兵线内之举动何如？是吾人之所欲详悉者也。然而，吾国民身亲探险东三省者几无一人，吾国报馆特派检察东三省事情者无一员。如是东三省情事，苍苍然堕于云雾之中，无能道其详者。仅仅得于日本新闻纸中，盗窃一二，是吾国民之羞辱也。日人之探险东三省也，有所谓南部满洲之视察者，有所谓满洲踏查录者，有所谓北满洲素通记者，有所谓满洲最近情报者……

俄国之新要求既提出，撤兵条约益益不履行；而完成满洲经营之事业，益益进其步武；准备领有全地域之行动，益益增其敏活。概括东报之所言，有曰俄人促举兵营建筑及其他建筑诸工事者；有曰努力改善凤皇城通鸭绿江之道路、以增进交通机关之便利者；有曰吉林省之驻屯兵不依撤兵条约之限制，在吉林则集一师团之兵于一中将之下，在吉林宽城子各要所增驻多数之军队者；有曰以去五月十九日（阳历）自辽阳向凤皇城输送百四十辆之军器与百辆之马粮者；有曰浮汽船二艘于辽河为巡逻之用，更浮小蒸汽船六艘为自哈尔滨转运之用者；有曰雇佣支那人为兴安岭以西运转之用、自哈尔滨至辽河口为敷设铁道之准备者；有曰用怀柔马贼之策、招集多数贼目使为俄国用者。孳孳于满洲之经营日戒不怠，欲一举而据领有之实权。其脑筋所想象，常对于所要求之第二国而为牢固之根据，对于外来干涉之第三国而□开战之预防，固有席卷长城以北以轰发太平洋岸云垂海立奇哀激险之壮势。

三、欧美诸国对于极东事件之态度

俄人之对满政府也，日以财贿结贵戚近幸之欢心，欲以暧昧成之。

杨笃生 (1872—1911)

而其对于干涉极东事件诸与国也，则以且前且却之势，避激烈之冲突，投之以所觊幸之便利以赡其欲，使勿败吾事而止。当新条件之初起也，首先抗议干涉，而牵制满政府与俄使之行动者，则有日英二国。日本之于满洲事件，与中国关系之最亲密者也。而日英同盟既成立，英国平素所主持之保全开放主义，亦与俄人独力进取有相妨之势，于是举全力以防遏□俄新协商之成立，谓其蔑视日英同盟之宗旨也。虽然，英国固不欲在极东与俄人以强硬之刺激。惟俄人之占领满洲已成为事实，则英国亦必索得相当之代价而已。如《德黎纽士新报》所论云：美国在满洲要求一自由港，为俄人所反对。彼等之斗争，非吾人所与闻也。在亚细亚与俄人妥协者，吾人之利益也。若俄人于印度不妨害吾事，则吾亦不妨任满洲之折入于俄。

观以上所云，则英人所目营而心醉者，在乘俄人东下之势，在支那南部以和平之局得领有主权之事实可知也。其以日英同盟之主义而生干涉者，不过因此为索取新条约之计，非如日本之必须为一决战也。于是日本颇疑日英同盟之不固，而在野之议论，稍稍为之一动摇。

载孟绿主义飞渡太平洋而干涉极东事件者，则有美国。美国于东省事，但于通商上有密接之关系而已，非如日英二国牵连而兼有政治上之主义也。虽然，美国棉花工场恃牛庄为门户以通贩运于满洲者百分之五。当庚子事变，贸易杜绝，美商为之大失利，满洲贸易之杜绝，固必感非常之苦痛者也。北清事变之终局，清俄和约之成立也，俄人以防卫满洲之秩序为口实，得续屯兵队之利益。美国即公然送质问书于俄国，使俄人与以实行满洲撤兵之凭证，固知俄人外交手段之不可端倪也。及是而美人外交界运动益敏捷，遂一跃而得插入东三省之舞台。……

俄国欲以外交定极东领土之主权也，欧美列国皆心许之，非独心许之，抑将相助而各谋其所，安坐而获之天宠。而满政府之对此问题也，付诸等闲，欲以俯首帖耳、敷衍搪责［塞］了之。俄人亦利用满政府之痴聋，而以华俄银行投例外无名之款项以蚀荣寿公主及亲王大臣之心肝，而摄老佛爷之魂魄。国民梦梦相视不发，于是以五洲注目之大事件而举国噤吟，不闻人声，仅仅有大学生呈奏、出洋及内地诸学生义勇队一二事，如闲花弱草点缀于平沙断岸之间。而日薄崦嵫，苍苍黄黄，大陆无光，以趋就于九幽之长夜。

四、新要求之变态

新要求之被质问于美国，惹起世界之议论也，俄国于圣彼得堡极言其非事实。俄外部复美使书，但谓华俄银行有近今新提出之私约而已。而其催促满政府之协商决定也益急，满政府之答之也，选耎无气力；日英则时时警告，使直为拒绝，免生弥天之祸害也，久之不得满政府之要领。始俄使雷萨归朝，命代理公使提出之。既见协议之不能决定，且恐有被拒绝之势也，则亟亟复入北京。以五月十五日（阳历六月十日）访庆邸，续陈前议。当雷萨之未归也，华俄银行职事璞科第氏密见庆邸，庆邸时以病假拒英日公使之接见者数日矣，而璞氏及俄国代理公使则数得密晤。璞氏之见庆邸也，更以四事，反复陈辩，危词以动之，以为雷萨设辞之地步。雷萨既见庆邸，遂言曰："前约既被撤回，今日所议者，四事而已。此四事者，贵政府所不难承认，各国所不至有烦言，诺否惟在足下，乞勿饰辞以为推诿。"庆邸答曰："诺否在朝廷，本大臣但有协议之权，无决议之权，且此事关系大局，徐熟议之。"雷萨之辞去也，庆邸遂仰敕裁于颐和园。……

五、日本主战论之沸腾

莽莽神州，奄奄大国，遂有息窒脉绝之一日。然而有嚣然而聒之，愤然而斥之，而举手揶揄之，而瞠目屏营之，而顿足号啖之之一国焉。见邻人之失火而狂呼誉者，非为邻人也，知其将延缘而焦吾之栋也。彼日本者，对于满洲之不撤兵，最为愤恚者也。德国新闻纸论之曰：俄人于千八百九十五年，曾与他强国相提携，以妨害日本辽东攻战之成业者也。今取其所为妨害日本之事业而实行之，此日本之所为激昂也。诚如此言，中国国民于东三省之感情若何，幸免掠夺而复被转卖，如之何其

杨笃生 (1872—1911)

215

可忘也。转卖之后，复为掠夺者之所怜伤，又如之何其可忘也。然而为日本者，则已骎骎然有唇亡齿寒之惧，乃怫然戚然投袂而起。……

夫日本之于满洲，非有存亡之痛也。失之满洲，而取偿于高丽，又非全然有失败之忧也，而感愤若此者，知危则思奋也。满政府之不知危也，无怪其然。郭开进而赵亡，黄皓横而晋入，尚书铜臭，姹女钱多，饮鸩自甘，亦固其所独怪。吾国民之对此问题也，泛泛然如股掌之上，失一秋毫也。夫俄人之要求也，何为而生出主权之关系？一东三省于俄人而有主权之关系者，中国全土必因此而生出无数主权之关系也。俄人所要求之见诺许也，何为而生出某国平衡之代价？一某强国而生出平衡之代价者，中国全土必因此而无一不交附平衡之代价也。此主权之关系，非满政府受其奴辱；受其奴辱者，吾十八省之同胞也。此平衡之代价，非满政府膺其刲割；膺其刲割者，我四万万之同胞也。呜呼！我同胞可以愤，可以怒，可以缞绖长号，可以剑及屦及奋斗而死！

六、国民之前途

痿痹乎，割之则必动；甘寝乎，鞭之则必痛。不动不痛，顽然如木石者，枯骨也。植满政府之枯骨以为四万万人之代表者，是四万万人皆枯骨也。呜呼！吾国民今日对此问题而尚嗫嚅焉，而尚次且[趑趄]焉。谓此为满政府之所当处分，非吾国民之所当处分也。吾四万万人，其果无心胸以视息者耶？夫俄人生此问题，五洲各国固公认其为主权之宣言书也。虽然，此主权之宣言书者，视满政府之承认与否。满政府而不承认其有主权，虽百俄国，安能夺吾主权者？今视满政府之举动，果承认其主权乎？果不承认其主权乎？不承认其主权也，则当大声疾呼，叱强俄之无礼，沥血以告我国民，以求吾四万万人之同意焉，以求吾四万万人之致死焉。为满政府所负于吾国民之义务则然也，为满政府所负于吾国民之恩泽之责任则然也。又且大声疾呼诉俄国之无礼，驰书以告万国弭兵会，以求世界列国之同意焉，以求列国会议之公断焉。为满政府所以列于世界列国中之资格则然也，为满政府所以列于世界列国中之权利则然也。如是，则吾为国民者，固将举四万万人以满政府之名义联同意之决斗以争主权之存在也。今满政府不能为此，而卖吾国民焉，而卖其与〈别〉国以加吾国民之祸害焉。被要索之国之催迫，则展转迁就，阳离而阴附之；被邻国之诘问，则依阿淟涊以为之应对。夫不拒绝他人之侵主权者，是默认他人之主权也；默认他人之主权者，是公然捐弃己国之主权也；公然捐弃己国之主权，则已丧失其统治该地域之资格。无端默认他人之主权，则且甘心降黜其统治全国之资格，而形成为一无国家之资格之民族。夫中国主权，非满政府所私有也，国民之公主权，一家一姓，不得私有之；不得私有之，亦不得私与之。满政府卖国民而私与之，吾国民固不当公认之；吾国民既不当公认之，则争主权之存在者，为吾国民之所自担任，为吾国民之所自把持也。是故满政府不与俄宣战，吾国民当以四万万人之同意与俄宣战，满政府禁制吾四万万之人之与俄宣战，吾国民当以四万万人之同意与满政府宣战。且吾国民毋视主权之问题，仅仅在此满洲一隅之地也。吾今日承认俄国满洲之主权，则欧美列强侵入吾政治区域之范围中者，若英、若法、若德、若美、若日本，皆将强吾政府承认其所指定之地域之主权。满政府既默认俄国满洲之主权，则又不得不公然捐弃英、法、德、美、日本所指定之地域之主权。满政府将吾国民生命、土地、财产、安全、幸福之主权，处处卖我而捐弃之，吾国民亦听满政府之相卖而捐弃之者，是自捐弃其生命、土地、财产、安全、幸福，以即于流离僵殍、以灭绝其种性也。吾国民不欲自捐弃其生命、土地、财产、安全、幸福之主权，以即于流离僵殍，以灭绝其种性，则断断不可公认他国承受满政府所盗卖之主权；断断不可公认他国承受满政府所盗卖之主权，则断断不可不与英、法、德、美、日本指定地域强索主权者宣战；不可不与英、法、德、美、日本之指定地域强索主权者宣战，则断断不可不先与俄宣战。满政府而禁制吾四万万人今日与俄宣战者，明日亦必禁制我与英、法、德、美、日本宣战。故今日禁制吾与俄宣战者，吾国民盗卖主权之公敌也。吾国民不可不与盗卖主权之公敌宣战，则今日不可不与满政府宣战。夫今日不能与满政府宣战，则万万不能与俄、英、法、德、美、日本宣战；不能与

杨笃生（1872—1911）

俄、英、法、德、美、日本宣战，则吾国民之前途，其谓之何？

黑暗！黑暗!!黑暗!!!谁使我国民沉沦于十八重地狱者，则必曰倾宗覆社、日事淫乐之宫中圣人，城狐穴鼠、贪叨富贵之王爷、大学士也。苦痛！苦痛!!苦痛!!!谁使吾国民堕落于百万由旬苦海者？则必曰婉娈事人绸缪旦夕之野鸡政府、全无心肝不知死活之王八官场也。今日国民不摧灭此积秽之傀儡场，则为技师而舞蹈之者，环而相集也，利用傀儡场之威权以劫取吾国民之主权。故吾国民之主权可以旦夕间消灭，而傀儡场之威权，势不可以旦夕间消灭；消灭傀儡场之威权，则无以为垄断我国民主权之余地也。夫如是，则吾国民之主权与傀儡场之威权，两不相容者也。不消灭傀儡场之威权，则无以伸张吾国民之主权。且不急急消灭傀儡场之威权，待主权消灭之后，则傀儡场已同归于灰烬，而吾国民之主权万无可以复伸之一日。悲夫！傀儡场之威权与吾国民之主权，其相系联为如何之情态乎？吾国民不必尽知之也。苟其知之，则不可不亟亟取傀儡场而消灭之。……

悲夫！傀儡场之以全国之主权为儿戏也，固将有所快也。吾此傀儡场者，宁以之买欢笑于他人，决不以之造幸福于吾国民。以之买欢笑于他人，则吾可以偷得娱乐以穷吾目前之威福也；以之造幸福于国民，则恐国民妨害我傀儡场之娱乐、抑制我傀儡场之威福也。吾愿使汝为波兰人轹死于西伯利亚铁轨之上；吾愿使汝为埃及人行乞于亚力山大之市；吾愿汝为犹太人惨死于卑沙拿比亚之街头；吾终不使汝得发一言、得伸一臂以索得汝所应有之权利；吾愿使我所得之权利，消灭于汝种族被外人侵蚀尽净之时；吾愿以我祖我宗所加于汝之轭辖贻汝，使汝再负之于俄、英、法、德、美之民种之下。吾不赦汝，吾不幸福汝。汝主权早消灭一日，而后吾之威权从而消灭，吾亦乐为之。呜呼！是政府之素心也，是吾国民前途之实历也。

悲夫！我民族毋以此事为外交上之问题也。外交上之问题，可以外交为中心点而解决之。夫此问题，固纯然脱离外交上之性质，而生政治上之关系者也。生政治上之关系，即为政治上之问题，当以政治上解决之。以政治上解决之问题，舍主权之存亡之第一义谛外，无所为解决。欲解决主权存亡之问题，则吾请仰天大呼曰：独立！独立!!
独立!!!

国民，国民！谛听，谛听！今日所当知者，满洲问题，非满政府
之问题，而吾国民之问题也。满洲人之满洲，彼已经数次之条约，割弃
之于斯拉夫民族矣，彼已拱手将该地域之主权贻与他人矣。吾国人而念
及他国主权宣言之首祸，而忿而怒，则满洲之主权，满洲人自可放弃
之，吾国民自当存续之。所存续者，非满洲也，满洲之主权也，抑非满
洲之主权也，二十八省四百余州之主权之存亡绝续之绝大关键也。故今
日论满洲问题，以吾国民主权之存亡为第一义谛。因第一义谛，则有第
二义谛。满洲之主权何以与吾民族有关系？得满洲之主权者，非吾民族
也，牵连而生吾民族全体之利害也。吾民族之主权何以与满政府有关
系？把持吾民族之主权者，非吾民族，故彼一举手一投足能左右吾民族
全体之利害也。吾民族不自认其主权，使满政府把持之，而生主权外市
绝大之叛逆罪案。吾民族不可不自认其主权，则不可承认政府，使得仍
旧垄断吾民族之主权。不承认满政府使得仍旧垄断吾民族之主权，满政
府所外市之主权，他国不得以享有之；夺满政府以夺他国，而后吾民族
拥护主权之势力，无往而不伸也，此为第二义谛。夺满政府以夺他国，
而满政府之怙其强权而蔑吾主权也如故，他国利用满政府之强权以蔑吾
主权也如故，则有第三义谛。吾民族拥护主权之思想不发达、财力不发
达、组织不发达、精神不发达，则拥护主权也如不拥护。夫民族莫不有
思想、有财力、有组织、有精神，而不切实履行之于事业，则终不得发
达。事业者，所以冶炼民族之炉锤也。事业不倡起，则拥护主权也如不
拥护。独立者，国民一切事业之母。一隅独立，则足以号令一省；一省
独立，则足以号令全国，此为第三义谛。曰独立，曰独立，而依赖强援
者，是独立之性质不完全也。菲律宾群岛倚赖美国，而为美国所夺；意
大利萨替尼亚王倚赖法皇拿破仑，而为拿破仑所卖。一有依赖，则独立
之根性不完全。不依赖满政府而倡独立，斯亦不依赖其他之何一国而倡
独立。独立者，非独对于满政府，抑亦对于全世界，此为第四义谛。不
自由，毋宁死。死者，购独立之代价也。华盛顿、亚刺飞、古鲁家诸人

为之，以四万万人之生购奴隶，毋宁以四万万人之死购独立。有个人对强权者之死，有团体对强权者之死。非热心任个人对强权者之死者，抑不能热心任团体对强权者之死。先炼精魄，次炼技业，而后个人可以死，团体可以死。今日不及炼习者，则先以死倡之，是为第五义谛。吾今持此五义谛以贡献吾国民，曰死！死！！死！！！知死则蹈死，知死蹈死则可以独立，可以与满政府宣战而保存主权！！！可以与俄、英、德、法、美、日本宣战而收回主权！！！国民国民！听者听者！

（原载《游学译编》第九册,1903 年 8 月 7 日）

评析：
....

　　1900 年，俄国以镇压东北义和团运动为由，大举入侵东北三省。《辛丑条约》签订后，俄军赖着不走，图谋永远独霸东北。1902 年 4 月，在中国和英日等国的坚决反对下，沙皇政府被迫签订《交收东三省条约》，同意分期撤兵。但是，1903 年 8 月，俄国悍然成立远东总督区，将中国东北视为俄国领土。日本为侵占东北，卷土重来。在日俄战争的前夜，杨笃生审时度势，撰写抨击满清政府卖国行径、谴责日俄侵略中国东北罪行的时事论说文《满洲问题》，深刻地阐述了满洲问题的由来及其解决方法。

　　杨笃生一针见血地指出满洲问题的实质，"非一满政府之问题，而世界各国经营极东者之问题也"；强调满洲的问题关乎中华民族的存亡，"为亚洲大陆主人翁之中国民族存亡之问题也"。他摆事实，讲道理，认为俄国要求签订新约而撤军的行为是可耻的"变态"行为，英日美等列强反对俄国新约仅是表面现象，要认清他们侵华本质。他热情呼吁民众丢掉对满清政府和列强的幻想，抵抗列强侵略东北，推翻满清政府的黑暗统治。"是故满政府不与俄宣战，吾国民当以四万万人之同意与俄宣战，满政府禁制吾四万万之人之与俄宣战，吾国民当以四万万人之同意与满政府宣战。"言辞激烈，感情真挚，让人阅后为之一振。该文论据充分、论证严密，积极唤起民众的民族精神和爱国热情，成为传颂一时的佳作。日俄战争爆发后，满清政府竟然"局外中立"，让日俄在东北大兴战事，荼毒生灵，验证了他对满清政府和列强的前瞻性认识。

论政界之滑稽

自古未有以滑稽立国者。国民对于政府也，以滑稽行之；政府对于国民也，以滑稽应之。自去岁预备立宪以至今日，朝野上下，以滑稽相市，愈演愈剧，乃成为近日政界之现象，恢诡奇变，如睹幻人之搬百戏，不可谓非一活动大写真也。

夫以庸劣贪鄙如现在政府诸贵人者，在国民固明知且不欲自强也，而姑语之以自强；明知其不能立宪也，而姑语之以立宪。此一滑稽也。

杨笃生（1872—1911）

政府之应付国民也，则亦还以其术治之。与我言自强，则亦与之言自强；与我言立宪，则亦与之言立宪。此一滑稽也。

由是日日言自强，不必其果自强也，招权纳贿，丧心病狂也如故；日日言立宪，不必其果立宪也，紊乱行政，隳坏国维也如故。周荣曜纳贿之案未息，而黄庆诰纳贿之消息又被流传；黄庆诰纳贿之言未已，而杨士骧纳贿之消息又被流传；杨士骧纳贿之案方结，而段芝贵纳贿之消息又被流传。以与国休戚之人，而汲汲焉营家私以自封殖，此一滑稽也。

纳贿之术，为途亦多。然以特别之希望，必出之以特别之手段，乃至买妾置媵，可以易官，借床笫之欢娱，承贵人之颜色。封疆之寄，贱于俳优；节钺之荣，售于衾裯，此一滑稽也。

衔命辽左，怆念河山，苟有人心，忍言行乐，而乃顾曲之欢，浓于杯酒；亡国之痛，释于当歌，此一滑稽也。

自此以往，愈出愈奇，言官之抗直，必出于某尚书进言之后；某尚书之进言，又适出于某枢臣失意之时，消息相关，约略可辨，此一滑稽也。

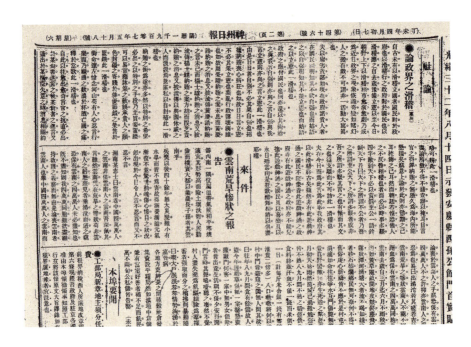

《论政界之滑稽》

舆论所激，不得不借查办以掩耳目。言官之得罪，纳贿之无凭，久为海内所能悬揣矣。窃意上谕于此，则亦惩黜之已耳，掩饰之已耳。然而朝廷若惟恐他人之不反唇相稽也者，而必以时事多艰四字激刺天下，必以赏罚至公一语钤制天下。若曰天下之所谓不公者，乃吾之所谓至公；天下之所谓多艰者，或非吾之所谓多艰。其言之也有惭，而其文之也益支离而不可诘，此一滑稽也。

夫在今日，而为此言，为此事，我政府其以此滑稽终古矣。虽然，非有此游戏神通之国民，不能豢养此游戏神通之政府；非有此游戏神通之政府，亦不能儿抚此游戏神通之国民。且以喜乐，且以永日，殆当由是，狂歌酣舞，相将以俱尽耶嘻！

（原载《神州日报》，1907 年 5 月 18 日）

　　1907 年春夏,清廷庆亲王奕劻丑闻不断。先是受贿直隶候补道段芝贵十万两白银,其子载振亦接受段氏重金纳京城名伶杨翠喜为妾,然后奕劻以助赈为名大办七十寿宴,大肆收受礼金百万两,京城舆论哗然。当时,政界乌烟瘴气,贿赂成风。

　　杨笃生针对政坛黑暗,在《神州日报》上连续 7 天发表《论政界之滑稽》《诮言官》等四篇时评猛烈抨击。他以生动活泼、幽默滑稽的笔调,抒发真挚的思想感情,猛烈地抨击清政府的腐化无能,揭示社会之黑暗。

　　《论政界之滑稽》通过层层深入的排比,分析政界的七大"滑稽"现象,形象而深刻地勾勒出满清政界中一幕幕滑稽的场面,揭示了政府官场的腐败黑暗,唤起民众的民族精神,痛陈民族危机形势,宣传排满革命思想。最后,发出"且以喜乐,且以永日,殆当由是,狂歌酣舞,相将以俱尽耶噫!"的感叹。

杨笃生 (1872—1911)

政府之罪恶

　　西历五月二十七日《伦敦经济杂志》载本月九日北京通信员函述四国借款情形,颇志译录如下:

　　《经济杂志》爱读诸君,想已耳熟中国向四国借款一事,虽吾人未曾得有借款契约原本,然此事进行已非一日。所谓四国借款者,系指中国新近议定招集外债十兆镑(一亿圆以上)。借债者为中国,由度支部出面,放债者为四国企业家联合会。其份子一为美国财团,二为汇丰银行,三为德华银行,四为东方汇理银行。闻该契约大旨,借款期限为四十五年,由第十一年起,陆续偿还成本,其发行债券实价为百分之九十五,其利息为年利百分之五。对于此项借款,别无秘密担保条件,其借款用途则以改革及划一中国币制为第一目的,以开发东三省实业为又一目的。此项借款本息指定以下四项岁入为担保物:

（一）东三省烟、酒两税，总计每年可得一百万两。

（二）东三省大产税，总计每年可得七十万两。

（三）东三省消场税，总计每年可得八十万两。

（四）中国全国最近盐斤加价（光绪三十四年五月成案），总计每年可得二百五十万两。

以上四项岁入，必须每年足够担保借款本息之用，如四项岁入不敷担保借款本息及他项费用，中国政府当更指定他项岁入足够弥补此项不敷数目者为担保物。如照此仍有不敷担保之处，中国政府当将上文指定各岁入交与四国放债联合会管理，以凭保全各股东利息。在借款未经偿讫之期限内，中国政府非经与四国放债诸银行协商承允，不得辄将所有上文指定充担保物之各岁入径行减征或径行裁去。如欲改指他项岁入作担保物，必须一律声明，"应行交与四国放债联合会管理"字样乃能作为有效。

以上为此项契约大要。在中国政府一面谓此次借款甚为合算，并不昂贵（做梦），各项担保物亦当使放债人满足，此事结局当甚圆满（做梦）。然此种心理只是就中国政府一面着想，如就他一面言之，则有一致命之问题在，如此项借款欲得如放债人心目中所预想之实在利益，则契约中各项手续究竟能否正当忠实执行，殆未可知（寒心）。

闻最初协商此项借款时，四国放债联合会要索一管理财政权极严重之条件，但旋即撤消。此项明文，盖为事机便利起见，如照现在契约进行，确无此项明文，因中国政府为一种理由（此种理由容易说明，但本篇无余白论及此事，译者曰自然是怕中国舆论反对）。仅愿照彼等所欲订明之契约招募借款以便顾全面子，所以欲将四国借款联合会管理财政权即于此时明订于契约上，无论如何，难以办到。四国借款联合会因是决计另换他项条款，以便占领彼等要紧之脚步，但如何使此等条款完全有效仍是别一问题（意谓非管理财政权不可也，观本文自明）。

所谓另换他项条款者，第一项为中国政府应聘定一财政顾问官，此事中国政府曾咨询美国驻华公使喀丰君（Mr. Calhoun），请选令财政顾问人员，但喀丰君所选定之人，不许用借款国国籍人员，即不能在美、英、法、德四国人中指出何人是也。但聘定财政顾问官一层，闻契约草案中亦未订明，只是彼此心照，因为妨中国人民感情锐敏之故，故中国政府在何等时期及在何等范围以内应听受财政顾问官指挥并无明文指定，将来中国政府对于财政顾问官勉强敷衍，或只偶一听受，皆非势所必至。

第二项中国政府改革币制及开发东三省实业两项奏案必须确守四国借款联合会商允办法，第二项及以下各节系于契约草案中订有明文。闻改革币制奏案草稿已经与四国借款联合会协商，且四国联合会对于此件，尚未同意。

其交款办法系据下开两项事情办理。（一）无论如何，此项借款之大部分在六个月以内不能动用。（二）四国借款联合会非经协定、改革币制草案确表同意后，不能交款。照此两项指定期限，以便四国联合会斟酌事情，且改订必要修正之条件，至少以确定币制改革划一等办法为限。

杨笃生（1872—1911）

其防止中国政府滥用此项大宗借款办法，订明应照下开各节办理：（一）所有各项用途详细款目，必于每次支项时开交四国借款联合会；（二）每年应分四季造具支款清册，并将用款详细数目声明；（三）每年应造具本年年终报告，照按月结算办法开交资政院或国会审查。

论防止中国政府滥用办法，其第一、第二项只算是勉强凑数，除非四国借款联合会秘密位置多数人员监督滥费，决无效力。将来四国借款联合会必定切实办到此事。惟在百分之二十或二十五以内，恐非四国联合会监督所及。至于交资政院审查全是中国门面话，与本题无甚关系，纵令资政院果能切实审查，然彼等在于政治上之位置，亦非长命者。

吾辈细观上开各节，于此得一结论：契约上无管理财政权，明文不能使吾人满意，然吾人知此事实已竭力磋商。虽因中国人尽情锐敏，改换面目然。已为将来开辟坦途，此后尽由吾人施展正当管理财政及各种健全政策，中国此后当立于非常困难地位。虽万一可得幸福，然其为极恶消息，实居意计之中。中国将来必知此邦所谓待汝收得结果时何方知彼等真相者之非谰言，但目前乐得一绝好机会，有一大宗财源待渠享用也。

译者曰：四国借款契约成立，即中国步埃及后尘之第一步，即最近政府贩卖本国人民土地之绝大事实。财政顾问等条款皆是掩耳盗铃办法，政府明知之而故踏之，只是乐得享用一宗大财。除此以外，不知其他。吾人今日苟欲保存种性，恢复国会，倘仍向资政院请求、临时会国民上书要求，种种举动，皆无实在效力。愿爱读诸君一省此言也。

（原载《民立报》，1911 年 6 月 21 日）

评析：

1911 年 5 月 9 日，清政府宣布，全国铁路干路收归国有。消息传出，全国震动，列强震怒。5 月 20 日，清政府被迫与英法德美等四国银行团正式签订《粤汉、川汉铁路借款合同》，四国享有修筑和继续投资的优先权。清廷此举，使得两湖、四川、广东等地动荡不安，全国保路运动兴起。身处英伦的杨笃生心系祖国，在《伦敦经济杂志》阅读北京通信员关于四国借款通讯后，奋笔疾书，将其主要内容进行翻译，并加以评析，撰写成时评《政府之罪恶》，寄回上海《民立报》发表。

杨笃生逐条批驳了《粤汉、川汉铁路借款合同》条款，分析了这些条款对中国的影响，向读者阐述了不平等条约背后所隐藏的种种危机和陷阱，是"中国步埃及后尘之第一步"。他批评清政府痴心妄想的"借款条款合算并不昂贵"和"结局圆满"是"做梦"，其实质是"政府贩卖本国人民土地之绝大事实"。他积极呼吁国内民众认清满清政府的丑恶面目，放弃和平请愿方法，行动起来，为保路运动进行了舆论动员。

（编撰：邓绍根）

　　卞小吾（1872—1908）　四川新闻界一位豪爽侠义、为国为民、无私无畏的传奇人物。他对功名利禄不感兴趣，专爱结交有识之士，谈论国家兴亡之道。丧权辱国的《辛丑条约》签订后，他深感办报是爱国知识分子唤醒民众、开启民智、宣传救亡、提倡革命的最有效工具，就变卖田地，创办了重庆历史上第一张日报——《重庆日报》。后因报纸宣传革命，他被捕入狱，惨死狱中。

毁家纾难为办报

近代中国的四川新闻界有一位豪爽侠义、为国为民、无私无畏的传奇人物，名叫卞小吾。他对功名利禄不感兴趣，专爱结交有识之士，谈论国家兴亡之道。丧权辱国的《辛丑条约》签订后，他对清政府彻底失望，积极投身于民主革命的洪流中，先后到北京、上海，结交了一些有进步思想的京、沪记者。经过数月探讨，卞小吾深感办报是爱国知识分子唤醒民众、开启民智、宣传救亡、提倡革命的最有效工具。卞小吾回到家乡后，变卖了田地，创办了重庆历史上第一张日报——《重庆日报》。后因报纸宣传革命，他被捕入狱，惨死狱中。

"大头摆"出川结识京沪名人

卞小吾（1872—1908），原名卞鼎，名章墀，字小吾，笔名黄族一青年、白话道人、犹太遗民万古恨。祖籍江苏扬州，明末移居四川，1872年出生在重庆江津白沙镇。卞家世代书香，为江津十大家族之一。① 弟兄五人，卞小吾排行第三，从小天资聪颖，勤奋好学，16岁考中秀才。

228

中·国·名·记·者

《重庆日报》

卞小吾 (1872—1908)

但他不愿沉湎《四书》《五经》，向往新文化、新思想，尤其痛恨清王朝腐败无能，推重黄宗羲的学说，极力赞成"为天下之大害者君而已矣"，治天下"不在一姓之兴亡，而在万民之忧乐"等论断。他为人豪侠，常替人与当地官府"理论"，慷慨陈词，语言犀利。当时清王朝已经十分腐朽无能，卞小吾又接受了许多新文化、新思想，特别是民主革命思想，官员常被他驳斥得理屈词穷，狼狈不堪。官吏们都怕他，给他取了一个"大头摆"的浑号。

丧权辱国的《辛丑条约》激起了卞小吾一腔救国救民的热血。他离开江津到重庆，受到"游想会"同仁杨庶堪、朱叔痴等至交好友的欢迎。卞说出自己欲南下寻找革命党人的打算，杨、朱早有联络革命党人举事的想法，决定派卞小吾去上海、北京，考察革命形势，再做定夺。

1902年到1904年年初的两年，卞小吾在北京、上海广泛结交革命志士，先后与汪康年、马君武、谢无量、冯自由、章士钊等人朝夕过从，谈革命事，酒酣耳热。他还时常去参加蔡元培、吴稚晖组织的"爱国学社"在张园举办的讲演会，与众革命党人畅谈国事，喜怒哀骂，怒斥清王朝。同时，他结识了正在主持日文周报——《上海新报》的日本人竹川藤太郎，此人成了他事业的同道。卞小吾还称竹川为"大兄"，自称"同文弟"。②

1903 年，时值上海"苏报案"案发，邹容、章太炎下狱。卞小吾三次去狱中探望，与邹、章密商革命，认为清政府与帝国主义已在密切配合，一致对付革命党人，上海同北京一样，应暂避其锋，而西蜀地处边陲，交通不便，民智未开，大有用武之地。

毁家纾难创办鼓吹革命的报纸

1904 年 2 月，卞小吾从上海回到重庆，向革命党人转达了京、沪革命党人的期望，并与杨庶堪、朱叔痴等革命人士商议，决定办报纸、开学堂、建工厂，以宣传革命，启迪民智，挽救危亡。鉴于经费困难，他效法陈范捐资接办《苏报》之举，返回江津与兄弟商议将祖遗田产变卖，得银六千两，用作活动经费；然后又去上海，购买《革命军》《警世钟》《苏报案纪事》等革命宣传读物数百本，运回重庆，广为散发，鼓吹革命。

1904 年秋，竹川藤太郎结束了三峡、川西和成都的旅行和考察，通过日本驻渝领事，结识重庆的开明士绅，成立东亚同志会。此会宗旨之一是办报，"在四川宣传民主、自由、科学的思想"，与卞小吾的想法一致。竹川便写信嘱在上海的卞小吾购买办报所需印刷机和聘请技师。卞小吾带着新式印刷机与三位技师回到重庆。

1904 年 10 月 17 日，四川第一家日报——《重庆日报》在重庆方家什字麦家院（今渝中区民生路重庆宾馆对面）创刊了。这天是中国的重阳节、日本庆丰收的神赏节，所以《重庆日报》选择在这天问世。这是重庆新闻史上第一家鼓吹民主革命的资产阶级革命派报纸。针对官府畏惧洋人的心理，报纸聘请了日本人竹川藤太郎为社长，以肖九垓、燕子才、周拱极等为工作人员。

《重庆日报》是一张四开、四版，用土宣纸印刷的小报，周六刊，一版的报眉处刊有三种日历：公历、农历、日本明治纪元历。它一诞生就以鲜明的反清色彩引起世人注目。卞小吾亲自撰写社论，揭露世道黑暗，抨击贪官污吏，鼓吹社会变革。《重庆日报》创刊时日发行量仅500份，创刊100期时，发行近4000份。这天的报纸刊登了重庆以外的22个发行地址，有成都、北京、上海、湖北宜昌及日本东京等，可见其影响。卞小吾还创办了东华火柴公司（1904年）、东文学堂（1905年2月）、女工讲习所（1905年5月），这些实业也为报社经营提供了经济来源。

《重庆日报》为开启川人心智鼓与呼，报纸先后推出《四川人快看》《商人快看》③、《为父母快看》三篇连载言论。《四川人快看》一针见血指出"法国欲在四川修铁路，胁迫借款给铁路局。如果借了钱，铁路的经营权就会被剥夺"。《商人快看》揭示，西洋列强的发展源于商人的努力，而中国的商人观念陈旧，"新商人、老商人依旧缺乏学问，造成中国商业落后于外国的状况"。《为父母快看》议论缠脚和父母的教育问题，对改变传统观念很有助益。他认为"不管是有钱人还是穷人，重视孩子教育，培养他们的学问和公众道德，让他们为国家工作，这才是为孩子着想"。三篇言论陈述国际国内大势，联系四川实际，宣传民主、自由、平等思想，传播现代文明和科技知识，以唤醒人民觉悟，去改变被奴役、被压迫的现状。

从30期始，该报连续几天连载《四川铁路要紧》④，大声疾呼"倘若外国人来修铁路的话，则国不成国，国民的土地财产会被断送"，"四川的铁路，不仅关系到四川省的存亡，并且关系到中国的存亡"，我们的使命是不把川汉铁路交给虎视眈眈的列强，以保卫中国的利益。

卞小吾以一个激进的资产阶级民主革命战士的姿态，向西风残照里的清政府开了"三炮"：一是抨击清廷专制，要求建立现代民主政府。

卞小吾（1872—1908）

在他撰写的社论《论禁遏言论自由之可畏》揭示"报社被关闭，书籍发行被禁止，国民舆论也被禁止。这实际上是把秦始皇的法律搬到现代社会里来"，"剥夺国民言论自由，是亡国愚策"。二是敢于向清政府专制的象征辫子发难。他写文章《剪辫问答》，说长辫子尽是缺点，是负担，必须剪去。在一次演讲会上，他公然放下头上的辫子，摸出剪刀，咔嚓几刀，剪了长辫。三是向科举制度投去了最后的匕首、投枪。他一连写下《近日重庆之难堪》《告应试诸君》，把科举与瘟疫、迷信相提并论。

《重庆日报》有针对性的论说，丰富的资讯，现代的印制及通俗而平易的文风，引起读者关注，获得好评。尤其是卞小吾主持笔政期间，撰写社论，抨击贪官污吏，鼓吹社会变革，使重庆日报的反清革命的舆论达到了高潮。读者赞其为"重庆的苏报"，影响传播于京城。

狱中被害青史留名

清政府地方当局欲置卞小吾死地而后快，但却碍于外国人的特殊经营权而不得下手。1905年4月9日，竹川因病离渝回国；25日凌晨，卞小吾去女工讲习所授课，刚走到一茶馆门前，从里面冲出来两名衙役横在卞小吾面前，"请"他到巴县衙门叙谈。卞小吾托词回家换衣服就来，衙役不依，七手八脚抓住他塞进官轿，飞快地抬进巴县衙门。随后，地方当局查封了《重庆日报》，关闭了"东文学堂"、"女工讲习所"，东华火柴厂也随之破产，"重庆的'苏报案'"就这样发生了。

卞小吾在狱中并没有被反动派的气势汹汹所吓倒，写了《救危血》《呻吟语》等宣传革命的文章；常给狱友讲民主革命，背诵《革命军》。清政府对卞小吾又恨又怕，曾多次指示成都知府高增爵杀害卞小吾。因革命党人的斗争风起云涌，高怕杀了卞小吾，自己后果不堪设想，迟迟不敢下手，后想出了利用同牢的王佑生杀害卞小吾的毒计。

1908年6月13日深夜，在成都府科甲巷待质所阴森恐怖的牢房里，被官府收买的王佑生用匕首凶残地杀害了卞小吾。第二天夜里王佑生被人毒死在牢房里。接着，成都街头巷尾传出卞小吾自杀的谣言。人们不相信，舆论哗然。

卞小吾惨死的消息传到重庆，革命党人痛哭流涕。噩耗传到江津，卞妻袁氏赶到成都，开棺见卞小吾身带 73 处刀伤，顿时昏厥过去。袁氏和卞小吾的二哥根本不信官府的结论，多次上堂击鼓喊冤，奔走上诉，都被官府以"凶手业已抵偿"为由搪塞过去。

1911 年 11 月 22 日，辛亥革命后的蜀军政府成立，追认卞小吾为辛亥革命烈士，以慰英灵。辛亥革命志士卞小吾，为了国家富强、民族振兴，赴汤蹈火，义无反顾，一身浩然正气，炎黄子孙应永远崇敬和缅怀。

卞小吾（1872—1908）

注释：

①《卞烈士传》，见隗瀛涛等主编：《四川辛亥革命史料》下册，四川人民出版社1982 年版，第 188 页。

②《上海新报》第 1 号 3 版"词林"栏，1903 年 12 月 26 日。

③《重庆日报》第 11 号至第 21 号，断续 8 期，又发表《商人快看》。

④《重庆日报》第 30、31、34 号连载《四川铁路的要紧》。

作品选编

中国之三权

中国数千年来国势所以萎缩不进者，盖有三大魔力焉，以为之障其学术之腐败也。由此，政治之紊乱也；由此风俗之窳恶、道德之颓丧也，莫不由此。此其义近年新学家大抵能知之，能言之矣。而一般社会或未能综其纲要焉，故不避勤雷之讥，用引伸其义。以为中国国民告焉。三者何？神权、圣权、君权是也。

一曰神权。中国者多神教之国也，自古圣人即以神道设教，尧舜禹汤文武周孔莫不皆然。孔子盖未尝迷信之，而亦未尽革之也，六经中尚三致意焉。自秦汉以还继以神仙之说，杂以谶纬之谈，重以佛老之论支流派衍蕃变纷弦。凡阴阳也卜筮也，星相灾异也皆神权中之支配物附属器也，当其始愚氓。蚩蚩道德不能感法律，不能齐惟悬一冥冥中，无形之鉴观使之听而不见，视而不闻，一若善恶，初萌刑赏即从其后。于是乎作奸犯科之辈，君权所不能及者，神权得而及之焉。此未开化时代所以必借重宗教也。特是民智既开，则宗教之势力自渐减微。盖民智之与宗教常成反比例焉。一定之阶级则然也，乃中国之神权有增而无减。驯至君臣上下，蜷伏牵制种种不得自由，虽其中不无特识之士，足以矫枉而镇时。然千万中不得什一焉，或仅得之而一傅众，咻不至强不狂为狂不止一。出入有忌，一动作有占，一疾病有祷极之；一衣一食，几莫不有吉凶祸福之避趋巫觋僧尼，令禁拟于君父。祭祀斋醮奉持，重于政刑人事，废真理湮民智，日流于黑暗卑下，而不反此其故何哉？亦以君权圣权之互相因缘而已，是故神权不破，中国民智必不能伸，而直接间接以阻碍文明之进步者，其祸更滔滔而未有艾也。

二曰圣权。中国之万事万物，其是非一取决于圣人。自尧舜禹汤文武至孔子，而集圣人之大成亦自孔子，而臻圣权之极轨。虽然圣人者不自有其权，而后人强加之者也。孔子一世未尝自谓生知而人皆可以为尧舜，惟狂克念作圣之言。经传中复指不胜屈究，其圣权发达之原委，盖一出于君主，一出于陋儒〔君主之尊获圣权下段更详言之〕，彼陋儒者己之聪明，才力不足，以企及于前人，而浅陋虚无又不足，以掩当时而欺后世。乃造为生是使独之，谈阳尊圣权，而阴护己短。其甚者或假以为迎合君主之媒，故圣权者复与。神权、君权为正比例者也，所以秦汉后之学术愈趋愈狭，愈支离破碎而无复生机。汉学也、宋学也，自谓宏博渊微穷神达化，而不知其皆往来匍伏于圣权之下也。夫圣人者，谓其知能过于人，则诚有之谓其知能尽绝于人，则期期以为不可若谓其知能必尽绝于人，则一尧舜足矣。而禹汤何为者文武？何为者孔子？又何为者岂其孔子？以前千数百年应有许多圣人，孔子以后数千年遂不应有一圣人乎？试问今之事事物物其为圣人所知所能者？曾有十之四五否耶。识者谓中国秦汉后之学术有发明而无进步，良以圣权束缚，有以伐其萌蘗而窒其源流。至于今受东西洋哲理之灌输，非不稍为脱出矣。而四书五经之名义，终觉浃于肌沦于髓，不敢毅然议及者，其桎梏之深且切为何如也？是故圣权不破，民德不必能独立，进取有断然者。

（原载《重庆日报》第一百二十九号，1905 年 3 月 30 日）

卜小吾（1872—1908）

（续）一曰君权。专制国君权之恶毒，夫人而知之矣，二十世纪之末专制政体绝不能生息于地球。特中国以数千年淫威压缚人民之生气，久刈灭而无遗。自其先大遗传，已只知有天王圣明，惟辟作威之主义，孩提学语便道君为臣纲。故虽近年有识者大声疾呼，发明民贵君轻之理，以聒其耳，动其心。而混沌者脑筋待凿游移者立脚无根，求其灼见真知，毅然捨去者，盖仍不多覯焉。夫君一人耳，何以独有若是之权，不过以能操刑赏之柄而已。君一人也何以能操刑赏之柄，不过以假神权、圣权，以为之而已。然则君本无权也，皆假神圣之权以为权。是以狐鸣篝火，揭竿斩本者，假之金匮井石居摄即真者，假之明明篡夺，而假于天命，明明昏暴，而假于亶聪其始也。君权以神圣而固其继也，神圣以君权而尊，辗转循环互相为因，互相为果。而民力于以消，社会于以萎，国家于以腐矣。故中国人除非常特出者而外，鲜不因二十四朝之血污历史印一大恐怖于心头，即或有所作为，而畏惧服从之思想，终觉未能脱尽也。是故君权不破，民力卒陷于地狱，而不伸神权，圣权亦即有其护符，而愈难摧拔也。

以此言之，三权之为害甚矣。就中以君权为可恨可愤，而破之尤难。神权为最毒最深，而破之亦不易。圣权其稍轻也，破之之术奈何？

235

亦曰提倡人权而已。人生于世界之间，身体同知觉，同其赋之于天者无不同，谁为有权，谁为无权？一切皆平等也。神权之迷信荒诞不待言；君权之野蛮专制不待言；彼圣权者世人所奉为天经地义，无敢陨越者也。然诚问孔子，而后不当再有孔子，其孔子之愿乎否也？夫思想自由、言论自由、行为自由，原天地间万刦不变之公理，文明进化人力胜天。何有于神权？学术蕃昌后来居上，何有于圣权。天下为公天听自民，何有于君权。上天下地，唯我独尊，反身而诚，万物皆备，谁与快刀断乱麻，一拳碎黄鹤。举三权者，摧陷而廓清之，扫数千年沉暗之刦灰，以与黄族更始，夫而后民智不增，民德不进，民力不厚者，未之有也。

（原载《重庆日报》第一百四十号，1905 年 4 月 11 日）

评析：

　　社说即现在社论,《重庆日报》后期的社说，为卞小吾所写。《中国之三权》是卞小吾对中国的神权、圣权、君权之产生、演变及发展危害的透彻分析批判，是一篇十分重要的社论。他分析神权，认为中国多神教之国，自古圣人即以神道设教，尧舜禹汤文武周孔都是这样。自秦汉以还继以神仙之说，凡阴阳也卜筮，星相灾异也皆神权中之支配，使人愚氓。他分析圣权，认为中国之万事万物，其是非一概取决于圣人，圣人并无权，而后人强加为之。而圣权发达的原因，一方面是出于君主设权，一方面出于陋儒。陋儒才力不足，以企及于前人，欺后世，所以阳尊圣权，而阴护己短；或借以迎合君主，所以圣权兴起。秦汉后之学术有发明而无进步，都是圣权束缚，而窒其源流。君主本来无权，是借神权、圣权。而君权之恶毒，人人皆知，所以卞小吾大声疾呼："二十世纪之末专制政体绝不能生息于地球"，"君权以神圣而固其继也，神圣以君权而尊，辗转循环互相为因，互相为果。而民力于以消，社会于以萎，国家于以腐矣。"因此，卞小吾提出破除三权，倡导思想自由、言论自由、行为自由，文明进化人力胜天。呼吁上天下地，唯我独尊，快刀断乱麻，一拳碎黄鹤，扫数千年沉暗之刬灰，增民智、增民德、增民力，以开新天地。

政府与民族

有政府有民族而后有国家，国家之消长，视其政府民族之现象而已，且视其政府民族相对之现象而已。

中国者既有政府矣，既有民族矣，其现象若何？其相对之现象又若何？此有心人所亟为研究者也，大抵自庚子以来，迫于大势不得不强勉而言变法、言维新。政府出于强勉其现象，为敷衍民族，出于勉强其现象，为凌乱而媚外畏外，又朝野上下之普通性焉。此今日中国之政府之民族也，至其相对则政府之于民族也，前日多用。愚今日多用抑民族之于政府也，前日多用。望今日，多用责盖政府，以东西洋文明，输入民智，渐开愚之术不足，尽恃乃加意。于抑抑则必防防则必备，而禁学陆军，兴办警察之现象，出民族亦然。知望之而彼不加省，乃动用其责责，则必来求则，必苟然以实力之未充也。而仅有闹漕罢市之现象出究之，政府憎民之责，而抑之愈严，民忿政府之抑，而责之益甚。以此现象互相为因，互相为果。同室操戈而家道索，兄弟阋墙而外务遒矣。

吾人敢为中国之政府民族告曰：政府赖民族以成全民族，赖政府以统一，无民族，固无政府。然无政府，而民族又何以立也？要之其相赖者，非相赖也，相与以为国家而已。政府为国家着想，而后知徒抑制者，不可以长民族为国家图维，而后知徒责人者非所为计。泰西文明国勿论矣，即观于日本，此次之国债而其政府之得民族民族之信，政府其效为何如其道可深长思也。中国为政府者即当念人亦政府也，我亦政府也，何以人如是，而我不如是。为民族者，即当识人亦民族也，我亦民族也，何以人如是，而我不如是。易其相疑者而为相谅，去其相敌者，而为相需。夫庶几国家之机体不至于滞涩而运动，日趋于活泼哉。

卞小吾（1872—1908）

237

嗟乎！啮岸冲堤太平洋之风潮日逼，翻云覆雨欧罗巴之政策无方，中国处此其安也？政府与民族为之其危也，亦政府与民族为之，政府与民族者是其千钧一发之维系也。戒之哉政府与民族；勉之哉政府与民族。

（原载《重庆日报》第一百三十八号，1905 年 4 月 11 日）

评析：

社说《政府与民族》是卞小吾对世界局势的分析后，对政府和民族如何认识自己的地位和作为，提出的真知灼见，论述平和。他开门见山，提出二者的关系："有政府有民族而后有国家，国家之消长，视其政府民族之现象而已，且视其政府民族相对之现象而已。"接着分析中国自庚子以来，迫于大势不得不强勉而言变法、言维新。政府出于强勉其现象，为敷衍民族。而民族多批评政府，输入东西洋文明不够。对于民族的闹漕罢市之现象，政府憎恨民族。但是，政府对民族压抑愈严，民族对政府愈气忿。此现象互相为因，互相为果，必然出现同室操戈而家道索，兄弟阋墙而外务道。所以卞小吾规劝政府和民族要互相依存，彼此谅解，互相信任，以维新后的日本为榜样，把国家建设好。

可惜中国之民权

天下事有大权在握，而委谢之放弃之。且日日借口于无权者，彼何人乎？则中国之绅民是。

盖专制政体之弊，虽曰乾纲，独揽而余一人，深居高拱不啻坠聪塞明，故不得不寄耳目于政府。政府之去君主，其间不能以寸也，故不得不寄耳目于疆臣大吏，疆臣大吏之闻见又几何也？故复寄耳目于监司、守道，监司、守道复寄耳目于州县。州县虽与民直接，面处则衙斋春锁，府第潭潭，出则前呵后从，旗旄载道。或以语言不悉，风尚悬殊，其于民间情伪，正所谓咫尺应须论万里也，故不得不寄耳目于绅民建设也。惟绅民成之破坏也，惟绅民败之。是惟绅民之褒，非惟绅民之贬。得惟绅民之赞助，失惟绅民之批评。州县据而上监司、守道，监司、守道据而上疆臣大吏，疆臣大吏据而上政府。成败于是分是非，于是决得失，于是凭申详也、禀覆也、查核也，何一非如是我闻哉？

由此观之，绅民诚握无上之权力者也，比如杀人大罪也，而绅民可以为之保释解脱，大逆监典也，而绅民可以为之掩饰轻减，其他种种可大可小之事，绅民皆得而左右之。盖州县官，除特别躬亲与信用私人外，莫不倚赖绅民。譬如远行必须乡导理之，所在势亦宜然。是故能改良社会，实展措施者，宜莫绅民若矣。乃一遇公益公利之事，则上焉者随人，唯诺弱懦徘徊下之，则反对阻挠横讥妄梗，举至尊至贵至难得之权，废而不用，或且误用焉。吾人为绅民惜、为绅民悲，而不能为绅民恕也。夫地方自治之规模，不徒炫其名，要在求其实。使绅民而热诚爱国，则得贤州县可与。有为得不贤者，亦可借以饬吾乡里，何至徒以全躯保家营私，为己为桑梓诟病，作社会赘疣耶。呜呼！中国名为君权，其实未尝无民权，特隐蔽废芜无人发挥而光大之耳。今海内外志士叫号呼吁提倡民权。夫岂思回有之物，只须推广，而无待外求耶。而内地绅民犹隔十重云雾，昏昏焉莫之省也，其可太息，孰有如此者。

（原载《重庆日报》第一百六十三号，1905 年 5 月 10 日）

卞小吾（1872—1908）

评析：

《重庆日报》多次提出社会变革要依靠乡绅，转载文章也涉及乡绅参政议政的问题。社说《可惜中国之民权》是卞小吾具体阐释民权的一篇社论。在中国近代所谓民是指绅士群体，所谓民权是指绅士群体之权。卞小吾称之为"绅民"，绅民非今天所指人民；绅民之权也不是今天所指人民的权力。绅士参与朝廷之下州县的工作，在卞小吾看来是应该的，是必须的，而且好处很多。比如对犯杀人大罪的，绅民可以为之保释解脱，大逆监典的，而绅民可以为之掩饰轻减，其他种种可大可小之事，绅民皆得而左右之。就是改良社会的具体措施，也要依靠绅民。但是，中国内地的绅民对自己的权力，犹隔十重云雾，昏昏沉沉不知反省，不懂得使用自己的权力。所以，卞小吾为中国内地绅民可惜、为绅民悲哀，而不能宽恕内地的绅民。

（编撰：乔云霞）

梁启超（1873—1929）从事报业工作 27 年，主编或参与创办过 17 种报刊，对新闻业务、新闻理论均有巨大贡献。他在维新变法时期即已为"言论界之骄子"，其"时务文体"笔端常带感情、"纵笔所至，略不检束"，其文章"惊心动魄，一字千金，人人笔下所无，却为人人意中所有"。他还提出了办报的四条方针：宗旨定而高，思想新而正，材料富而当，报事确而速。他提出了报纸的"去塞求通"的功能，并比之为"耳目喉舌"，认为报纸"对于政府而为其监督者"，"对于国民而为其向导者"，是中国资产阶级新闻思想的奠基人。

创办报刊　推动维新

　　梁启超（1873—1929），字卓如，一字任甫，号任公，广东新会人，笔名有饮冰子、少年中国之少年、哀时客等四十余个，是清末资产阶级报刊政论家、维新派代表人物，民初清华大学国学研究院四大导师之一。他幼年起接受传统儒家教育，"八岁学为文，九岁能缀千言"，①十七岁中举，十八岁入京会试落第，同年结识康有为。1895 年，与康有为联合十八省在京举人公车上书，后参与编辑《万国公报》，成为他长达 27 年报业生涯的开端。1896 年，梁启超南下，任上海《时务报》主笔，以开民智、求自强为主要目标，大力宣传其维新变法主张，取得了较大的社会影响。戊戌政变后，梁启超逃亡海外，在日本先后创办了《清议报》《新民丛报》《新小说》《政论》《国风报》，在檀香山创办《新中国报》，不遗余力地进行社会启蒙和政治宣传，成为当时舆论界的执牛耳者，被誉为"言论界之骄子"。辛亥革命后，梁启超回国，数次步入政坛为官，期间主编《庸言》《大中华》《改造》杂志，晚年在清华大学研究学术，从事著述及讲学事业，与王国维、陈寅恪、赵元任并称清华国学院"四大导师"。梁启超在政治、文学、史学以及新闻学等多个领域均有突出造诣，被称为近代中国历史上一位百科全书式的人物。

开政治家办报之潮流

从 1895 年参与主编《万国公报》投身报业实践开始，到晚年主持《庸言》《大中华》等杂志，梁启超 56 岁的生命历程中竟有长达 27 年的报人生涯，先后主编或参与创办过 17 种不同的报刊。作为清末资产阶级政论家，他以如椽之笔，撰传世之文，把办报作为启迪民智、宣传变法以及实现其政治理想的有力手段，并反映出不同历史时期其思想变化和社会政治精神面貌。

梁启超的报业实践分为三个阶段：第一阶段是维新变法时期（1895—1898），主要是主编《万国公报》《中外纪闻》和《时务报》。在这一时期，梁启超感到当时社会时局维艰、风气未开，主要致力于介绍西方思想文化以开民智，并借助《时务报》这一平台系统地宣传其维新变法主张，以致"通邑大都，下至僻壤穷陬，无不知有新会梁氏者"，在民众中产生了重大反响，极大地推动了社会进步。第二阶段是戊戌政变后至民国之前，梁启超流亡海外期间，在日本创办《清议报》《新民丛报》以及《新小说》等刊物。《清议报》以倡民权、衍哲理、明朝局、立国耻为主要内容，言辞嬉笑怒骂，将清政府的腐朽昏聩揭露得淋漓尽致、入木三分，抨击朝政，宣传爱国救亡，反映出梁启超在日本头三年的思想变化。而《新民丛报》作为一份宣传新知识新思想的综合性报刊，内容广泛，但立论也更为尖锐，虽然刊行于日本，但其政治影响力却深入国内，盛极一时，梁启超也因此被公认为当时舆论界的"执牛耳者"。第三阶段是民国时期，主要创办《庸言》《晨钟报》《改造》等。

在梁启超的办报生涯中，最辉煌的顶点当属 1903 年前后执掌《新民丛报》笔政之时。《新民丛报》创刊于 1902 年元旦，取《大学》新民之义，以教育为主脑，政论为附从，通过介绍西方先进思想来推动社会启蒙。梁启超将该报定位为一个综合性报刊，旨在突破逐渐趋于定型的政论报刊格局，强调通过教育来"新民"。《新民丛报》的最大特色就在

梁启超（1873—1929）

243

《新民丛报》

于梁启超独创的浅白新颖、平易畅达的"时务文体"，他撰写的政论文章，朴实流畅而又平易近人，尤为当时中下层知识分子和青年学生所喜爱，被誉为"舆论之骄子，天纵之天豪"。难怪黄遵宪在给梁启超的一封信中如此评价："《清议报》胜《时务报》远矣，今之《新民丛报》又胜《清议报》百倍矣。惊心动魄，一字千金，人人笔下所无，却为人人意中所有"，②堪称对梁启超主编《新民丛报》的至高赞誉。

独创报章文体

"报章文体"，是梁启超在长期报业实践中创造出的一种新颖的报刊政论文体。这种文体由王韬在《循环日报》中首创，梁启超主持《时务报》笔政时将该文体运用得更为娴熟，产生了深刻的社会影响，因此又称"时务文体"。而由《时务报》开创的"时务文体"发展到《新民丛报》时期才蔚然成风，也被成为"新民文体"。该文体的独特魅力，在《少年中国说》中可见一斑："故今日之责任，不在他人，而全在我少年。少年智则国智，少年富则国富；少年强则国强，少年独立则国独立；少年自由则国自由，少年进步则国进步；少年胜于欧洲则国胜于欧洲，少年雄于地球则国雄于地球。红日初升，其道大光；河出伏流，一泻汪洋。潜龙腾渊，鳞爪飞扬；乳虎啸谷，百兽震惶。鹰隼试翼，风尘吸张；奇花初胎，矞矞皇皇。干将发硎，有作其芒。天戴其苍，地履其黄。纵有千古，横有八荒。前途似海，来日方长。美哉我少年中国，与天不老！壮哉我中国少年，与国无疆！"

文章慷慨激昂，将强烈的感情融入字里行间，加上排比铺陈等修辞手法，更使得整个文章气势恢宏，振聋发聩，是"笔端常带感情"的真实写照。在行文方式上，"报章文体"摆脱了桐城派古文的束缚，"纵笔所至，略不检束"，形式灵活，不拘一格，极力避免晦涩艰深的表达，力求平易畅达，通俗易懂。梁启超在写作中运用大量排比句式增强语势、打动读者的同时，也擅长运用通俗易懂而形象有富于表现力的语言来叙事抒情，再加上他舍我其谁的爱国热忱和变法维新的强大抱负，使得他的政论文如暮鼓晨钟，唤醒了沉睡中的国民，推动了社会进步，也使他成为"数贤一振臂，万夫论相属"③的舆论界之骄子。

在"报章文体"发展得如日中天时，也有人批评梁启超文章中也常会出现浮词累语，行文有时会失之重叠累赘，如严复就曾写信批评他写作态度不严谨，行文中有很多漏洞，对此他也承认说自己的文章有时"固陋浅薄，不足以当东西通人之一指趾甚明也"。④"报章文体"是康梁为宣传资产阶级改良主义的政治斗争和思想斗争需要的产物，有时难免出于政治宣传需要而失之偏颇，但这种文体整体上却符合文体改革的发展趋势和历史潮流，形成了中国政论文的写作传统，是梁启超对近代中国报刊史上的文体发展写下的浓墨重彩的一笔。

梁启超（1873—1929）

245

立报刊之职责

　　梁启超是中国早期资产阶级代表人物，也是 20 世纪初重要的启蒙思想家。同时，他也成为资产阶级新闻思想的奠基人和集大成者。梁启超从早期为政治改革而办报到后来的海外办报实践，他深刻意识到报刊之于一个国家与民族的重要意义。戊戌变法后，他的新闻理念也从"通时务"、"知新政"向宣传民主思想转变。他在《论报馆有益于国事》《舆论之母与舆论之仆》《敬告我同业诸君》中多次阐述了自己的新闻思想。在 1896 年发表于《新民丛报》的《论报馆有益于国事》中提出了报纸的"去塞求通"的功能；另外，梁启超更是直接把报纸比作"耳目喉舌"，说它是"国家之耳目也，喉舌也，人群之境也，文坛之王也，将来之灯也，现在之粮也"。在社会功能方面，梁启超总结了报纸的"两大天职"："一曰对于政府而为其监督者，二曰对于国民而为其向导者"。他认为报纸要对政府进行监督，即新闻可以批评政府；报纸还是国民的老师，应该面向大众进行宣传，强调报刊的开通民智的功能；同时提倡运用报刊开通风气，即引导舆论的功能。

　　梁启超是中国较早意识到言论自由重要性的启蒙家，他认为言论自由是其他自由的保障，具有鲜明的西方民主思想的色彩。他在《敬告我同业诸君》一文中指出："西人有恒言：'言论自由，出版自由，为一切自由之保障。'……而报馆者即据言论、出版两自由。""报馆者非政府之臣属；而与政府立于平等之地位者也。"在这里梁启超对于自由的认识已经超越了早期的王韬与郑观应，他不是仅仅将自由局限在新闻与言论的层面，而是直接上升到了制度的层面，是对民主政治的一种宣扬。

　　在办报原则上，梁启超认为一份好的报纸有四个评价标准，他在《清议报第一百册祝辞并论报馆之责任及本馆之经历》中提出办报的四条方针：一是"宗旨定而高"，二是"思想新而正"，三是"材料富而当"，四是"报事确而速"。

在新闻的具体写作方面，为了提高宣传效果，梁启超总结出两种宣传方法，即浸润法和煽动法。"浸润"就是"旦旦而聒之，月月而浸润之"，意思是新闻的宣传是潜移默化的，使读者耳濡目染。"煽动"是要"故作惊人之语，造极端之词"。同时，他指出，在论说的写作上，要做到"公、要、周、适"；在新闻的采集和写作上要做到"博、速、确、直、正"。

梁启超是中国资产阶级新闻思想的承前启后者，他的新闻思想不可避免地会受到阶级和时代的局限，但在当时积贫积弱的中国，他始终站在救亡图存、开启民智的最前端，是资产阶级知识分子的典范，他提出的众多新闻理念也为资产阶级新闻思想的形成奠定了理论基础。

注释：

① 丁文江、赵丰田编:《梁启超年谱长编》，上海人民出版社 1983 年版，第 15 页。
② 丁文江、赵丰田编:《梁启超年谱长编》，上海人民出版社 1983 年版，第 274 页。
③ 梁启超赠夏曾佑诗，见丁文江、赵丰田编:《梁启超年谱长编》，上海人民出版社 1983 年版，第 33 页。
④《清议报一百册祝辞并论报馆之责任及本馆之经历》，见梁启超:《梁启超全集》（第二册），北京出版社 1999 年版。

论报馆有益于国事

觇国之强弱，则于其通塞而已。血脉不通则病，学术不通则陋。

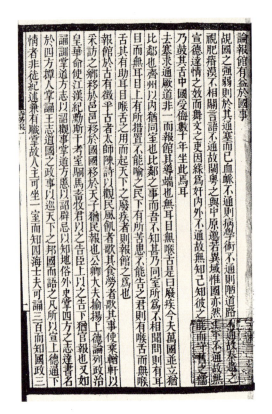

《论报馆有益于国事》

道路不通，故秦越之视肥瘠，漠不相关。言语不通，故闽粤之与中原，邈若异域。惟国亦然，上下不通，故无宣德达情之效，而舞文之吏，因缘为奸。内外不通，故无知己知彼之能，而守旧之儒，乃鼓其舌，中国受侮数十年，坐此焉耳。

去塞求通，厥道非一，而报馆其导端也。无耳目、无喉舌，是曰废疾。今夫万国并立，犹比邻也。齐州以内，犹同室也。比邻之事，而吾不知，甚乃同室所为，不相闻问，则有耳目而无耳目，上有所措置，不能喻之民，下有所苦患，不能告之君，则有喉舌而无喉舌，其有助耳目喉舌之用，而起天下之废疾者，则报馆之为也。

报馆于古有征乎，古者太师陈诗以观民风，饥者歌其食，劳者歌其事，使乘轺轩以采访之，邻移于邑，邑移于国，国移于天子，犹民报

中·国·名·记·者

也。公卿大夫，揄扬上德，论列政治，皇华命使，江汉纪勋，斯干考室，駉马畜牧，君以之告臣，上以之告下，犹官报也。又如诵训掌道方志，以诏观事，掌道方慝，以诏辟忌，以知地俗外，外史掌四方之志，达书名于四方，择人学诵王志道国之政事，以巡天下之邦国而语之。凡所以宣上德通下情者，非徒纪述，兼有职掌，故人主可坐一室而知四海。士夫可诵三百而知国政，三代盛强，罔不由此。

西人之大报也，议院之言论纪焉，国用之会计纪焉，人数之生死纪焉，地理之险要纪焉，民业之盈绌纪焉，学会之程课纪焉，物产之品目纪焉，邻国之举动纪焉，兵力之增减纪焉，律法之改变纪焉，格致之新理纪焉，器艺之新制纪焉。其分报也，言政务者，可阅官报。言地理者，可阅地学。言兵学者，可阅水、陆军报。言农务者，可阅农学报。言商政者，可阅商会报。言医学者，可阅医报。言工务者，可阅工程报。言格致者，可阅各种天、算、声、光、化、电专门名家之报。有一学即有一报，其某学得一新义，即某报多一新闻，体繁者证以图，事赜者列为表。朝登一纸，夕布万邦。是故任事者无阂隔蒙昧之忧，言学者得观善濯磨之益，犹恐文义太赜，不能尽人而解。故有妇女报，有孩孺报。其出报也，或季报，或月报，或半月报，或旬报，或七日报，或五日报，或三日报，或两日报，或每日报，或半日报。国家之保护报馆，如鸟鬻子，士民之嗜阅报章，如蚁附膻，阅报愈多者，其人愈智。报馆愈多者，其国愈强。曰：惟通之故。

梁启超（1873—1929）

其益于国事如此，故怀才抱德之士，有昨为主笔，而今作执政者，亦有朝罢枢府，而夕进报馆者。其主张国是，每与政府通声气，如俄、土之争战，德、奥、意之联盟。五洲之人，莫不仰首企足以观《泰晤士》之议论，文甫脱稿，电已飞驰，其重之又如此。然在而英国、德国、日本国，或于报馆有诡谤之律，有惩罚之条，则又何也？记载琐故，采访异闻，非齐东之野言，即秘辛之杂事，闭门而造，信口以谈，无补时艰，徒伤风化，其弊一也；军事敌情，记载不实，仅凭市虎之口，罔惩夕鸡之嫌，甚乃揣摩众情，臆造诡说，海外已成劫烬，纸上犹登捷书，荧惑听闻，贻误大局，其弊二也；臧否人物，论列近事，毁誉凭其恩怨，笔舌甚于刀兵，或扬颂权贵，为曳裾之阶梯，或指斥富豪，作苞苴之左券，行同无赖，义乖祥言，其弊三也；操觚发论，匪有本原，蹈袭陈言，剿撮涂说，或乃才尽为忧，敷衍塞责，讨论轶闻，纪述游览，义无足取，言之无文，其弊四也；或有译录稍广，言论足观，删汰秽芜，颇知体要，而借阐宗风，不出郑志，谁有断章取义之益，未免歌诗不类之憾，其弊五也。具此诸端，斯义遂梏，遂使海内一二自好之士，反视报馆为螫贼，目报章为妖言，古义不行，良法致弊，呜呼，不其恫欤！

今设报于中国，而欲复西人之大观，其势则不能也。西国议院议定一事，布之于众，令报馆人入院珥笔而录之，中国则讳莫如深，枢府举动，真相不知，无论外人也。西国人数、物产、民业、商册，日有记注，展卷粲然，录副印报，与众共悉，中国则夫家六畜，未有专司，州县亲民，于其所辖民物产业，末由周知，无论朝廷也。西人格致制造，专门之业，官立学校，士立学会，讲求观摩，新法日出，故亟登报章，先睹为快，中国则稍讲此学之人，已如凤毛麟角，安有专精其业，神明其法，而出新制也，坐此数故，则西报之长，皆非吾之所能有也。然则报之例当如何？曰：广译五洲近事，则阅者知全地大局，与其强盛弱亡之故，而不至夜郎自大，坐智井以议天地矣，详录各省新政，则阅者知新法之实有利益，及任事人之艰难经划，与其宗旨所在，而阻挠者或希矣，博搜交涉要案，则阅者知国体不立，受人嫚辱，律法不讲，为人愚弄，可以奋厉新学，思洗前耻矣。旁载政治学艺要书，则阅者知一切实学源流门径，与其日新月异之迹，而不至抱八股、八韵、考据、词章之学，枵然而自大矣。准此行之，待以岁月，风气渐开，百废渐举，国体渐立，人才渐出，十年以后，而报馆之规模，亦可以渐备矣。

嗟夫，中国邸报兴于西报未行以前，然历数百年未一推广，商岸数辟，踳事滋多，劝百讽一，裨补盖寡，横流益急，晦盲依然，喉舌不通，病及心腹，虽蚊虻之力，无取负山，而精禽之心，未忘填海，上循不非大夫之义，下附庶人市谏之条，私怀救火弗趋之愚，迫为大声疾呼之举，见知见罪，悉凭当途，若听者不亮，目为诽言，摧萌拉蘖，其何有焉。或亦同舟共艰，念厥孤愤，提倡保护，以成区区，则顾亭林所谓天下兴亡，匹夫之贱，与有责焉已耳。

（原载《时务报》第一期，1896 年。

选自《梁启超全集》，北京出版社 1999 年版）

评析：

　　《论报馆有益于国事》一文，是梁启超作为主笔登上中国文坛的一个开场白，也是梁启超系统讲述其新闻思想的重要代表作品。全文以"通塞"之论开篇，痛感于当时中国现实的种种"道路不通"、"血脉不通"及"漠不相关"，将报刊比作耳目喉舌，鼓励创办报刊以实现"去塞求通"。他清楚地看到在中国办报与西方办报的差异，同时倡导借鉴西方，提出"广译五洲近事"、"详录各省新政"、"博搜交涉要案"和"旁载政治学艺要书"等四条要求，这样才能做到"风气渐开，百废渐举，国体渐立，人才渐出"。全文清晰地展现了梁启超早期办报思想，同时也体现出早期维新派救亡图存的爱国热情。

梁启超（1873—1929）

少年中国说

　　日本人之称我中国也，一则曰老大帝国，再则曰老大帝国。是语也，盖袭译欧西人之言也。呜呼！我中国其果老大矣乎？梁启超曰：恶是何言，是何言，吾心目中有一少年中国在！

　　欲言国之老少，请先言人之老少。老年人常思既往，少年人常思将来。惟思既往也，故生留恋心，惟思将来也，故生希望心。惟留恋也，故保守；惟希望也，故进取。惟保守也，故永旧；惟进取也，故日新。惟思既往也，事事皆其所已经者，故惟知照例；惟思将来也，事事皆其所未经者，故常敢破格。老年人常多忧虑；少年人常好行乐。惟多忧也，故灰心；惟行乐也，故盛气。惟灰心也，故怯懦；惟盛气也，故豪壮。惟怯懦也，故苟且；惟豪壮也，故冒险。惟苟且也，故能灭世界；惟冒险也，故能造世界。老年人常厌事；少年人常喜事。惟厌事也，故常觉一切事无可为者；惟好事也，故常觉一切事无不可为者。老年人如夕照，少年人如朝阳；老年人如瘠牛，少年人如乳虎；老年人如僧，少年人如侠；老年人如字典，少年人如戏文；老年人如鸦片烟，少年人如泼兰地酒；老年人如别行星之陨石，少年人如大洋海之珊瑚岛；老年人如埃及沙漠之金字塔，少年人如西伯利亚之铁路；老年人如秋后之柳，少年人如春前之草；老年人如死海之潴为泽，少年人如长江之初发源。此老年与少年性格不同之大略也。梁启超曰：人固有之，国亦宜然。

梁启超曰：伤哉老大也。浔阳江头琵琶妇，当明月绕船，枫叶瑟瑟，衾寒于铁，似梦非梦之时，追想洛阳尘中春花秋月之佳趣。西宫南内，白发宫娥，一灯如穗，三五对坐，谈开元、天宝间遗事，谱霓裳羽衣曲。青门种瓜人，左对孺人，顾弄孺子，忆侯门似海珠履杂沓之盛事。拿破仑之流于厄蔑，阿剌飞之幽于锡兰，与三两监守吏或过访之好事者，道当年短刀匹马，驰骋中原，席卷欧洲，血战海楼，一声叱咤，万国震恐之丰功伟烈，初而拍案，继而抚髀，终而揽镜。呜呼！面皴齿尽，白发盈把，颓然老矣。若是者，舍幽郁之外无心事，舍悲惨之处无天地，舍颓唐之外无日月，舍叹息之外无音声，舍待死之外无事业。美人豪杰且然，而况于寻常碌碌者耶！生平亲友，皆在墟墓，起居饮食，待命于人，今日且过，遑知他日，今年且过，遑恤明年。普天下灰心短气之事，未有甚于老大者。于此人也，而欲望以拿云之手段，回天之事功，挟山超海之意气，能乎不能？

呜呼，我中国其果老大矣乎？立乎今日，以指畴昔，唐虞三代，若何之郅治；秦皇汉武，若何之雄杰；汉唐来之文学，若何之隆盛；康乾间之武功，若何之烜赫！历史家所铺叙，词章家所讴歌，何一非我国民少年时代良辰美景、赏心乐事之陈迹哉！而今颓然老矣，昨日割五城，明日割十城；处处雀鼠尽，夜夜鸡犬惊；十八省之土地财产，已为人怀中之肉；四百兆之父兄子弟，已为人注籍之奴。岂所谓老大嫁作商人妇者耶？呜呼！凭君莫话当年事，憔悴韶光不忍看。楚囚相对，岌岌顾影；人命危浅，朝不虑夕。国为待死之国，一国之民为待死之民，万事付之奈何，一切凭人作弄，亦何足怪！

梁启超曰：我中国其果老大矣乎？是今日全地球之一大问题也。如其老大也，则是中国为过去之国，即地球上昔本有此国，而今渐渐灭，他日之命运殆将尽也。如其非老大也，则是中国为未来之国，即地球上昔未现此国，而今渐发达，他日之前程且方长也。欲断今日之中国为老大耶？为少年耶？则不可不先明"国"字之意义。夫国也者，何物也？有土地，有人民，以居于其土地之人民，而治其所居之土地之事，自制法律而自守之；有主权，有服从，人人皆主权者，人人皆服从者。夫如是，斯谓之完全成立之国。地球上之有完全成立之国也，自百年以来也，完全成立者，壮年之事也；未能完全成立而渐进于完全成立者，少年之事也。故吾得一言以断之曰：欧洲列邦在今日为壮年国，而我中国在今日为少年国。

梁启超（1873—1929）

夫古昔之中国者，虽有国之名，而未成国之形也，或为家族之国，或为酋长之国，或为诸侯封建之国，或为一王专制之国。虽种类不一，要之其于国家之体质也，有其一部而缺其一部，正如婴儿自胚胎以迄成童，其身体之一二官支，先行长成，此外则全体虽粗具，然未能得其用也。故唐虞以前为胚胎时代，殷周之际为乳哺时代，由孔子而来至于今为童子时代，逐渐发达，而今乃始将入成童以上少年之界焉。其长成所以若是之迟者，则历代之民贼有窒其生机者也。譬犹童年多病，转类老态，或且疑其死期之将至焉，而不知皆由未完全、未成立也，非过去之谓，而未来之谓也。

且我中国畴昔，岂尝有国家哉？不过有朝廷耳。我黄帝子孙，聚族而居，立于此地球之上者既数千年，而问其国之为何名，则无有也。夫所谓唐、虞、夏、商、周、秦、汉、魏、晋、宋、齐、梁、陈、隋、唐、宋、元、明、清者，则皆朝名耳。朝也者，一家之私产也；国也者，人民之公产也。朝有朝之老少，国有国之老少，朝与国既异物，则不能以朝之老少而指为国之老少明矣。文、武、成、康，周朝之少年时代也；幽、厉、桓、赧，则其老年时代也。高、文、景、武，汉朝之少年时代也；元、平、桓、灵，则其老年时代也。自余历朝，莫不有之。凡此者谓为一朝廷之老也则可，谓为一国之老也则不可。一朝廷之老且死，犹一人之老且死也，于吾所谓中国者何与焉？然则吾中国者，前此尚未出现于世界，而今乃始萌芽云尔。天地大矣，前途辽矣，美哉我少年中国乎！

　　玛志尼者，意大利三杰之魁也，以国事被罪，逃窜异邦，乃创立一会，名曰"少年意大利"。举国志士，云涌雾集以应之，卒乃光复旧物，使意大利为欧洲之一雄邦。夫意大利者，欧洲第一之老大国也，自罗马亡后，土地隶于教皇，政权归于奥国，殆所谓老而濒于死者矣。而得一玛志尼，且能举全国而少年之况，我中国之实为少年时代者耶？堂堂四百余州之国土，凛凛四百余兆之国民，岂遂无一玛志尼其人者？

　　龚自珍氏之集有诗一章，题曰《能令公少年行》。吾尝爱读之，而有味乎其用意之所存。我国民而自谓其国之老大也，斯果老大矣；我国民而自知其国之少年也，斯乃少年矣。西谚有之曰：有三岁之翁，有百岁之童。然则国之老少，又无定形，而实随国民之心力以为消长者也。吾见乎玛志尼之能令国少年也，吾又见乎我国之官吏士民能令国老大也，吾为此惧。夫以如此壮丽浓郁、翩翩绝世之少年中国，而使欧西日本人谓我为老大者何也？则以握国权者皆老朽之人也。非哦几十年八股，非写几十年白折，非当几十年差，非捱几十年俸，非递几十年手本，非唱几十年诺，非磕几十年头，非请几十年安，则必不能得一官，进一职。其内任卿贰以上、外任监司以上者，百人之中，其五官不备者，殆九十六七人也，非眼盲，则耳聋，非手颤，则足跛，否则半身不遂也。彼其一身饮食、步履、视听、言语，尚且不能自了，须三四人在左右扶之捉之，乃能度日，于此而乃欲责之以国事，是何异立无数木偶而使之治天下也。且彼辈者，自其少壮之时，既已不知亚细、欧罗为何处地方，汉祖、唐宗是那朝皇帝，犹嫌其顽钝腐败之未臻其极，又必搓磨之、陶冶之，待其脑髓已涸，血管已塞，气息奄奄与鬼为邻之时，然后将我二万里山河，四万万人命，一举而畀于其手。呜呼！老大帝国，诚哉其老大也！而彼辈者，积其数十年之八股、白折、当差、捱俸、手本、唱诺、磕头、请安，千辛万苦，千苦万辛，乃始得此红顶花翎之服色，中堂大人之名号，乃出其全副精神，竭其毕生力量，以保持之。如彼乞儿，拾金一锭，虽轰雷盘旋其顶上，而两手犹紧抱其荷包，他事非所顾也，非所知也，非所闻也。于此而告之以亡国也，瓜分也，彼乌从而听之？乌从而信之？即使果亡矣，果分矣，而吾今年既七十矣八十矣，但求其一两年内，洋人不来，强盗不起，我已快活过了一世矣。若不得已，则割三头两省之土地奉申贺敬，以换我几个衙门，卖三几百万之人民作仆为奴，以赎我一条老命，有何不可？有何难办？呜呼，今之所谓老后、老臣、老将、老吏者，其修身齐家治国平天下之手段，皆具于是矣。西风一夜催人老，凋尽朱颜白尽头。使走无常当医生，携催命符以祝寿。嗟乎痛哉！以此为国，是安得不老且死，且吾恐其未及岁而殇也。

梁启超曰：造成今日之老大中国者，则中国老朽之冤业也；制出将来之少年中国者，则中国少年之责任也。彼老朽者何足道，彼与此世界作别之日不远矣，而我少年乃新来而与世界为缘。如僦屋者然，彼明日将迁居他方，而我今日始入此室处，将迁居者，不爱护其窗棂，不洁治其庭庑，俗人恒情，亦何足怪。若我少年者前程浩浩，后顾茫茫，中国而为牛、为马、为奴、为隶，则烹脔鞭棰之惨酷，惟我少年当之。中国如称霸宇内、主盟地球，则指挥顾盼之尊荣，惟我少年享之。于彼气息奄奄、与鬼为邻者何与焉？彼而漠然置之，犹可言也；我而漠然置之，不可言也。使举国之少年而果为少年也，则吾中国为未来之国，其进步未可量也，使举国之少年而亦为老大也，则吾中国为过去之国，其渐亡可翘足而待也。故今日之责任，不在他人，而全在我少年。少年智则国智，少年富则国富，少年强则国强，少年独立则国独立，少年自由则国自由，少年进步则国进步，少年胜于欧洲，则国胜于欧洲，少年雄于地球，则国雄于地球。红日初升，其道大光；河出伏流，一泻汪洋；潜龙腾渊，鳞爪飞扬；乳虎啸谷，百兽震惶；鹰隼试翼，风尘吸张；奇花初胎，矞矞皇皇；干将发硎，有作其芒；天戴其苍，地履其黄；纵有千古，横有八荒；前途似海，来日方长。美哉我少年中国，与天不老！壮哉我中国少年，与国无疆！

（"三十功名尘与土，八千里路云和月。莫等闲白了少年头，空悲切！"此岳武穆《满江红》词句也，作者自六岁时即口受记忆，至今喜诵之不衰。自今以往，弃"哀时客"之名，更自名曰"少年中国之少年"。作者附识。）

（原载《清议报》第三十五册，1900 年。

选自《梁启超全集》，北京出版社 1999 年版）

评析：

《少年中国说》是报章文体的重要代表篇章之一，写于戊戌变法失败后的 1900 年。文中极力歌颂少年的朝气蓬勃，指出封建统治下的中国是"老大帝国"，热切希望出现"少年中国"。开篇以"人之老少"类比"国之老少"，在行文中，围绕这两个意象，利用大量对比与排比的手法，振奋人民的精神，鼓励爱国青年要为"少年之中国"而奋斗。文章不拘格式，多用比喻，具有强烈的鼓动性，且处处渗透着报章文体"笔端常带感情"的鲜明特色，寄托了作者对当时中国衰微局面的担忧，以及对少年中国的热切期望。

变法通议（节选）

自序

法何以必变？凡在天地之间者，莫不变。昼夜变而成日，寒暑变而成岁；大地肇起，流质炎炎，热熔冰迁，累变而成地球；海草螺蛤，大木大鸟，飞鱼飞鼍，袋兽脊兽，彼生此灭，更代迭变而成世界；紫血红血，流注体内，呼炭吸养，刻刻相续，一日千变而成生人。藉曰不变，则天地人类并时而息矣。故夫变者，古今之公理也。贡助之法变为租庸调，租庸调变为两税，两税变为一条鞭。井乘之法变为府兵，府兵变为𫟻骑，𫟻骑变为禁军。学校升造之法变为荐辟，荐辟变为九品中正，九品变为科目。上下千岁，无时不变，无事不变，公理有固然，非夫人之为也。为不变之说者，动曰守古守古，庸讵知自太古、上古、中古、近古以至今日，固已不知万百千变。今日所目为古法而守之者，其于古人之意，相去岂可以道理计哉！今夫自然之变，天之道也，或变则善，或变则敝，有人道焉，则智者之所审也。《语》曰："学者上达，不学下达。"惟治亦然，委心任运，听其流变，则日趋于敝；振刷整顿，斟酌通变，则日趋于善。吾揆之于古，一姓受命，创法立制，数世以后，其子孙之所奉行必有以异于其祖父矣。而彼君民上下，犹俪焉以为吾今日之法，吾祖前者以之治天下而治，肃然守之，因循不察，渐移渐变，百事废弛，卒至疲敝，不可收拾。代兴者审其敝而变之，斯为新王矣。苟其子孙达于此义，自审其敝而自变之，斯号中兴矣。汉唐中兴，斯固然矣。《诗》曰："周虽旧邦，其命维新。"言治旧国必用新法也。其事甚顺，其义至明，有可为之机，有可取之法，有不得不行之势，有不容少缓之故。为不变之说者，犹曰守古守古，坐视其因循废弛，而漠然无所动于中。呜呼，可不谓大惑不解者乎？《易》曰："穷则变，变则通，通则久"。伊尹曰："用其新，去其陈，病乃不存。夜不秉烛则昧，冬不御裘则寒，渡河而乘陆车者危，易证而尝旧方者死。"今专标斯义，大声疾呼，上循土训诵训之遗，下依矇讽鼓谏之义，言之无罪，闻者足兴，为六十篇，分类十二。知我罪我，其无辞焉。

论不变法之害

今有巨厦，更历千岁，瓦墁毁坏，榱栋崩折，非不枵然大也，风雨猝集，则倾圮必矣。而室中之人犹然酣嬉鼾卧，漠然无所闻见。或则睹其危险，惟知痛哭，束手待毙，不思拯救。又其上者，补苴罅漏，弥缝蚁穴，苟安时日，以觊有功。此三人者用心不同，漂摇一至，同归死亡。善居室者，去其废坏，廓清而更张之，鸠工庀材，以新厥构。图始虽艰，及其成也，轮焉奂焉，高枕无忧也。惟国亦然。由前之说罔不亡，由后之说罔不强。

印度，大地最古之国也，守旧不变，夷为英藩矣。突厥，地跨三洲，立国历千年，而守旧不变，为六大国执其权分其地矣。非洲广袤三倍欧土，内地除沙漠一带外，皆植物饶衍，畜牧繁盛，土人不能开化，拱手以让强敌矣。波兰为欧西名国，政事不修，内讧日起，俄、普、奥相约择其肉而食矣。中亚洲回部，素号骁悍，善战斗，而守旧不变，俄人鲸吞蚕食，殆将尽之矣。越南、缅甸、高丽服属中土，渐染习气，因仍弊政，飓靡不变，汉官威仪，今无存矣。今夫俄宅苦寒之地，受蒙古钤辖，前皇残暴，民气凋丧，岌岌不可终日，自大彼得游历诸国，学习工艺，归而变政，后王受其方略，国势日盛，辟地数万里也。今夫德列国分治，无所统纪，为法所役，有若奴隶，普人发愤兴学练兵，遂蹶强法，霸中原也。今夫日本，幕府专政，诸藩力征，受俄、德、美大创，国几不国，自明治维新，改弦更张，不三十年，而夺我琉球，割我台湾也。又如西班牙、荷兰，三百年前属地遍天下，而内治稍弛，遂即陵弱，国度夷为四等。暹罗处缅越之间，同一绵薄，而稍自振厉，则岿然尚存。《记》曰："不知来，视诸往。"曰："前车覆，后车戒。"大地万国，上下百年间，强盛弱亡之故不爽累黍，盖其几之可畏如此也。

中国立国之古等印度，土地之沃迈突厥，而因沿积弊，不能振变，亦伯仲于二国之间。以故地利不辟，人满为患。河北诸省，岁虽中收，犹道殣相望。京师一冬，死者千计。一有水旱，道路不通，运赈无术，任共填委，十室九空。滨海小民，无所得食，逃至南洋、美洲诸地，鬻身为奴，犹被驱迫，丧斧以归。驯者转于沟壑，黠者流为盗贼，教匪会匪，蔓延九州，伺隙而动。工艺不兴，商务不讲，土货日见减色，而他人投我所好，制造百物，畅销内地，漏卮日甚，脂膏将枯。学校不立，学子于帖括外一物不知，其上者考据词章，破碎相尚，语以瀛海，瞠目不信，又得官甚难，治生无术，习于无耻，惛不知怪。兵学不进，绿营防勇，老弱癖烟，凶悍骚扰，无所可用。一旦军兴，临事募集，半属流丐，器械窳苦，馕糗微薄；偏裨以下，流品猥杂，一字不识，无论读图。营例不谙，无论兵法。以此与他人学问之将、纪律之师相遇，百战百败，无待交绥。官制不善，习非所用，用非所习，委权胥吏，百弊猬起。一官数人，一人数官，牵制推诿，一事不举。保奖蒙混，鬻爵充塞，朝为市侩，夕登显秩。宦途壅滞，候补窘悴，非钻营奔竞，不能疗饥。俸廉微薄，供亿繁浩，非贪污恶鄙，无以自给。限年绳格，虽有奇才，不能特达，必俟其筋力既衰，暮气将深，始任以事，故肉食盈廷，而乏才为患。法弊如此，虽敌国外患，晏然无闻，君子犹或忧之，况于以一羊处群虎之间，抱火厝之积薪之下而寝其上者乎？

孟子曰："国必自伐，然后人伐之。"又曰："未闻以千里畏人者也。"又曰："能治其国家，谁敢侮之！"中国户口之众，冠于大地；幅员式廓，亦俄英之亚也；矿产充溢，积数千年未经开采；土地沃衍，百植并宜；国处温带，其民材智；君权统一，欲有兴作，不患阻挠。此皆欧洲各国之所无也。夫以旧法之不可恃也如彼，新政之易为功也又如此，何舍何从？不待智者可以决矣。

难者曰：今日之法，匪今伊昔，五帝三王之所递嬗，三祖八宗之所诒谋，累代率由，历有年所，必谓易道乃可为治，非所敢闻。释之曰：不能创法，非圣人也，不能随时，非圣人也。上观百世，下观百世，经世大法，惟本朝为善变。入关之初，即下薙发之令，顶戴翎枝，端罩马褂，古无有也，则变服色矣。用达海创国书，借蒙古字以附满洲音，则变文字矣。用汤若望、罗雅谷作宪书，用欧罗巴法以改大统历，则变历法矣。圣祖皇帝永免滋生人口之赋，并入地赋，自商鞅以来计人之法，汉武以来课丁之法无有也，则变赋法矣。举一切城工河防以及内廷营造、行在治跸，皆雇民给直，三王于农隙使民，用民三日，且无有也，则变役法矣。平民死刑别为二等，曰情实，曰缓决，犹有情实而不予勾者，仕者罪虽至死，而子孙考试入仕如故，如前代所沿夷三族之刑，发乐籍之刑，言官受廷杖，下镇抚司狱之刑，更无有也，则变刑法矣。至于国本之说，历代所重，自理密亲王之废，世宗创为密缄之法，高宗至于九降纶音，编为储贰金鉴，为世法戒，而懵儒始知大计矣。巡幸之典，谏臣所争，而圣祖、高宗皆数幸江南，木兰秋狝，岁岁举行，昧者或疑之，至仁宗贬谪松筠，宣示讲武习劳之意，而庸臣始识苦心矣。汉、魏、宋、明，由旁支入继大统者，辄议大礼，断断争讼，高宗援据礼经，定本生父母之称；取葬以士、祭以大夫之义。圣人制礼，万世不易，观于醇贤亲王之礼，而天下翕然称颂矣。凡此皆本朝变前代之法，善之又善者也。至于二百余年，重熙累洽，因时变制，未易缕数，数其荦荦大者。崇德以前，以八贝勒分治所部，太宗与诸兄弟朝会则共坐，饷用则均出，俘虏则均分；世祖入关，始严天泽之分，裁抑诸王骄蹇之习，遂一寰宇，诒谋至今矣。累朝用兵，拓地数万里，膺阃外之寄，多用满蒙；逮文宗而兼用汉人，辅臣文庆力赞成之，而曾、左诸公遂称名将矣。八旗劲旅，天下无敌，既削平前三藩后三藩，乾隆中屡次西征，犹复简调前往，朝驰羽檄，夕报捷书。逮宣宗时，而知索伦兵不可用。三十年来，奸荡流寇，半赖召募之勇以成功，而同治遂号中兴矣。内而治寇，始用坚壁清野之法，一变而为长江水师，再变而为防河圈禁矣。外而交邻，始用闭关绝市之法，一变而通商者十数国，再变而命使者十数国矣。此又以本朝变本朝之法者也。吾闻圣者虑时而动，使圣祖世宗生于今日，吾知其变法之锐，必不在大彼得、威廉第一、睦仁之下也。《记》曰："法先王者法其意"。今泥祖宗之法，而戾祖宗之意，是乌得为善法祖矣乎？

中国自古一统，环列皆小蛮夷，但虞内忧，不患外侮。故防弊之意多，而兴利之意少，怀安之念重，而虑危之念轻。秦后至今，垂二千年，时局匪有大殊，故治法亦可不改。国初因沿明制，稍加损益，税敛极薄，征役几绝，取士以科举，虽不讲经世，而足以扬太平。选将由行伍，虽未尝学问，然足以威萑苻。任官论资格，虽不得异材，而足以止奔竞。天潢外戚，不与政事，故无权奸僭恣之虞，督抚监司互相牵制，故无藩镇跋扈之患。使能闭关画界，永绝外敌，终古为独立之国，则墨守斯法，世世仍之，稍加整顿，未尝不足以治天下。而无如其忽与泰西诸国相遇也。泰西诸国并立，大小以数十计，狡焉思启，互相猜忌，稍不自振，则灭亡随之矣。故广设学校，奖励学会，惧人才不足，而国无与立也。振兴工艺，保护商业，惧利源为人所夺，而国以穷蹙也。将必知学，兵必识字，日夜训练，如临大敌，船械新制，争相驾尚，惧兵力稍弱，一败而不可振也。自余庶政，罔不如是。日相比较，日相磨厉，故其人之才智，常乐于相师，而其国之盛强，常足以相敌。盖舍是不能图存也。而所谓独立之国者，目未见大敌，侈然自尊，谓莫己若，又欺其民之驯弱而凌轹之，虑其民之才智而束缚之，积弱陵夷，日甚一日，以此遇彼，犹以敝痈当千钧之弩，故印度突厥之覆辙，不绝于天壤也。

梁启超（1873—1929）

难者曰：法固因时而易，亦因地而行。今子所谓新法者，西人习而安之，故能有功，苟迁其地则弗良矣。释之曰：泰西治国之道，富强之原，非振古如兹也，盖自百年以来焉耳。举官新制，起于嘉庆十七年。民兵之制，起于嘉庆十七年。工艺会所，起于道光四年。农学会起于道光二十八年。国家拨款以兴学校，起于道光十三年。报纸免税之议，起于道光十六年。邮政售票，起于道光十七年。轻减刑律，起于嘉庆二十五年。汽机之制，起于乾隆三十四年。行海轮船，起于嘉庆十二年。铁路起于道光十年。电线起于道光十七年。自余一切保国之经，利民之策，相因而至，大率皆在中朝嘉道之间。盖自法皇拿破仑倡祸以后，欧洲忽生动力，因以更新。至其前此之旧俗，则视今日之中国无以远过。惟其幡然而变，不百年间，乃勃然而兴矣。然则吾所谓新法者，皆非西人所故有，而实为西人所改造。改而施之西方，与改而施之东方，其情形不殊，盖无疑矣。况蒸蒸然起于东土者，尚明有困变致强之日本乎？

难者曰：子言辩矣。然伊川被发，君子所叹，用夷变夏，究何取焉？释之曰：孔子曰："天子失官，学在四夷。"《春秋》之例，夷狄进至中国则中国之。古之圣人未尝以学于人为惭德也。然此不足以服吾子，请言中国。有土地焉，测之，绘之，化之，分之，审其土宜，教民树艺，神农后稷，非西人也。度地居民，岁杪制用，夫家众寡，六畜牛羊，纤悉书之。《周礼》、《王制》，非西书也。八岁入小学，十五就大学，升造爵官，皆俟学成，庠序学校，非西名也。谋及卿士，谋及庶人，国疑则询，国迁则询，议郎博士，非西官也。流宥五刑，疑狱众共，轻刑之法，陪审之员，非西律也。三老啬夫，由民自推，辟署功曹，不用他郡，乡亭之官，非西秩也。尔无我叛，我无强贾，商约之文，非西史也。交邻有道，不辱君命，绝域之使，非西政也。邦有六职，工与居一，国有九经，工在所劝，保护工艺，非西例也。当宁而立，当宸而立，礼无不答，旅揖士人，《礼经》所陈，非西制也。天子巡守，以观民风，皇王大典，非西仪也。地有四游，地动不止，日之所生为星，毖纬雅言，非西文也。腐水离木，均发均县，临鉴立景，蜕水谓气，电缘气生，墨翟、亢仓、关尹之徒，非西儒也。故夫法者，天下之公器也。征之域外则如彼，考之前古则如此，而议者犹曰夷也夷也，而弃之，必举吾所固有之物，不自有之，而甘心以让诸人，又何取耶？

难者曰：子论诚当。然中国当败衄之后，穷蹙之日，虑无余力克任此举。强敌交逼，眈眈思启，亦未必能吾待也。释之曰：日本败于三国，受迫通商，反以成维新之功。法败于普，为城下之盟，偿五千兆福兰格，割奥斯、鹿林两省，此其痛创过于中国今日也。然不及十年，法之盛强，转逾畴昔。然则败衄非国之大患，患不能自强耳。孟子曰："国家闲暇，及是时，明其政刑，虽大国必畏之矣。"又曰："国家闲暇，及是时，般乐怠敖，是自求祸也。"泰西各国，磨牙吮血，伺于吾旁者固属有人，其顾惜商务，不欲发难者，亦未始无之，徒以我晦盲太甚，历阶孔繁，用启戎心，亟思染指。及今早图，示万国以更新之端，作十年保太平之约，亡羊补牢，未为迟也。

天下之为说者，动曰"一劳永逸"。此误人家国之言也。今夫人一日三食，苟有持说者曰"一食永饱"，虽愚者犹知其不能也。以饱之后历数时而必饥，饥而必更求食也。今夫立法以治天下，则亦若是矣。法行十年，或数十年，或百年而必敝，敝而必更求变，天之道也。故一食而求永饱者必死，一劳而求永逸者必亡。今之为不变之说者，实则非真有见于新法之为民害也。夸毗成风，惮于兴作，但求免过，不求有功。又经世之学，素所未讲，内无宗主，相从吠声，听其言论，则日日痛哭，读其词章，则字字孤愤，叩其所以图存之道，则眙然无所为对，曰："天心而已，国运而已，无可为而已。"委心袖手，以待覆亡。噫！吾不解其用心何在也！

要而论之，法者，天下之公器也；变者，天下之公理也。大地既通，万国蒸蒸，日趋于上，大势相迫，非可阏制。变亦变，不变亦变；变而变者，变之权操诸己，可以保国，可以保种，可以保教。不变而变者，变之权让诸人，束缚之，驰骤之，呜呼，则非吾之所敢言矣！是故变之途有四，其一如日本，自变者也。其二如突厥，他人执其权而代变者也，埃及高丽等国皆是。其三如印度，见并于一国而代变者，越南缅甸等国皆是。其四如波兰，见分于诸国而代变者也。吉凶之故，去就之间，其何择焉？《诗》曰："嗟我兄弟，邦人诸友，莫肯念乱，谁无父母！"《传》曰："嫠妇不恤其纬，而忧宗周之陨，为将及焉。"此固四万万人之所同也。彼犹太之种，迫逐于欧东；非洲之奴，充斥于大地，呜呼！夫非犹是人类也欤！

（原载《时务报》，1896 年 8 月。选自《梁启超全集》，北京出版社 1999 年版）

梁启超（1873—1929）

评析：

  《变法通议》是梁启超在《时务报》上发表的数十篇政论中，最有影响的一篇。该文从创刊号起在报上一共连载了43期，第一次全面系统地阐发了维新派的变法主张，涉及当时的政治、经济、文化、军事等方方面面。在文中，他以全新的"时务文体"行文，从地球之形成、人类万物之进化开始，将一个"变"字解析得淋漓尽致，用他独有的语言以画面的形式将变法之道展现给读者，旨在揭露封建专制的腐败，疾呼不变法的危害和变法的迫切性，唤醒沉睡的国民大众。特别值得一提的是文中的敏锐洞察、深刻见解和极富鼓动性的文字，都让当时社会各界为之震撼，"海内视听为之一耸"。

（编撰：王宇琦）

　　狄楚青（1873—1941）　我国近代著名的报业管理者、出版家。他创办《时报》并主持该报17年，锐意改革报纸业务，使《时报》在报馆林立的上海滩脱颖而出，与《申报》《新闻报》鼎足而立。经营报业的同时，狄楚青还创办了有正书局，主营历代书画名作、佛像古籍的出版，对传承我国传统文化，贡献良多。

报业革新引领者

　　狄楚青（1873—1941），我国近代著名的报业管理者和出版家，一生创办过《时报》《小说时报》《妇女时报》《时报》京津版和《佛学丛报》等报刊。特别是他于1904年在上海创办《时报》并经营该报17年，在他主政期间，对报纸进行的业务改革，开启国内报业多项创新之先河，对后世的报纸有着重要影响。报社中，先后走出了陈景韩、包天笑、史量才、戈公振等近代著名报人。在他的主持下，《时报》也成为一张在上海滩上能与《申报》《新闻报》并驾齐驱的著名报纸。除了创办报刊之外，狄楚青还经营出版业，他所创办的有正书局，以出版历代书画作品、佛像古籍为主营业务。狄楚青花费了大量精力收罗大量的古代书画作品和善本古籍进行复制出版，使之得以流传至今，为我国的文化事业做出了很大贡献。

生于名门望族家，常怀变法图强心

　　狄楚青，名葆贤，字楚卿，号平子，别号平等阁主、六根清净人、

中·国·名·记·者

平情居士等。祖籍江苏溧阳，狄家在当地为名门望族，几百年来有多人考中进士，或官第翰林或担任地方高官。狄氏一门除了擅长诗词歌赋之外，还多精于书法绘画。狄楚青的父亲狄学耕在江西都昌等地担任县令，同时也是当时颇有名望的山水画家和古代书画鉴藏家。

狄楚青 1873 年出生于江西赣县，早年随父亲在江西生活，自幼聪慧好学，深厚的家学传统对狄楚青有着巨大的影响。少年的苦学，不但让他拥有了深厚扎实的国学功底，还继承了家族的余绪，诗、文、书、画，样样皆精，这些学识，都对他今后的新闻出版工作产生了深刻的影响。

1894 年，狄楚青考中了举人，但因看到满清的腐败无能，在中举的第二年，24 岁的狄楚青放弃了继续科考的机会，赴日本短暂游学后来到北京。

由于显赫的门第背景和丰富的才学，到北京后不久，狄楚青就结交了很多政治名流，其中包括康有为、梁启超、谭嗣同等维新派领袖人物。在维新变法期间，狄楚青拜康有为为师，成为康有为在江南唯一的弟子。①

狄楚青（1873—1941）

1898 年 9 月 21 日，慈禧太后发动政变，康有为、梁启超逃亡日本，狄楚青随后也东渡日本避祸。在日本期间，狄楚青与维新派的著名人士唐才常四处奔走，联络各方力量，策划发起解救光绪帝的"勤王之役"。1899 年，狄楚青与唐才常秘密回到国内，准备大举。为了筹集起义经费，狄楚青不惜变卖了不少珍藏的字画。遗憾的是起义还未开始，就因机密泄露，遭到清政府的镇压，唐才常罹难。狄楚青侥幸逃脱，再次逃往日本。

创办《时报》，从康氏门徒转向独立报人

1904 年春天，在康有为的授命之下，狄楚青和罗孝高一起从日本来到上海筹办保皇派报刊，以期重建保皇立宪的舆论阵地。康有为对该

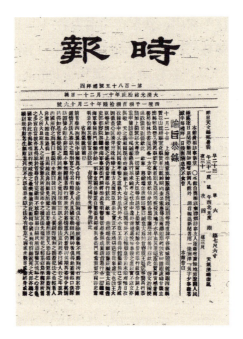

《时报》

报的创办非常重视，除了资金资助之外，还特意派梁启超秘密潜回上海对报纸筹备工作进行指导。是年6月12日，《时报》创刊。从此，《时报》成为保皇派在国内一家重要报纸，也成为狄楚青走上新闻出版道路的起点。

"时报"的报名取义于《礼记》"君子时而中"一语，标榜这份报纸的主张能够适时而生，随时而变。同时，在报纸的报头之下，又印有"Eastern Times"字样，亦有"东方泰晤士报"之意。报纸成立之初，狄楚青任总经理，总揽经营，由罗孝高任总主笔，负责报纸的言论工作，戈公振等曾担任过《时报》的总编辑。

早期的《时报》，确实是保皇派在国内的舆论阵地，它宣传君主立宪，主张和平改革，既抨击封建顽固派腐败没落，也指责革命派可能会给国家带来的危险，持地道的改良派主张。但后来狄楚青对宣传康梁的保皇改良主张越来越不热心，政治色彩也越来越淡，1908年之后，狄楚青与康梁的关系也日渐疏远，转而与江浙立宪派的张謇等人往来密切。

　　为了使自己的经营活动不受到康梁等人的干扰，辛亥革命之后，狄楚青退还各股东资金，将《时报》收归个人经营，对报纸大刀阔斧地进行改革，《时报》也完成了从一份政党报纸向大众报纸的转变。1911年，狄楚青在北京创办《时报》京津版，以图扩大京津地区的影响和市场。

创新报刊业务，引领报业风潮

　　应该说，狄楚青不是一位成功的新闻记者或报刊理论家，但却是一位优秀的报刊经营者和报业改革家。他曾说："吾之办此报，非为革新舆论，乃欲革新代表舆论之报界尔。"②在《时报》创办之前，上海的两大报纸《申报》和《新闻报》，在业务上渐渐丧失了创新的锐气，显得暮气沉沉。《时报》对报刊业务的多项改革，"能打破上海报界的许多老习惯，能够开辟许多新法门，能够引起许多新兴趣"。③

　　（一）开设时评专栏

　　《时报》的报纸业务改革中，最为引人注目的应属它首创的"时评"文体。在此之前，报纸多以长篇政论来表达自己党派的观点。但是，当时很多报纸上的政论常常观点偏激狭隘，不能站在公正的立场上发表意见。另外，作者常以"长"为标准，有时洋洋万言，却空洞无物，陈词滥调，令人生厌。

　　《时报》专门开辟了《时评》一栏，"时评"一词，一语双关，"一是时事的评论，一是《时报》评论"。④这种时评，经常配合当天的重要新闻发表议论，每天数篇，字数一两百字不等，篇幅短小，时效性强。这种短小精悍的时评相比于冗长"政论"而言，更符合当时读者的文化水平和阅读习惯。胡适就曾经对《时报》的时评做过如此评价："（时评）在当时是一种文体的革新。用简短的词句，用冷隽明利的口吻，几乎逐句分段，使读者一目了然，不消费功夫去点句分段，不消费功夫去

狄楚青（1873—1941）

寻思考索。……在这十七年来，逐渐变成了中国报界的公用文体。"⑤

《时报》上的时评，主要由陈景韩、包天笑、雷继兴等当时著名的评论家执笔。他们的时评言简意赅，往往寥寥数句，却入木三分，冷隽而意远，在当时产生了很大的影响。

（二）重视刊登小说

在清末，刊登小说的报纸并不多，大型的日报刊登新小说的更是极少。狄楚青对小说甚为重视，《时报》的文学附张上有固定的"小说"专栏。该专栏有时一天刊登两到三种小说，开创了大型报纸刊登小说的先例。

《时报》创刊之后，每天都刊载陈景韩和包天笑的小说，两人既是狄楚青麾下撰写时评的行家，更是小说写作和翻译的高手。在《时报》的"小说"专栏里，刊登了不少西方著名的小说译本，如《悲惨世界》《基督山恩仇记》《八十天环游地球》等名作，其中很多作品的翻译流畅自然，富有文采，为传诵一时的翻译名作。

（三）改革版面与版式

《时报》创刊之后，废除报纸惯行书册的版式，采用对开的纸张，两面印刷，使报纸成为今天这种"两面印刷的，对开四版"的现代版式。另外，在版面编排上追求"务求醒目"的原则，在编排最重要的新闻时使用大号字，次要者用中号字，平常新闻用6号字，重要的标题或评论旁都加圈点以示突出。经过版面改革后的《时报》，版面活泼醒目，很受读者欢迎。到了辛亥革命之后，全国各报都效仿《时报》采用了这种版式，从此，报纸的书本式被完全淘汰，使散页对开两面印刷的版式流行开来，直到今天。

《时报》创刊一年后，经过多项业务改革，很快在竞争中站稳了脚跟，形成了《时报》《申报》《新闻报》在上海滩报界鼎足而立的局面，狄楚青作为当时成功的报业经营者，曾与《申报》老板史量才、席子佩，《新闻报》经理汪汉溪并称为"报界的四大金刚"。⑥

创办有正书局，为保存古代文化居功甚伟

《时报》创办不久之后，狄楚青就开设了自己的出版机构——有正书局。

由于上海的出版行业竞争激烈，一个书局如果没有自己的经营特色，很难经营下去。狄楚青将出版的重点选择放在古代书画和古近代小说的印刷出版上。

狄楚青出生于书画世家，长期以来一直在进行着对古代字画的收藏、鉴定和研究工作。进入出版业之后，狄楚青便着手对我国古代书画精品进行收集整理、印刷出版。他花费重金从国外引进印刷设备，聘请技师，还专门开设了一个为书画拍照复制的照相馆。由于狄楚青在书画鉴藏方面有着很高造诣，加上先进的印刷技术，一般的书画出版商根本无法与其竞争，有正书局很快成为国内首屈一指的书画出版商。有正书局经营的近四十年间，出版的书画集录有几十种之多，其中有不少稀世珍品，为我国传统书画的传承做了很大贡献。

狄楚青（1873—1941）

多报并举，齐头并进

《时报》的成功，给狄楚青很大的办报动力，他利用《时报》馆和有正书局的出版优势，在辛亥革命前后，又先后创办了《小说时报》《妇女时报》《佛学丛刊》等多家杂志，成为上海著名的"报团"。

由于看到《时报》上的小说受到读者欢迎，狄楚青计划另外创办一份专门刊登小说的刊物。1909 年 10 月 14 日《小说时报》创刊，杂志原为月刊，编辑工作仍由陈景韩和包天笑轮流负责，到了第 17 期开始为四月刊，停刊于 1917 年 7 月。这份杂志所刊录的小说，题材广泛，

形式新颖，翻译了如普希金、契诃夫、托尔斯泰、雨果等西方名家的小说。同时，著名小说家恽铁樵、周瘦鹃、张汉毅等人的早期作品也多刊登在这份杂志上，可以说，《小说时报》是我国近代小说家成长的摇篮。

1911年6月11日，狄楚青又创办了《妇女时报》，这份报纸以"提倡女子学问，增进女界知识"为宗旨，提倡男女平等，呼吁加强女子教育，号召女子参军、参政及创办实业等，另外还对西方妇女运动与妇女权益进行了较全面的介绍，由包天笑主要编辑。《妇女时报》一直维持到1917年5月，是辛亥革命时期存在时间最长的一个妇女刊物。

和很多维新派人士一样，狄楚青一生信奉佛法，希望能够从佛学中找到变革社会活动精神的力量。1912年10月，他创办了我国第一份佛学刊物——《佛学丛报》。该杂志为月刊，以介绍各种佛教知识、佛经典籍和探讨佛学思想为主。作者队伍除了佛教界的高僧大德之外，还包括了不少信奉佛教的政治家，如章炳麟、蔡元培等人，这份杂志鼓吹应当将佛教立为中国的国教，利用佛教来统一中国人的思想等等。

晚年多遭变故，经营日渐惨淡

1912年，曾经在时报馆担任过短期主笔的史量才接管了《申报》，不久便花费重金挖走了《时报》总编辑陈景韩，陈景韩将在《时报》时的各种改革和创新也带到了《申报》，史量才这一次"挖墙脚"让《时报》元气大伤。随后，雷奋、包天笑等报社的骨干力量也相继离开。接下来数年里，次子夭折、报馆遇火以及北洋军阀对新闻业的摧残与干扰，使狄楚青对新闻事业逐渐心灰意冷。1921年，狄楚青将经营了17年之久的时报馆以8万元的价格盘给了黄伯惠，独自经营有正书局。在新文化运动兴起之后，古籍与古代书画市场出现萎缩，对有正书局打击也很大，书局门庭日渐冷落。在狄楚青去世之后，有正书局也于1943年关闭。

1941年，狄楚青病逝于上海家中，享年69岁。狄楚青在他所创办的报纸杂志上开辟了"平等阁诗话"、"平等阁笔记"、"平等阁杂记"、"平等阁琐言"等专栏，其作品主要涉及中国古代、近代诗人轶事、文学研究、佛学知识、笔记小说等等。生平文字主要辑录于《平等阁笔记》《平等阁诗话》中。

注释：

①中国人民政治协商会议江苏省溧阳县委员会文史资料研究委员会编：《溧阳文史资料》第6辑，1988年版。

②戈公振：《中国报学史》，中国新闻出版社1985年版，第89页。

③胡适：《十七年的回顾》，《时报》，1921年10月10日。

④包天笑：《钏影楼回忆录》，中国大百科全书出版社2009年版，第318页。

⑤胡适：《十七年的回顾》，《时报》，1921年10月10日。

⑥谢菊曾：《回忆〈时报〉》，《随笔》第14期，花城出版社1981年版，第58页。

平等阁笔记之庚子纪事

庚子冬间，余由日本至朝鲜，凌冒冰雪，跋履辽沈，间关至京师。凡可悲之境，可愤之事，可怜之人，接于耳目，触于心者，一一随笔记录，以备遗忘。丁未春时报馆被灾，此稿已成灰烬。今依前例续行记存。虽短书野乘，无当宏旨，然风会升降，时局变迁，有可观焉。

狄楚青（1873—1941）

273

《平等阁笔记》

京师之劫

　　庚子之役，京师千百年积聚，尽为外人所得。大内为日兵所守，其中列代重器，尚得无恙，其小件易携之物，各国人之入内游览者，往往窃之出，计所失过半矣。三海子为各国分据，北海子仙人掌下之北圆廊一带，为法兵据守，其东北各处则为英据，中海子玉蝀桥西南一带，如紫光阁等处，皆为德据。仪銮殿为日据，三海物荡然无存矣，惟仪銮殿中重器则均尚在。辛丑夏六月，某帅请于日人，借此殿避暑，日人难于却之，其月即被焚。当时杀华人之为仆役者多人，谓其盗物纵火。据日人告余云："其中重物，早为人移去，移物者纵火灭迹。"然则被杀之华人，可谓冤矣！

劫后颐和园

颐和园内各处，皆一空如洗。佛香阁下排云殿内，什锦橱数十座，高接栋宇，均存空格，可想见当时。其中陈列之品，盖不知凡几，各国游客，皆争取一二物，谓留为记念品。遂至壁间所糊之字画，窗间雕刻之花板，亦瓜剖豆解矣。

颐和园中，则碧犀宝石翡翠珠宝等件居多。近数十年，各督抚臣工，搜剔民间宝物，悉入此中矣。嗟乎！圆明之劫，继以颐和，是何异敛全国之精粹，聚而歼之，较之杀人盈野者，其惨益剧，其痛弥永矣。

（选自《平等阁笔记》（卷一），台北弥勒出版社 1984 年版）

狄楚青（1873—1941）

评析：

《庚子纪事》为狄楚青作品中最具有新闻特性的一组作品，这组作品记录的是庚子（1900）年冬，作者从日本经朝鲜在穿过辽沈回到北京一路上的见闻，记录了八国联军入侵我国时的各种暴行及群众抗敌的事迹。该组文章最早于1904年4月刊登在《女报》的新闻专栏上，以下的《京师之劫》《劫后颐和园》，以及文后的《烈妓拒局》《烈妇雪仇》《大刀王五》等三篇文章均为该系列作品，原文无标题，此处各个标题为编者所加。

以上两篇作品描述了经八国联军劫掠之后北京各处名胜的惨状，这些文章中的信息也给后世的历史研究留下了难得的史料。文章既有对事件现场的整体描述，亦注重挑选富有表现力的细节进行描写，作者尽可能地对新闻事实进行客观平实的描述，但在文末还不忘加上一句感情强烈的评论，文虽不长，却让人有身临其境之感。

烈妓拒局

又某国武员，招数妓侍酒。悦一姬，使译者传语，欲留侍一宵，不吝缠头资。姬曰："吾虽为妓，决不肯失身于外人。"译者以告，武员怒曰："不从者死！"乃拔刀置案上。妓愤然夺刀于手曰："今日必死一人！"武员惧而遣之，且曰："吾见支那官吏多矣，不意乃有此妓。"

烈妇雪仇

又西华门外某氏妇者，颇有姿色。俄兵闯入，欲恣行强暴，妇不可，乃以绳缚其手足，遂被辱。兵去，妇语家人曰"吾必雪此仇而后死！"家人惧更益祸，力阻之。妇不听，亲赴俄统将处呼冤。统将曰："必非吾营中人，特尔误认耳。"妇愤甚，以头触柱，血迸流如注。统将大感动，乃曰："吾悉召营中诸兵来，尔可自认之。"一时许，俄兵咸集，乃以佩刀授妇曰："果有其人者，任尔自杀之。"妇接刃四顾，疾趋至一兵前，挥刃断其首，乃回顾语统将曰："谢君厚意，吾目瞑矣。"即自刎死。闻此妇平时柔弱如不胜衣，不意一旦遇难，愤气云涌，若负大勇者，亦可谓巾帼中之奇女子矣。惜言此事者，不肯道其氏族。实则若此妇者，且可为吾国光，又何庸讳焉。

大刀王五

大刀王五者，镖客也，素以义侠称。谭浏阳重其人，与订交焉。庚子拳匪肇乱，京官眷属，藉其保护出京者数百家。及事亟，五终日皇皇奔走于所识士大夫间，谋所以匡救大局之策。时人心忧虞，迄无应者。迨联军入京，五见西兵之无礼日甚，辄与其徒数十人，日以杀此辈为事。十一月某日，有石某之宅为西兵围困。五经其地，愤与之斗，手杀数十人，继以中弹过多，遂被执。西人以为义和团之余党也，枪杀之，弃其尸，而不知其为五也。时刘铁云设平粜局于东华门外，附设一瘗埋局，专掩埋无主尸骸，以沈愚溪主其事。明年正月，乃收五尸葬之，且树碣志其地，今无人知其处矣。愚溪尝语人曰："五死累月，天寒尸未腐，嚼齿怒视，目光炯炯如生，犹可想见当时愤斗之状"云。

（选自《平等阁笔记》（卷一），台北弥勒出版社 1984 年版）

评析：

　　以上三篇短文同为狄楚青《庚子纪事》系列中的作品，当时抗击外敌侵略的事迹很多，但作者没有选择身居庙堂之上的名人，而集中对市井草野之中普通国民的抗敌事迹进行采写，为我们提供了难得的中国人民抗击侵略的史实，同时也体现了作者"位卑未敢忘忧国"的情怀。

　　这几篇文章深受古代史传文体的影响，文中大部分篇幅使用叙述的方式描写人物故事，在文末加上类似"太史公曰"的简短评论文字提炼主题。值得一提的是，在《烈妓拒局》和《大刀王五》两篇文章的评论文字中，作者巧妙地借用别人的评价来表达自己的观点，与现代新闻写作中"借嘴说话"的"间接引语"宗旨暗合。

　　以上三篇短文虽以文言形式写就，但文字凝练晓畅，要言不繁，文中富有代表性的对话更是让文章主人公的忠烈勇敢、敌人的色厉内荏形象跃然纸上。

（编撰：覃哲）

狄楚青（1873—1941）

白
话
报
先
驱

林白水

（1874—1926）

　　林白水（1874—1926）一生角色多变，办教育，昌言革命；为民族革命奔走呼号；也曾出任总统府秘书、参政院参政。他自办《中国白话报》《时事选刊》《公言报》《平和日刊》《新社会报》《社会日报》，还担任过《杭州白话报》《京津晚报》主笔。他主编报纸，为民请命，抨击贪官污吏。他是中国历史上第一个出国留学攻读新闻学的人，是清末民初著名记者、政论家、社会活动家。他率先示范，开一代风气之先，创办多种白话报刊，办出了通俗易懂、面向大众的报纸。

白话报先驱

　　林白水（1874—1926），短暂的一生中角色多变：办教育，昌言革命，为民族革命奔走呼号；有过鸣镝四海、仗剑五湖的侠士经历；也曾有过短期的精神恍惚，出任总统府秘书、参政院参政，对进步的政治力量也有过微词；同时他还主编报纸，为民请命，抨击贪官污吏。林白水一生的业绩和贡献，主要是在新闻学上。他是中国历史上第一个出国留学攻读新闻学的人，是清末民初著名记者、政论家、社会活动家。他率先示范，开一代风气之先，创办多种白话报刊，弃文言用白话，办出了通俗易懂、面向大众的报纸。自 1901 年出任《杭州白话报》主笔后，开始新闻生涯。25 年间，除自办《中国白话报》《时事选刊》《公言报》《平和日刊》《新社会报》《社会日报》之外，还曾担任《杭州白话报》《京津晚报》主笔。这些报刊从隐晦批判封建专制到激烈抨击君主专制，反对军阀专制，最后因揭露军阀专制，以身殉职。林白水在中国新闻史上与邵飘萍齐名，又有"萍水相逢百日间"之遭遇。

林白水的爱国情操

　　林白水，原名獬，又名万里，字少泉，号宣樊，使用过的笔名有白水、秋水、口子、白话道人、退室学者等21个。① 1874年1月17日他出生于闽侯县一个具有爱国思想传统的家族里。曾祖父林唐卿在贵州做过官，父亲林钧中过举，但不满官场腐败迫不得已去当私塾先生。家人对林獬寄予厚望，起名"獬"。獬，是传说中的独角异兽，能辨曲直，见人争斗，就冲上去用角顶恶人。

　　林獬十岁那年，在福州船政局（马尾造船厂）做文案的父亲曾带他到马尾目睹1884年中法战争马江海战的悲壮一幕，给少年林獬以巨大的震动。母亲为了使他受到良好教育，将他送到自己娘家，与表兄弟一起拜当时著名文士高凤岐（啸桐）为师，接受严格的教育。课余高老师向林獬讲述日本无钱人也可上学读书，日本报纸可以看到国家和世界的大事等，使他十分向往。

　　1894年甲午海战中，"扬威舰"管带林獬的叔叔林履中（字少谷）带领扬威舰与敌血战，壮烈牺牲。因林履中的儿子年少，由林獬主持了丧事，他极为悲愤，负责养育林履中两个年幼孩子，并发愤振兴中华教育救国。②

　　林獬家族素有爱国思想传统。"先辈人的爱国刚烈之气，对林白水影响至深，他不避权势，不畏强暴。他一生中无论是兴学、革命或是办报，都贯穿着强烈的爱国民主主义思想。"③

用白话报唤醒民众

　　林獬19岁时母亲病逝，迫于生活，到杭州为同乡林启（字迪臣）

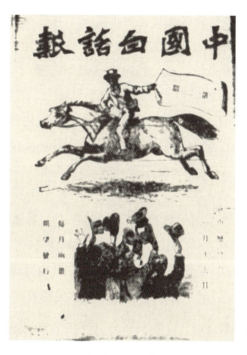

《中国白话报》

教家馆。林启兴办了求是书院（浙江大学的前身）、养正书塾和蚕学馆（浙江理工大学的前身），诚邀林獬到这三所学堂任教。林獬曾担任求是书院的总教习，主持书院教务。他不以孔孟学说为主课，倡导教学西方近代文明学说和先进科学技术，开创了传播新思想、崇尚改革的教育新风。当时在他周围经常聚集着蒋百里、许寿裳等一大批思想活跃的学生，他们常在课堂内外讨论新的思想学说，评论时事形势。

1901 年 6 月 20 日，以求是书院的首届毕业生、杭州名士项藻馨（兰生）为首的几个具有新思想的知识分子，集资创办了《杭州白话报》，聘请林獬首任主编。林獬富于革新思想，冲破八股文和桐城古文的束缚，勇于标新立异，弃文言文，使用白话文。在中国新闻史上，白话报不多，办白话报的人很少，他是最著名的一位。他的报人生涯是从1901 年参加《杭州白话报》编辑工作开始的。他用白话文办出了一份通俗易懂、面向大众的报纸。该报无论内容还是新闻标题，都注意浅白而生动，吸引各种文化层次的读者。林獬常在报上以"宣樊"、"宣樊子"

等笔名发表积极宣传新政，提倡社会变革，主张男女平等，反对吸食鸦片和强迫妇女缠脚等陋习的文章，产生了良好的影响。该报从最初的几百份，一直到五千多份，成为当时报刊销售之冠。④

1902 年 4 月，他应蔡元培之邀来到上海，一起组织"中国教育会"，"表面办理教育，暗中鼓吹革命"，他的革命生涯由此揭开了第一页。接着，他和蔡元培等创办了爱国女学社、爱国学社及社刊《学生世界》，"鼓动反清革命，言论尤为激烈"，也曾为《苏报》写过时评，并请律师为"苏报案"辩护。翌年，赴日本留学，参加中国留学生的爱国拒俄排满活动，加入"军国民教育会"。同年夏天，林獬回到上海，12 月以"白话道人"为笔名自办《中国白话报》，鼓吹推翻帝制，宣传深入人心。1905 年 9 月 24 日，吴樾怀揣土制炸弹，在北京车站谋炸出洋考察宪政的清廷五大臣，当场牺牲了年轻的生命。吴樾在给妻子的信中说："自阅《中国白话报》，始知革命宗旨之可贵；自读《论刺客》一篇，始知革命从暗杀入手。"⑤以此可见，林獬创办《中国白话报》的宣传已化为革命行动。

倾尽心血办报成为反抗专制的斗士

1903 年 12 月 15 日，《俄事警闻》创办，由陈竞全出资，是上海的"对俄同志会"的言论机关。1904 年 2 月 15 日起更名为《警钟日报》，至 1905 年 3 月 25 日因揭露德国侵占山东被查封，所有白话文都由林獬执笔，但多不署名。⑥1904 年 11 月，清廷大肆筹办"万寿庆典"，为 70 岁的慈禧太后祝寿，林獬愤而写下一副对联，在《警钟日报》发表：

今日幸西苑，明日幸颐和，何日再幸圆明园？四百兆骨髓全枯，只剩一人何有幸？

五十失琉球，六十失台海，七十又失东三省！五万里版图弥蹙，每逢万寿必无疆！

此联字字辛辣，把慈禧太后的嘴脸刻画得入骨三分，上海各报乃至外省不少报刊无不争相转载，传诵一时。是年 11 月 19 日，安徽志士万福华行刺广西巡抚王之春失败在上海租界被捕，林獬和黄兴等 11 人先后被捕，他因查无实据关了一天就被释放。林獬在《警钟日报》发表文章大谈"侠义之士"、"为侠客辩证"；他为"万福华案"请律师、写文章到处奔走，以致租界当局派人跟踪。

林白水独立创办并主编的《中国白话报》，实现了他多年来梦寐以求的愿望，也是革命党人在上海创办的第一家白话报刊，由隐晦排满反清，到旗帜鲜明地宣传革命，在众多白话报刊中影响最大。《中国白话报》先是半月刊，13 期改旬刊，出至 1904 年 10 月 8 日停刊。开有论说、新闻、科学、实业、小说、文明介绍、战时警报等栏目，几乎所有栏目都是林獬以"白话道人"的笔名所写的。他大声疾呼救亡图存；以革命的手段，推翻清政府；反对专制，提倡建立共和政府；倡导天赋人权、人类平等、百姓合群等新观念。他在《中国白话报》第 5 期"论说"栏发表《国民的意见》指出："凡国民有出租税的，都应该得享各项权利，这权利叫自由权，如思想自由、言论自由、出版自由。"他在一百年前的封建专制时代就提出"纳税人的权利"思想，在当时真是鲜见。

辛亥革命后，林白水回福建参加都督府参事会，主张三权分立，随后被任命为法制局局长、省临时议会议员。他四易其稿，制定了福建第一部选举法。他主持的法制局创办《时事选刊》，成为我国最早的文摘报刊之一。[7]

1916 年 9 月 1 日，林獬创办《公言报》，办报资金来自他同乡段祺瑞的心腹徐树铮，该报 1920 年 7 月 22 日停刊。《公言报》1917 年 1 月 29 日发表时评《祝甲寅日刊》，开始署白水笔名，先后发表论说、通讯等 98 篇，亦庄亦谐，笔锋犀利，辛辣无比，此后"白水"之名湮没了他的本名和过去的笔名。"公言报出版一年内颠覆三阁员，举发二赃案，一时有刽子手之称，可谓盛矣。"[8]他与安福系有了裂痕，离开《公言报》是必然的。

1919 年 2 月，"南北议和"，林白水于 2 月 20 日在上海办《平和日刊》，鼓吹和平。三个月后，和平会议宣告破裂，《平和日刊》随之在 5 月 13 日偃旗息鼓。他再回北京接办《公言报》，因抨击军阀政客，1920 年 7 月报馆被军阀派人砸毁，报纸被迫停刊。

1921 年 3 月 1 日，他和胡政之一起创办《新社会报》，他为社长，胡政之为总编辑，提出"树改造报业之风声，做革新社会之前马"。1922 年 2 月 10 日《新社会报》因独家披露吴佩孚挪用盐业公债的黑幕，惹火烧身，被警察厅勒令停刊，只生存了一年多。

1922 年 5 月 1 日《新社会报》复刊，改名《社会日报》（刊号连续）。后因《社会日报》刊出曹锟贿选总统，曹锟派人将报馆查封，将林白水"请"到侦缉队蹲了三个多月。1923 年 6 月，《社会日报》又登曹锟贿选总统的文章，报馆又遭封闭，林白水再次入狱。《社会日报》出版至 1926 年 8 月 6 日。

林白水在报端经常称尽一人之力采写编辑刊行，以个人资金办报，常捉襟见肘。为了报纸的生存，他宁肯卖字卖文以补亏欠，而不接受外界津贴。从 1925 年 7 月 3 日起，他在《社会日报》副刊每期登载《林白水卖文字办报》的广告。

1926 年 8 月 5 日，他在《社会日报》发表时评《官僚之运气》，把依附于军阀张宗昌幕下号称"智囊"的潘复，比喻为肾囊之系于胯下，讽刺、挖苦至极。当晚，潘复请张宗昌做主以"通敌有证"的罪名，定下死罪枪决。

林白水的业绩赢得了人们的怀念与尊敬。1985 年 7 月 30 日，中华人民共和国民政部追认林白水为革命烈士，⑨在他的家乡闽侯县青圃白水山麓修建了林白水纪念馆以志怀念。

注释：

①林伟功：《林白水研究中的问题及思考》，见林立新主编：《报界先驱林白水研究论文集》，福建人民出版社 2008 年版，第 273 页。

②福建历史名人研究会林白水分会编：《纪念林白水文集》，第 71、72 页。

③宗集：《林白水的女儿谈林白水》，见《新闻与改革》1986 年第 2 期。

④福建历史名人研究会林白水分会编:《纪念林白水文集》,第16页。

⑤福建历史名人研究会林白水分会编:《纪念林白水文集》,第16页。

⑥林立新主编:《报界先驱林白水研究论文集》,福建人民出版社2008年版,第272页。

⑦参考张次溪《记林白水》,福建历史名人研究会林白水分会编:《纪念林白水文集》。

⑧白水:《不堪回首集》(一),见《社会日报》,1925年12月24日。

⑨笔者2006年8月6日参加《纪念中国报界先驱林白水就义80周年大会暨学术研讨会》,8月7日去青圃林白水纪念堂,为雕塑在纪念堂院内的中华人民共和国民政部1985年7月30日颁发给林白水的《革命烈士证书》,举行揭幕仪式。

作品选编

论看报的好处

诸位你看,现在天下也算得四通八达了,铁路、电线、火轮船造了许多。随便有什么事情,立刻送把人家晓得。我们生在这个时候,也算得便宜极了。只可怜那不识时务的一班人都说道:洋人做的东西,我们中国不该学他的样。

诸位是明白的人,请你听一个现成的譬喻。譬如孔夫子不曾带家眷,单身到浙江来做个抚台。他的父亲在山东家里,忽然生了要紧的病。那时候没有电报便罢,若有电报,那伯鱼(孔子的儿子)是立刻打电报通知孔子呢?还是因为恨这洋人的东西,情愿由驿站寄信,误了日子呢?又如孔子回去看看父母。是由水路坐火轮船,由旱路坐火车去呢?还是因为恨这洋人的东西,情愿坐帆船、坐驿车慢慢的回山东呢?果然如此,那孔子、伯鱼就不算孝顺子孙了。

诸位想想，孔子、伯鱼是不是这样的拘泥的人？还有一层，铁路、电线、火轮船虽然是极快的。我想诸位一定不能够天天去打电报、坐火车、坐轮船打听外头的信息。所以，外国人又想出开报馆的法子。这个法子，最便我中国的士农工商四等人。中国读书人大半穷苦，那里有许多钱来买书。现在皇帝又要变法，这八股是一定要废的。一面要开学堂，一面用策论取士。我们读书人若不是看报，那里能晓得外头的许多事情。不说别的，只说我们想中举人、进士的向来最喜欢打听外头有什么新的书？现在各省是什么风气？有了报看，自然一目了然。大家也好预备趋风气的法子。古人说的"秀才不出门，能知天下事。"想不到这两句说话到如今才应哩。就是那农工商三等的人，能多看报，都有好处。譬如务农的，新买了几亩的园地，不晓得种那样东西将来好多趁铜钱。有了报看，就晓得广东新会县的橙子，近来销路最多，种法又容易，工本又轻，便好把这园地种起橙子来。这种的话，报里头时时说的。譬如钉书、印书两种，我中国向来是用人工的。有了报看，便晓得近来新法用机器的，好省许多工夫，何等便快。能够照样做起来，这工艺的生意就畅旺的了不得了。若说做生意的人，全靠消息灵通。没有报看，那里能都晓得呢？以上的话，都不过举其一端；还有各样便宜的地方，诸位大概也算得到，不必我们多说了。所以我朋友们商量想开报馆，又怕那文绉绉的笔墨，人家不大耐烦看。并且孔夫子也说道，动到笔墨的事情，只要明明白白，大家都看得懂就是。从前，日本国有个大名士，名叫贝原益轩。他一生也是专门做粗浅的小说书把人家看。不过几年，那风气就大开了，国势也渐渐的强起来了。因此日本维新的根基，大家都说是贝原益轩一个人弄起来的。诸位此刻还未必十分相信，到看了各种的报纸，才晓得我们并不是造谎呢。

本馆代派处：

本城　银洞桥译林　旧府前德记书坊　后市街新书书室　弼教坊信一堂

城外　湖墅西河坝魏宅

上海　中外日报馆　沪南三等公学堂　棋盘街维新书局

苏州　胥门内女冠子桥励学译编所　娄门大新桥巷崇办蒙塾　山门巷口开智书室　因果巷陋室

木渎　殷家桥顾第

无锡　北门内道长巷务实学堂

金陵　卢妃巷东文学堂

天津

北京　琉璃厂工艺局帐房

武昌　青石桥武林徐公馆

宜昌　大南门矿务局

常熟　大东门醉尉街内阁张

江西　省城陶君节家

福建　城内南大街回春药铺　南台仓前山英华书院内开智会

湖州　黄沙路王文光书坊

南浔　东栅宜园又东栅庞宅

嘉兴　中街亿昌钱庄

海宁　东门外祝家桥仁昌米号

绍兴　城内笔飞弄明记钱庄　水澄桥墨润堂书坊、会文堂书坊陡亹辨志义塾

上虞　城内经正书院

嵊县　东后街醉墨轩纸号

新昌　城内忠信坊下童宅

诸暨　城内状元坊司宅

林白水（1874—1926）

一　这个报月出三本，全年三十三本。零售每本大钱三十。预付洋钱，定看全年，大洋一元。半年大洋六角。

一　内地寄报　凡代售及定阅者信资自给。如已设邮局的地方，每份每年加邮费洋二角，各代售处均可一律照收。

一　外埠代售　概提二成　以贴信资等用　惟报资多要先付　按季清给。

一　我们办这个报的意思，原为广开民智起见。现在议定；凡各省

287

已设的学堂及义学主人向本馆买报全年至十份以上者，照外埠代售例，八折算帐。如有达官、富商定至十份，义在分送者，亦照此例。

——这报的费用是同志的朋友们逐月捐助的。现在议定：月捐一元，送报一份；多捐的人，仍要多送，算不得谢，不过表表我们报馆里的诚心。

——如有人拿钱特捐在报馆里，好教我们的报兴旺起来，这是最好的事。凡捐洋十元以上者，送报两年。五元以上者，送报一年。五元以下者，俟所演的书，印成专本，再行奉送。

——外来的白话文件、信，钱多请自付。惟不论刻不刻，原稿均不检还。

——各地如有新出书报能够开智者，本馆均可代登告白。刊印另议酌取，如须代售亦可。

（选自《林白水文集》，福建省历史名人研究会林白水分会刊行，2006年版）

评析：

《论看报的好处》是林白水以"宣樊子"笔名写的发刊词。为了倡言革命，普及大众，林白水摒弃八股文和桐城派古文，标新立异，弃文言文，用白话文，要办出一份通俗易懂、面向大众的报纸。他率先示范，开一代风气之先，用浅显晓畅的口语写出了读报的好处、本报的代销点、投稿的要求、捐赠的方法、书报广告的刊登方式等，使识字不多的人可以看懂，不识字的人可以听懂。

使用白话文写作，林白水不是第一个，但他是写得最好的一个；在他所生活的时代，偶尔写点白话文玩玩儿是有的，但是为民众而写作的人却寥寥无几，坚持到底的人屈指可数。林白水这位学贯中西的人，为唤醒民众，面向大众进行宣传，大手笔写小文章，写得如此浅白易懂，实在难能可贵。这大概是他懂得传播需用易懂易记的方式，才能收到最佳效果。

本报复业宣言

　　我们那位不到一岁的新社会报，因为生来就是多嘴多话，偶然失检，打一个跟斗，往生天国去了，幸亏没有什么罪孽，佛菩萨许他再转轮回，重行出世。今天就是他再出世的第一天，累得我白水道人，又得敲着木鱼，替他介绍给列位会见。咳，说起来却是不幸的很，说起来又是微幸的很啊。

　　你列位们正在看这篇宣言的时候，你耳朵里，听得什么响声没有？那个响声，给我们这张报纸很有点关系哩。我们就因为要警告大众，说是奉直快要失和了。劝大家早些注意这事。所以每天写了无数不祥的话。叫国民看着，及早预备。那知道就因此贾祸，几几乎兴个文字大狱。后来经过法庭的尊严审判，算是万事推在那呱呱儿身上。给他一个糊涂了事。不过把新社会三字砍去头一个字。权当斩首重刑罢了。事也凑巧。等到我这社会日报重行出世的时候，刚刚碰着炮火连天，两边十万人马，正在大杀特杀的当口。所以我自己闻着，觉得我这张社会日报，出世伊始，就带着一点硝磺气味，及血腥。咳，眼见他又是个惹祸招灾、不祥的尤物了。

　　住在这杀气弥漫的北京城里，整天的关住金口做哑吧，还怕惹事。偏偏我们不识时务，要在这当口发刊报纸，还想在报纸上出出风头，那是过于冒险的了。还有一层。甲乙打架。照理应许第三者来评判是非。就是不论是非吧，也得许人家记载胜负。输的说输，赢的说赢，就事论事。应该没有什么危险。但是赢的固然喜欢别人替他宣布。输的就未必愿意人家替他张扬。这本来是人情大都如此，没有什么奇怪。但我们做报的，论理只应管我们的新闻，不应管他们的忌讳。无如我这报纸，既然生息在一种势力范围之下，要是不问他们的忌讳不忌讳，尽管呆头呆脑，说什么有闻必录，罔识忌讳，你想我这上了年纪的人，又是经过通缉拿办的要犯，到如今还有那鸡子大的大胆吗？我的话说到这里。有人

林白水 (1874—1926)

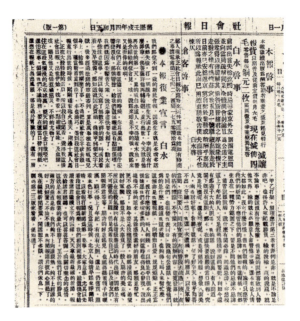

《本报复业宣言》

问道，阁下既没有这胆，那末，在这快要戒严的当口办报，究竟是投机呢，还是压宝呢？或是滑头滑脑，想做人面美人，两边讨好呢？我听了这话，怔了好半天。几乎回答不出。仔细一想。我这一次遭祸，我的朋友，以及军警当局、府院要人、司法官吏，有的替我去疏通讨饶；有的格外体谅、不予深究；有的谅解内容，从宽发落。就是同业们，也很替我表同情。说几句公道话，究竟他们为的是什么？难道我这老脸，也够得上叫人家帮忙么？这无非是我这报纸。一向稍知自爱，规规矩矩，正正当当。没有什么劣迹，叫人轻贱。所以就是平日很不高兴很嫌恶我们多嘴多话的人，到这时也得良心发现，说出摧残不得的话来。其余感情素好的朋友，那愿意帮忙，更不必说了。如今要是投机压宝，干那滑头勾当，希望讨好军阀，那岂不是大大辜负了一般人期许的美意吗？所以这杀气腾腾有枪阶级鼎盛的时代出报，固然是有不可避免的灾难，但是为着我自己人格，以及朋友们、阅报诸君等等期许的好意起见，也祇得挺着脖子称硬汉。顾不得上了年纪，有没有大胆，还是一仍旧贯，照着本色行事。况且当这时候，北京人每清早起来睁开眼睛，以看报打听新闻为第一要事。大家意思，尤其以先看我这社会日报为乐。我们相别两个多月，趁这机会给读者诸君继续文字的因缘。天天拿最新最确的新闻，报告给诸君听听。也可以略略答谢一向关切垂念的盛情。这就是本报复业的最大任务了。至于他们打仗的胜负、两方的曲直是非，我们够不上向谁亲热，够不上讨谁的好，只好置之不论不议。我与阅报诸君彼此心照罢了。现在编辑新闻要紧。闲话恕不多谈。请你们休息一下，翻过第二三版来看看，便知道了。

（选自《林白水文集》，福建省历史名人研究会林白水分会刊行，2006年版）

评析：

林白水（1874—1926）

林白水办报一波三折，多次入狱坐牢，报纸被封。但是他越挫越勇，不气馁，不妥协，与封建专制与反动军阀斗争到底。1921年3月1日，他和胡政之一起创办《新社会报》，他为社长，胡政之为总编辑，提出"树改造报业之风声，做革新社会之前马"。林白水的时评常议论军阀个人长短，或揭人隐事，涉及权贵私德问题，形容备至，不留余地。1922年2月10日《新社会报》因独家披露吴佩孚挪用盐业公债的黑幕，惹火烧身，被警察厅勒令停刊，只生存了一年多。

1922年5月1日复刊《新社会报》，改名《社会日报》（刊号连续）。所以林白水说："我们那位不到一岁的新社会报，因为生来就是多嘴多话，偶然失检，打一个跟斗，往生天国去了，幸亏没有什么罪孽，佛菩萨许他再转轮回，重行出世。"林白水在《社会日报》发刊词中说："蒙赦，不可不改也。自今伊始，斩去新社会报之'新'字，如斩首然，示所以自刑也。"这表现了士可杀不可辱的愤慨之情。从此他扮演着超级斗士的角色，踏上了漫漫不归路。

官僚之运气

　　吴佩孚毕竟是大人物。客自长辛店来者言：吴每日在车站车上办公，如此炎暑，车中斗室，人所难堪。而吴办公点钟，自上午九时至下午六时，始回寓休息。近来酒亦不多饮，暇时惟观书、浇花，以资消遣。日间起居动作皆有定时，颇与清代中兴将帅相似，惟性颇执拗，颅脑简单，不谙政治，其思想陈腐，意见执滞，与合肥极相类。最近张子武往谒，谈次颇以中枢乏人，意欲为梁燕孙道地：闻未来总揆，以梁为宜。吴应之曰：是卖国党也，梁卖了国，又想再作总理耶？吾闻久住北京者，必为官僚政客所包围，立变宗旨。君住北院，为期亦不少矣，云云。子武碰此软钉，默然而退。夫梁虽为交通系首领，而卖国则并无故实，吴此语亦不过随便道之。然为大人物，则不宜如此随便说话，随便批评，足见其脑筋之简单。中央政治若长在吴大帅指挥之下，恐终须弄得一团糟，然也足见梁氏做总理之运尚未到来！狗有狗运，猪有猪运，督办亦有督运，苟运气未到，不怕你有大来头，终难如愿也。某君者，人皆号为某军阀之肾囊，因其终日系在某军阀之胯下，亦步亦趋，不离晷刻，有类于肾囊之累赘，终日悬于胯间也。此君热心做官，热心刮地皮，固是有口皆碑，而此次既不能得优缺总长，乃并一优缺督办亦不能得，经某君极力斡旋，垂即提出国务会议矣。因先期宴客，以语某军阀，意欲讨好，不料某军阀大不谓然，且云某某无必须界以某缺之必要，随便与以督办之名可矣。于是变更前议，派一刽池子差事，肾囊大为懊丧，复向某军阀噜苏。闻昨日政府又接到某军阀来缄，盖为某某进言者，且云前日所谈，并未指明刽池子一事，奈何真使某某刽池，未免过于难为他矣。以后某缺如乏人，仍望为某设法。当局得信，难于置复，有人谓此亦不过当面敷衍肾囊先生，并非某军阀之真意，可以不必作答，遂搁置之。可见表面炎炎赫赫之某肾囊，由总长降格求为督办，终不可得。结果不免于刽池子之玩笑甚矣！运气之不能不讲也。

某外交总长，自合肥卸职后，日抱不安。适某大军阀至津，即托人介绍往谒。某大军阀一见，即下一番教训，弄得面赤耳热，懊丧而归。介绍人对之甚为抱歉，复进言某大军阀，谓某虽无状，究系中央特任官吏，宜稍加优礼，不妨请他吃一顿饭，以示优容。某大军阀允之，即下请束，约翌日下午吃饭。及期，某去，某大军阀假以辞色，口称"总长"不置。饭罢，即命左右安排场面，请"总长"入场推牌九。某辞以未带现款。某大军阀云：此无妨，即命左右到账房拿钞票十万来，借与总长作赌本。某至此，无法拒之，只得听命，赌未及半，赢得数万金，方私自庆幸，而某大军阀忽下大注，未及一小时，而某已将十万本钱，输去九万八千。某大军阀略昂其首，一声呵欠，谓时已不早，请"总长"即在此间安歇一番。即有一副官来，引入一室，此时账房先生踵至，问"总长"十万欠款，可否即开支票，以便归账。某云：深夜无处告贷，请宽至明日，当为设法。账房先生有难色云：适间以大帅之命，不得不将军饷先行挪借，明晨即须支付，务请"总长"及早设法，免于未便。某颔之，一夜苦思，不能成寐。天甫破晓，见室外监视之兵不下十余，知难脱身。乃以电话向某同乡告急，借得十万付与账房，始狼狈而还。如某者，可谓自投罗网，讨一没趣，亦时运该当倒霉耶！

（选自《林白水文集》，福建省历史名人研究会林白水分会刊行，2006 年版）

林白水（1874—1926）

评析：

1926 年 4 月，直奉联军开进北京，著名报人邵飘萍遭杀害。当时社会处在恐怖氛围中，林白水仍敢在时评中指斥军阀为"洪水猛兽"，毫不留情地批判反动军阀的倒行逆施和丑恶政客的胡作非为。这篇文章就是其中的代表作。

林白水因文字贾祸，因言论获罪，被反动军阀公然戕害，是他斥责潘复的文章，犹如一支标枪挟带着风声鹤唳掷向恶人潘复，直扎得鬼哭狼嚎。《社会日报》在 1923 年 1 月 25 日发表时评《山东全省好矿都要发现了》，揭露杀人魔王张宗昌的智囊潘复贪污敛财，做财政次长一年多就捞了几十万。潘复的官运因此受到阻碍。

1926 年 8 月 5 日，他在《社会日报》发表时评《官僚之运气》，讥讽依附于军阀张宗昌幕下号称"智囊"的潘复"狗有狗运，猪有猪运，督办亦有督办运，苟运气未到，不怕你有大来头，终难如愿也"，并为其升官发财找到缘由："某君者，人皆号称为某军阀之'肾囊'，因其终日系在某军阀之胯下，亦步亦趋，不离晷刻，有类于肾囊累赘，终日悬于腰间也。此君热心做官，热心刮地皮，固是有口皆碑，而此次既不能得优缺总长，乃并一优缺督办，亦不能得……甚矣运气之不能不讲也。"林白水把潘复与张宗昌的关系极为滑稽而又十分形象地比喻为肾囊之系于胯下，讽刺、挖苦至极。

当晚，潘复读到时评《官僚之运气》，不禁勃然大怒。他先是叫人给林白水打电话，勒令林白水在报纸上刊出更正声明，并且公开道歉。林白水的答复是"言论自由，岂容暴力干涉"，断然拒绝潘某的要求。于是，潘复请张宗昌做主以"通敌有证"的罪名，定下死罪。所谓的"敌"，指的是不久前刚刚撤出北京的冯玉祥。有此一项指控，绝对是杀无赦。林白水在北京宣武区果子巷北面棉花头条胡同最东头路北第一座门家中被捕。

林白水好友立即想方设法援救。杨度、叶恭绰等人不遗余力找到张宗昌苦苦哀求，张宗昌应允暂缓执行，但命令送到宪兵司令部，借口说时间晚了，已被枪决。

（编撰：乔云霞）

　　陈去病（1874—1933）　我国晚清和民国时期著名的革命家和诗人，以报刊活动和文艺创作为投身革命的主要平台，先后主持和参与了《江苏》《警钟日报》《二十世纪大舞台》《国粹学报》《中华新报》《南社丛刊》《大汉报》等一大批革命报刊，并以其独具特色的诗歌和文学作品传播革命思想，在我国近代反帝反封建的民族民主革命中作出了杰出贡献。他发起成立的"南社"、"匡社"等革命文化团体，为我国近代报刊事业培养了大量杰出人才。

革命舆论旗手

　　陈去病（1874—1933），晚清和民国时期著名的革命家、新闻宣传家和诗人。早年接受完整的传统教育，却放弃举业，立志投身民族民主革命，追随黄兴、孙中山参加同盟会，为推翻满清封建统治不遗余力。陈去病也是一个赤诚的爱国者，对丧权辱国的满清朝廷深恶痛绝，强烈要求捍卫国家主权和领土完整。为反抗沙俄侵占我东北三省，他赴日本不久即毅然加入拒俄义勇队，决心以生命捍卫祖国尊严。从日本回国后，陈去病以报刊和文艺为主要平台，全力投入革命事业。一生发起并组织了南社、匡社、神交社、秋社、南社、越社等多个革命团体，先后主持和参与了《江苏》《警钟日报》《二十世纪大舞台》《国粹学报》《中华新报》《南社丛刊》《大汉报》等多种革命报刊，以诗文传播革命思想，在我国近代反帝反封建的民族民主革命中作出了杰出贡献。

弃科举而投身民族民主革命

　　陈去病，原名庆林，字佩忍，又字巢南、病倩，别号垂虹亭长，用过季子、醒狮、大哀、南史氏、有沩血胤、东阳令史子孙等笔名。他生于江苏吴江同里镇，为遗腹子，由母亲倪氏教养成人。其父祖上数代经商，却不乏江湖任侠之风。陈去病早年走的是中国传统读书人的功名之路，七岁入塾，熟读四书五经，22岁考中秀才。甲午战败之际，时局危殆，中华民族危机日益深重，许多进步知识分子舍弃传统科举功名之路，以救亡保国为职志，陈去病也因此改变了人生道路。1898年维新运动兴起，陈去病在家乡同里组织雪耻学会，宣扬维新变法。1902年，蔡元培等在上海成立以爱国和革新为宗旨的中国教育会，陈去病即在家乡组织同里支部。

　　1903年，陈去病东渡日本结识了孙中山、黄兴等革命家，迅速从爱国走上革命之路。当年4月，传说广西巡抚向法国出卖权益，东京的中国留学生掀起拒法运动。陈去病致书同里教育会，引证西汉名将霍去病"匈奴未灭，何以家为"的名言激励众人，并且自此以"去病"为名，决心担起天下兴亡的责任。同月，由于沙俄拒不按约撤退在我国东北的军队，东京中国留学生义愤难遏，在黄兴等的倡议下组织拒俄义勇队，陈去病毅然加入。让爱国青年万没想到的是，清政府以留学生"名为拒俄，实则革命"为由，阴谋镇压。陈去病自此对清廷不寄任何希望，接连在江苏同乡会杂志《江苏》上发表文章，痛批清政府对外妥协投降，对内残酷镇压的反动政策，认为中国要避免被瓜分豆剖而万劫不复的命运，唯有革命一途。经过这场"拒俄运动"的洗礼，陈去病从一个改良主义者转变为革命者。

　　1906年，经老友刘师培介绍，陈去病加入了中国同盟会，自此长期追随孙中山，成为革命派阵营的坚定成员。孙中山曾说："从我游者二三子外，唯吴江陈子去病与焉。以十年袍泽，患难同尝，知去病者，宜莫若余。"①

陈去病（1874—1933）

丰富多彩的报人生涯

据统计，陈去病一生参与编辑、出版的报纸约有八种之多，受他影响的革命报刊和报人更是难以计数。

1904 年 6 月，应蔡元培之邀，陈去病赴上海任当时著名革命报刊《警钟日报》主笔。1908 年，他因组织开展纪念秋瑾就义周年纪念活动，被清廷通缉，南下汕头，参与编辑《中华新报》，使之成为革命党人在岭南地区的重要宣传阵地。1910 年，同盟会中部总会在上海创办《中国公报》，陈去病为主要撰稿人。1911 年 6 月，陈去病自杭州返苏，创办《苏报》。

武昌起义后，江苏省会苏州在 11 月 5 日宣告光复，随后出现了一个办报热潮，数日之内即有《吴声》《大汉报》《共和报》《苏报》《日新报》等五种新报纸问世。其中《大汉报》是江苏都督程德全委托陈去病和另一位南社社员张眙汉创办的。张眙汉任社长，陈去病主笔政。陈去病宣称《大汉报》将"张吾民族之气，而助民族之成，并提倡民生主义，以亟图社会之升平，获共和之幸福"。②该报每期都有评论，注重报道革命军胜利形势，鼓励江苏军民共同推翻满清统治。在陈去病主持下，《大汉报》办得颇有生气，影响不小，但好景不长，12 月 21 日江苏都督府迁南京，程德全停发经费，报纸因而停刊。③次年 1 月初，陈去病又和高旭、朱少屏、陈布雷等在上海发起创办《黄报》；不久，赴绍兴任鲁迅等人创办的《越铎日报》总编辑；同年 6 月，改任杭州《平民日报》总编辑。

为集聚革命力量，陈去病倾全力发起组织革命文化团体"南社"，为我国近代报刊事业准备了大量人才。从 1909 年在苏州成立到 1936 年在上海福州路同兴楼举行南社纪念会第二次聚餐会，27 年间，南社社员迅速增长，从最初的 17 位发展到最多时的一千多位。马君武、马叙伦、叶楚伧、于右任、沈钧儒、邵力子、张溥泉、苏曼殊、李根源、沈

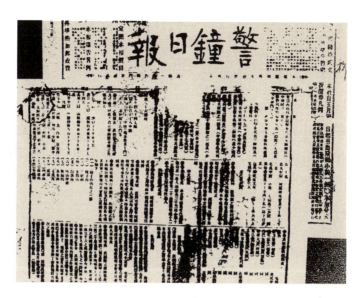

《警钟日报》

陈去病 (1874—1933)

尹默、包天笑、吴梅、陈英士、汪东、宋教仁等一大批精英人士都参加过南社。南社社员主持的报刊风靡了当时全国的文化中心上海，其中影响大的有《民生报》《神州日报》《大共和报》《时报》《申报》《新闻报》《太平洋报》《民声日报》《民权报》《民国日报》《时事新报》《生活日报》等。上海各种杂志，亦多数为南社社员所掌握。④

卓越的文艺宣传家

陈去病早年即以诗文名世，除政论文章外，在诗歌、杂文、小说、戏剧等方面都有很深造诣，这些作品大都是为宣传革命而作，文风朴实又富有战斗色彩。明末以后，江南地区涌现出大批抗清志士。为激发汉族民众对满洲统治者的仇恨，陈去病以大量精力搜集整理江南抗清志士的遗文和著作。1645 年，吴江人吴易以太湖为根据地起兵抗清，几次大败清兵，次年被捕，在杭州草桥门被凌迟。陈去病将其遗稿整理成书，定名《吴长兴伯遗集》；另一位因反清被凌迟的吴江人士吴炎，陈去病将其遗稿整理成《吴赤溟先生遗集》。在广泛搜集史料的基础上，他又先后编辑、创作了《烦恼丝》《五石脂》《明遗民录》等书，记述清初汉人抗清的众多人物和轶事。这些作品在鞭笞满洲贵族、颂扬汉族节烈之余，也站在现代立场对中国传统文化中的消极面予以批判。例如指斥中国"数千年之专制"对于民族道德的伤害，批判"中国历代之君主无不假公以济私"，愤感"吾汉族之民，不知合群为何物"等等。⑤

在陈去病的宣传手段和宣传艺术中，戏剧占有重要位置。1904年，被誉为近代"中国第一戏剧改良家"的汪笑侬到上海演出，剧目有根据《波兰衰亡史》改编的《瓜种兰因》，描述波兰在土耳其入侵下战败求和，割地赔款的屈辱故事。其强烈的爱国主义精神和大胆的形式创新赢得广泛赞誉，当时正寻求宣传手段突破的陈去病见此大受启发。为使戏剧这一艺术形式更好地服务于革命宣传的目的，1904年秋，陈去病发起创办了《二十世纪大舞台》报，自任主编，编辑有柳亚子、陈竞全等人。该刊分图画、论著、传记、班本、小说、丛谈、诙谐、文苑、歌谣、批评、纪事等栏目，是一份以戏剧为主的综合性文艺杂志。创刊号重新发表陈去病的《论戏剧之有益》一文。该文高度肯定戏剧在宣传革命思想中的作用，认为戏剧是普通民众所喜闻乐见的艺术形式，有着天然的"普及"功能，鼓励青年革命党人深入梨园，与戏剧艺人密切合作，推动革命观念的传播。该报刊登的剧本曾尖锐讽刺慈禧太后穷奢极欲，不顾民间疾苦。陈去病也在第二期发表了他根据现实素材创作的描绘反清志士刺杀满清官员故事的剧本。唱词中旗帜鲜明地揭露朝廷丧权辱国："私下里／和外邦／暗地安排，全不想／我中国／连遭颠沛，都为那俄罗斯／种下祸胎，众奸臣／私将国卖，因此上／众外邦／兵舰齐来。"由于言论激烈，革命色彩过于鲜明，在清廷干预下，《二十世纪大舞台》仅出版两期就被上海租界当局强行查封，但它已经在我国近代戏剧史上写下了浓墨重彩的一笔。

辛亥革命后，袁世凯窃国当权，陈去病全力投入反袁运动。"二次革命"中任江苏讨袁军司令部秘书,"护法运动"中赴广东先后出任非常国会秘书长、护法军政府参议院秘书长等职。1922 年孙中山誓师北伐,陈去病担任大本营前敌宣传主任。后孙中山因陈炯明叛变离粤赴沪,陈去病转任南京东南大学中国文学讲师。1928 年后他曾任江苏革命博物馆馆长、国民党中央党史编纂委员会委员等职,1933 年病逝于故乡同里镇。

注释:

①刘颖白、殷安如:《陈去病诗文集编后记》,见《南京理工大学学报》(社会科学版)2002 年第 5 期,第 93 页。

②杨天石:"序一",见张夷主编:《陈去病全集》,上海古籍出版社 2009 年版,第 5 页。

③金惠风:《〈大汉报〉及其创办人》,见《新闻通讯》1994 年第 7 期,第 44 页。

④沈伟东:《辛亥风云人物陈去病》,见《钟山风雨》2004 年第 3 期,第 43 页。

⑤杨天石:"序一",见张夷主编:《陈去病全集》,上海古籍出版社 2009 年版,第 6 页。

陈去病(1874—1933)

作品选编

革命其可免乎

有妫氏怃然慨息,悄焉累欷,以敬谂于我同胞,四万万黄帝之胤曰:呜呼!革命其可免乎?庚子之役,露西亚借征讨之名,乘乱以据满洲,肆威荼毒,三年于兹,期限既臻,宜若可以完璧归我矣,而乃迁延逡巡,冀图鹊巢鸠占之计,内外营结,百出其谋。淫昏之老婢,选耎之

《革命其可免乎》

摄政，刑腐之余生，骄惰之孽裔，既浸被蛊惑，醉心沉溺，欲北向长跪，谨手捧我营州之故壤，全辽之版图，再拜再叛首，以进献于尼哥拉士第二之陛下，而归其统辖。我黄胤不忍神州之沦陷，深惧大陆之割割，奋然思起而争之，于是日本留学生慷慨悲啸，编学生军，飞电中外，联合团体，欲捐微躯以捍强敌。考其发表宗旨，一则曰拒俄，再则曰属在政府统制之下，情词卑逊，志气蜷局，屏息乞怜，至可悯念。四海豪杰士之聆诵檄文，侧聆口演，方且腹诽口讥，心疑目笑，以为若此举动犹不脱奴隶依赖根性，而确然其为清国留学生会馆办事之面目手段，曾不足当环球起义英雄之一盻，更曷可冀法朗西之兴革命军，华盛顿之竖独立旗而欲窃掠微些之名誉乎？何况稂莠杂糅，萧艾盈室，腥羯余秽羼厕其间，观其状态纷纷然，缤缤然，几若率獯鬻而斗共工，驱三苗而征涿鹿，我轩辕氏之始祖，当日有尝若是行之也者。然则其平时所谓民族主义，于此盖尤烟销熏歇，而绝无有斯须之影响。呜呼！兹马八再之留学生洵亦可谓伈伈伣伣，低首下心者矣。不意满洲朝廷乃斥为党徒，目为悖逆，指为不轨，怒为对敌，且又重诬之以为孙文之党援，康梁之臂助，移文州郡，传电畿疆，罗织搜索，防若寇贼，观其儆戒之情与张皇之态，盖几较俄事有过之无不及者。闻其密劄有曰："名为拒俄，实为革命。"夫革命竟革命耳，何借拒俄之词为？今既拒俄则非革命固疑矣，而端方，而蔡钧，必欲合并而混同之，务极倾陷以为快。呜呼！我留学生何万幸，而遽邀革命之名乎？夫有拒俄之诚，而即蒙革命之名，吾知自今以往，世人之欲效忠于满洲者惧矣。然使昌言革命而徐图拒俄之计，吾转不知彼满洲者于我将奈之何。是故余乃忾然慨息，悄焉累欷，以敬告于我留学生，并以谂同胞四万万黄帝之胤曰："呜呼！革命其可免乎？"

客曰：子姑毋怪满洲人之忌我留学生，吾且告子以满人之忌我汉种中之为满奴者。今夫袁世凯，非我汉种中之甘为满奴者乎？戊戌之秋，不惜残忍以戕贼同类，乐为荣禄鹰犬，而推翻新政，那拉氏感其恩，一瞬而授以鲁抚矣，再瞬而畀以直督矣，三瞬而荣以宫保矣，豢养之隆殆未有艾。而袁氏亦且竭诚效能，冀以奉答高厚鸿慈于万一，是袁之于满，宜若可以忻合无间矣。乃自荣禄一撒手，而袁氏且败，一夺其财权，再削其兵枋，三且乘机伺隙，而欲解其印绶。漂摇觊觎，危若累棋。冤哉袁也！忠奴若此而犹复侧目。然则藐尔诸生，敢发高论，干朕家事，此其侵犯，能不疑之？斯故对镜一袁氏，而决知其忌我殆应然者。呜呼！将军降北，中行说未睹殊荣，上学上书，欧阳澈徒闻显戮。痛乎哉！革命其可免乎？

虽然，或且谓公路有异志者，其见疑于满也亦宜。若夫张之洞，非尤我汉种中之甘为奴者乎？一飞电而谭刘六君，悬首于藁街；再传檄而唐何诸英，毕命于斧锧。高掌远蹠，文致多方，逮捕株连，惟恐不尽。在汉家方且谓其枭獍之尤，而在满洲允宜宠以刍豆之养，乃兹者北上，中外喁喁，几欲盼其入外部握枢枋以为幸者，其建臣亦至有叩首连请不已者，而那拉氏顾以其主张拒俄之故，拂然于心，终不之用。甚矣

陈去病（1874—1933）

哉！俄满之交，融若胶漆，虽以至极孝敬之苍奴，一失其旨，竟遭排摈，何况连受此奴之钳制之戕贼之摧挫之斩艾之留学生？昧其俄满一家之意，忘其性命关系之原，一旦乃欲激昂奋发，攘臂以破坏其生死不解之团体，此其触怒于彼，较之张氏有甚焉者，不问可知，以为冒渎若此，而犹不目为革命，将何事而始目为革命乎？因是盛气发愤，怪啼骇呼，以惊相走告曰："名为拒俄，其实革命！"揣其词意，五蕴毕了，盖一若俄即满洲理无可拒，有或非之便为革命也者。呜呼！彼满洲政府，何其饮鸩如饴，濒死不悟竟至此？武夫俄罗斯本不足患，而驱满洲以逼迫汉族，至可患也。抑满洲尤不足惧，而牵俄罗斯以蹂躏中原，至可惧也。然则当此之时，我黄帝子孙，以有至极患惧之祸，而又蒙莫须有事之名，就情势论之，盖几乎革命亦革命，非革命亦革命矣，而况乎来日之方长也。迫乎哉！革命其可免乎？

抑今有至惨极痛而不可不抉摘以告我同胞者，以粤西之事是已。夫我粤西之民，困于苛政，迫于饥寒，遏极思奋，乘机窃发，而异族政府，以为斯固家贼，不可不防，乃遂出其以汉杀汉之秘策，悉举而责之一岑春煊之身。以为成则家之豪奴悍仆可斩焉以尽，而彼可贪得其私产，不成则并是去之，而别置其亲信。呜乎酷矣！我黄胤之劫运，殆又将至哉！夫溯自满洲入关以来，彼鞑靼种之戮我帝胄者，亦几万亿不可胜数矣。始焉洪承畴挥刀以大屠；继焉策杨芳、杨遇春横斧而斩艾；三焉萃曾、左、杨、彭、刘、李诸家贼，率其湘淮子弟以与洪、杨、萧、李、冯、赖、陈、石、张、牛、任、赖诸同族，各奋起大气力、大智术，以大轰大抟，活泼搬演其猛虎斗牛、狂鲸吞舟、至惊极恐之大惨剧于川、蜀、湘、鄂、滇、黔、交、广、吴、楚、闽、越、齐、鲁、燕、豫之大舞台，血肉灰飞，尸体山积。残骸饱于饥鹰，遗脂泽乎草野。鬼雄不灭，化为青磷，天阴雨晦，哀诉天阍。既有然矣，间复用之从事于金川、缅甸、准、回、藏、台湾诸属土，以助成其声誉，而拓殖其种类，最后乃欲思保其长高晏安之故，不恤受其愚弄，供其佣役，以为之捐躯，殒命于欧、亚、美列强之手，而无所于悔。若广州、若法越、若日韩、若近时之义和团，盖无一不中其迷信，被其蛊煽，为之开罪邻邦，而无利于己。伤环球之感情，毁黄种之名誉，其关系有大可悲者。而迄今乃又使岑氏临粤，欲续观其自相戕贼之状，呜呼！彼羶族之待我黄胤，其刻毒残忍，何竟若是之烈哉？而其媚外政策，顾又若彼。惑乎哉！革命其可免乎？

且夫满廷自戊戌以还，疑我殆甚。洎经汉口之变，猜忌益深。近则兴中诸会，势焰如云，学界风潮，鼓荡日厉，彼盖未尝不为之寒心者矣。矧值英日诸邦，容留党人，任置不问，而俄独钤制学生，禁遏报馆，严备尼希利党，使不得暴发，设施谋略，足表同情，因是方针一变，悉移其欧美各邦之国际，专意以倾向于俄。俄乘其计，乃日夜逞其狐媚之伎俩，鬼蜮之阴谋，摇动荧惑于满清之廷，交通大阉，特立华俄道胜银行，以诱吸其财。复广布间谍，多行贿赂，以曲达其狼贪虎逐之目的，而钻营夫大欲。于是铁路权、矿山权、税关权，浸淫至于行政、司法、立法权，一一轻举以畀之而不稍吝。犹且阴缔密约，恃为奥援，以备他日有变，则无论何处，即可借俄力以为抵御。呜呼！厚矣哉，彼俄满之交也！呼吸一气，混沌无间，盖决然矣！是故今日之事，在彼不过曰是实践密约之始，而旁观好事，多生枝节，英日美既妄致猜疑，留学生更何容置喙，乃竟跳噪奔啸，不识忌讳，此非所谓作乱犯上而何哉？故曰："名为拒俄，其实革命。"斯言也，殆肺腑之言也。而留学生犹昧昧视之。呜呼！亦何其忠厚之至哉？夫"天朝圣明，臣罪当诛"，此自古守臣节者所艳称，以为至不可悖。顾吾君而犹是一家圣明之君欤？则即为之屈死而亦无不可；吾罪而犹是确乎当诛之罪欤？则即投畀豺虎而更何退辞？至若君非固有之君，臣无可摘之罪，投袂兴起，大义宣昭，此固环球各邦所当闻而起敬，而吾皇祖在天之灵，以迄成汤、周武、汉高、明太诸仁圣先帝，鉴是苦衷，尤将阴降高原，畀之玺剑，指挥神兵，助扑此獠，无可疑耳。而何尚迟回哉？鉴夷狄之有君羞哉？诸夏眷波兰之无国，痛矣为奴，周文公曰："戎狄是膺，荆舒是惩。"念之哉！革命其可免乎？

而况秉节宣淫，羞贻海峤，微行纵侈，事见弹章。万寿山营缮方新，笙歌不彻；颐和园盘游无度，宴会频闻。祝尧母兮千秋，纲征花

陈去病（1874—1933）

305

石；问圣躬兮无恙，癖嗜烟霞。语有之曰："清歌漏舟之中，痛饮焚屋之内。"旨哉有味，洵乎岂诬？卧薪尝胆之言，徒蒙黔首；豆粥素衣之诏，总付前尘。吁嗟乎！北望觚棱，赋秦宫而有象；东求沧海，伺博浪兮何年？机会方来，时光不再。勉之哉！狐鸣篝火，步伍涉兮无嫌；勖矣夫！异军苍头，继东阳而特起。革命乎，革命乎！其诸海内外英材杰士，有辍耕陇畔而怃然太息者乎？则予将伏剑从之矣。爰为革命之歌，歌曰：

"吁嗟吾黄胤兮，革命其可缓乎？维吾胤之在昔兮，乃最尊贵而有令誉。今何为而自菲薄兮，长怵惕以为奴。惟吾祖之雄伟兮，挥神斧而荡四隅。南登熊耳，使三苗窜迹兮，北征涿鹿，而排强胡。爰建中而立极兮，宅幽冀以作都。夫固将永永万世以自保兮，宁肯为胡人之所借居？即朘削而犹未已兮，乃馈贻而弃诸。痛台澎之不复兮，哀胶澳之沦胥。西羌凉其岌岌兮，东旅大之长徂。抚大陆而四顾兮，将恐瓜分豆剖而无余。嗟来日之大难兮，得毋波兰、印度、犹太之不如。呜呼噫嘻，吾黄胤兮！革命其可缓乎？"

"吁嗟吾黄胤兮，何今吾非故吾？古固擅强权于世界兮，今独何削弱而为奴？夫夏商之不德兮，有汤武之征诛。彼暴秦之专制兮，刘项起而芟锄。此于家庭犹革命兮，况异族之盘踞。昔蒙古之盘踞兮，得朱明而尽驱。缅风盖未远兮，乃何独无攘臂而四呼？呜呼噫嘻！如有其人，吾愿为之徒。"

"吁嗟吾黄胤兮，何卑屈以自污？辱初祖之威灵兮，招环球以欺诬。夫欧美之激昂兮，多救人以骇瞿。意收功于三杰兮，法终斥其独夫。美离英而自由兮，犹决战于贩奴。此固彰彰印心脑兮，况如南斐、吕宋娄麋独立之蚑弧。紧螳臂且尚然兮，宁吾拥有七亿方里之舆图？聚有四亿兆民之头颅，乃独不能脱羁绁于羯胡？呜呼噫嘻，迨今不革命兮，后虽噬脐顾何及乎？"

"吁嗟吾黄胤兮，自今伊始，吾愿吾急起以自图。毋仰人之鼻息兮，毋伺人之咈俞。毋随人之呼叱兮，毋供人之乐娱。必独立以自治，勿依赖而踟蹰。惟黄胤其永保，要匪种之必锄。时乎，时乎！吾同胞乎！各挥长剑弯强弧，斥逐异族归东隅，扫荡腥毒还清虚，我当横刀趋亦趋。勉矣哉！努力乎！满珠王气今已无，君不革命非丈夫！"

（原载《江苏》杂志1903年第四期，第9—17页）

评析：

《革命其可免乎》是发表在江苏留日同乡会的刊物《江苏》上的著名文章，全文以一系列铿锵有力的排比段式，酣畅淋漓地表达了对昏庸腐朽的满清政府的愤恨和非革命无以救中国的坚定意志。它既是一篇饱含排满救国热情的战斗檄文，也是陈去病本人投身革命的宣言书。

由于沙俄强占我东三省，迟迟不肯撤兵，留日学生群情激奋，陈去病本已加入留日学生组织的"拒俄义勇队"，决心为拒俄而奔赴战场。不料义勇队被清政府与日本当局联手勒令解散。陈去病的满腔爱国热情迅而转为对满清政府的痛恨，认为非革命排满不足以救国保种。《革命其可免乎》就是在这样的背景下发出的强有力的革命声音。文章痛斥清王朝对外妥协投降、丧权辱国，对内鱼肉人民、荒淫无耻。而袁世凯、张之洞等效忠满清的汉族大臣，不过是为一己之私而"甘为满奴"，同样是革命的敌人。

在文章最后，陈去病大声疾呼"满珠王气今已无，君不革命非丈夫！"，号召海内外英豪积极投身革命，其热烈的民族民主革命思想跃然纸上。陈去病一生的革命生涯也由此揭开了序幕。

陈去病（1874—1933）

论戏剧之有益

曩游东国，交接其士庶，见其习尚风俗，无一非我皇汉二百六十年前所固有之习尚风俗也。出而过于市，则吴服商店，鳞次栉比于康庄之左，长裾缝腋，广幅垂襟，又无一非我皇汉二百六十年前所固有之端衣法服也。退而读其书，则唐巾唐襦之称，且参错杂出而不一。乃揖其人而进之，问所服安乎，则对曰安且吉也；问与西洋孰优乎，则对曰西洋不若也。窃心焉感之。其人乃反叩吾以所服，辄惭耻嗫嚅而不能对。甚者或群聚玩弄之以为笑，咸相怪曰，此支那装，此今日之支那装，若有不胜轻薄者。其老诚者心知其故，乃问："如我服者，今日支那其犹有存焉否乎？"则答之曰："无有矣。"彼辄惊叹。若曰今僧道犹有存者焉，今演剧益备存焉，今士夫黎庶之婚嫁老死且恒服焉，彼时闻之则一若有大慰者。余见之乃益羞耻益感伤，尽裂其冠毁其服而不之顾。

西还归乎吾祖国，人民则犹是其屈伏也，风俗则犹是其委靡也，匪种之政府且犹是其盘踞而施厥专制也。我伯叔、我昆弟、我亲戚故旧，固犹是冠胡冠而服胡服以苟安其奴隶也。不宁惟是，乃且尤我，乃且罪我，谓我之不奴隶也。我不得已冠胡冠、服胡服，以见我伯叔兄弟，接我亲戚朋友，而后我伯叔、我昆弟、我亲戚朋友，乃始欢然释然而怡然慰焉。呜乎！生无益于宗邦，徒蒙缨笠；死莫期于旦夕，难正冠裳。而南都金粉之场，流风未沫，酣歌恒舞，粉饰方新，檀板金罍，豪情如昨，贵池、阳羡、梁园、宣城之伦，揭来马龙车水，徜徉驰骋于春江花月之宵，相率以继赓踵步于燕子笺、桃花扇之后尘者，固仍仿佛乎其弘光故事也。"万事不如杯在手，人生几见月当头。"我青年之同胞，赤手掣鲸，空弮射虎，事终不成，而热血徒冷，则曷不如一决藩篱，遁而隶诸梨园菊部之籍，得日与优孟秦青、韩娥、緜驹之俦为伍。上之则为王郎之悲歌斫地，次之则继柳敬亭之评话惊人，要之足以发舒其民族主义，而一吐胸中之块垒。此其奏效之捷，必有过于劳心焦思，孜孜矻矻以作《革命军》、《驳康书》、《黄帝魂》、《落花梦》、《自由血》者殆千万倍。彼也囚首而丧面，此则慷慨而激昂；彼也间接于通人，此则普及于社会。对同族而发表宗旨，登舞台而亲演悲欢，大声疾呼，垂涕以道，此其情状其气概，脱较诸合众国民在北米利坚费城府中独立厅上，高撞自由之钟，而宣告独立之檄文，夫复何所逊让！道故事以写今忧，借旁人而呼肤痛，灿青莲之妙舌，触黄胤之感情；吾知轩羲有灵，其亦必将蜕旌羽葆乘云下降以证斯盟也，宁直此汉种同胞，拍掌叫绝表示同情而已哉!

或曰:吾辈青年,希望甚大,咄尔俳优,奚屑污我!且子纵善之,顾宁独不闻夫韩愈之言乎?愈以六朝人文格淫靡,动以优俳目之,鄙不屑道。今中国夷祸日亟,百废待举,培养公德,保持国粹,研究科学,扩张知识,规其行而矩其步,骎骎乎冀以造成第一完全人格,一朝突侪于伟大军国民之列,崭然露头角焉;宁有先务不急,乃坠乃落,腐败不足,乃沦地狱!悲夫嘻哉!吾中国青年之志气,应不至若斯之丧失也!

予乃辗然笑应之曰:洵如君言,吾中国万岁,吾中国国民万岁,吾中国国民前途万万岁。虽然,吾试问吾中国今日之人群,有无愧此国民之芳誉乎?则无有也。抑吾又试问吾中国前途之事业,有可以仅仅希望为目的得达之极点乎?亦未可也。夫搏搏大地既无美人香草之踪,而莽莽中原又绝一线生机之望,然则吾一般社会青年,既不仕虏廷效杨坚、郭威之烈,又不隐山泽逐黔布、彭越之踵,徒日扰扰奔走于通商之场,高言运动,无补当时。断发胡服依然域外之民,痛饮清歌终化泥中之絮,如鬼如祟,如梦如呓,首鼠射工,神乎其技,盖造福不足而败事有余,较其人格,为优几何?则吾转不如牺牲一身昌言坠落,明目张胆而去为歌伶。"朝从屠沽游,夕拉驵卒饮",逍遥跌宕,聊以自娱,亦宁非于今新学界上灿灿烂烂突然别起一生力军,临风飐飐而高树一独立自由之帜乎!

抑子宁薄俳优而笑之耶,则吾且与子道古。仲尼曰:"移风易俗,莫善乎乐。"孟轲氏曰:"今之乐,犹古之乐也。"彼戏剧虽略殊,顾亦未可谓非古乐之余也。(观《左转》观优鱼里之事,《乐记》有优侏儒之语,则其所从来者远矣。)盖自雅颂之声衰,而后风诗以兴;风诗兴,而郑卫靡靡之音作;靡靡之音作,而音乐之势力乃且浸淫普及于一般社会之中而变古以为今。浸假而歌舞焉,浸假而俳优侏儒焉,而戏剧之端肇于兹矣。是故知礼如魏文侯,而不能对古乐免于思卧;好贤若渴如楚庄王,且必待优孟而始动于其心。则今乐之移人洵速且捷哉!何况云门咸池韶濩大武之音,以享郊庙则雍容安雅而咸宜,以化里巷则不敌其一儿童之笑啼。盖宋玉有言,曲高和寡,固自然之理也。

抑吾闻诸师，当洪杨时，梁溪有奇人余治者，独心知其意，尝谱新剧数十出，皆皮簧俗调，集优伶演之，一时社会颇欢迎焉，即今所传庶几堂今乐是也。惜其所交皆迂腐曲谨不阔达之流，不复屑赞助，故其班不久解散，而余治死矣。吾尝求其书读之，觉其所谱演，揆之今日虽不甚相浃，然其以感发兴起为宗旨，则要足多焉。治之言曰："古乐衰而后梨园教习之典兴，原以传忠孝节义之奇，使人观感激发于不自觉，善以劝，恶以惩，殆与诗之美刺、春秋之笔削无以异，故君子有取焉。贤士大夫主持风教，固宜默握其权，时与厘定，以为惊聩觉聋之助，初非徒娱心适志已也。"又曰："天下之祸亟矣。师儒之化导既不见为功，乡约之奉行又历久生厌，惟兹新戏最洽人情，易俗移风于是焉在。庶几哉！一唱百和，大声疾呼，其于治也，殆庶几乎！"呜呼，吾一读其语，吾未尝不佩其议之坚、识之卓，而惜其不复见于兹日也。

且夫今者外祸之来，以较洪杨当日亦愈亟矣。欧美之学术既优胜以来前，而北虏之淫威复倖然以相逞。凡衿缨冠带之伦，苟其稍具普通知识，固罔不知戴异族之为非。而吾黄种同胞，沉沉黑狱殆二十禩，蕾蕾黔黎逾四百兆。彼其见解，其理想，以为吾自祖宗以来，知有珠中；生世以降，即蒙辫发；明社虽屋，吾仍有君；皇帝其谁，何关血统。凡此酖毒，深印脑筋，非极惨睹，不能转变。矧乎薮无才盗，巷无才侠，卑卑票布，徒以收拾亡命，不足鼓动平民。一朝举事，又祇劫掠为务，罕有大志，以故累起累蹶，而卒尠成功。太平天国已矣，惠州之风云亦罕受其应响。然则，茫茫前途吾巴科民族殆永无脱离苦海还我净土之日乎？惟兹梨园子弟，犹存汉官威仪，而其间所谱演之节目之事迹，又无一非吾民族千数百年前之确实历史；而又往往及于夷狄外患，以描写其征讨之苦，侵凌之暴，与夫家国复亡之惨，人民流离之悲。其词俚，其情真，其晓譬而讽喻焉，亦滑稽流走而无有所凝滞。举凡士、庶、工、商，下逮妇孺不识字之众，苟一窥睹乎其情状，接触乎其笑啼哀乐离合悲欢，则尠不情为之动，心为之移，悠然油然以发其感慨悲愤之思而不自知。以故口不读信史，而是非了然于心；目未睹传记，而贤奸判然自别；通古今之事变，明夷夏之大防；睹故国之冠裳，触种族之观念；则捷矣哉！同化力之入之易而出之神也。（闻当满清入关时，北方贩夫走卒类多有投河而死者，未始非由戏剧感人之故。）犹煊染然，其色立变，可不异夫！

综而论之，专制国中，其民党往往有两大计划：一曰暴动，一曰秘密。二者相为表里，而事皆觊成。独兹戏剧性质，颇含两大计划于其中。苟有大侠，独能慨然舍其身为社会用，不惜垢污以善为组织名班，或编明季稗史而演汉族灭亡记，或采欧美近事而演维新活历史，随俗嗜好徐为转移，而潜以尚武精神、民族主义，一一振起而发挥之，以表厥目的；夫如是而谓民情不感动，士气不奋发者，吾不信也！矧夫运掉既灵，将他日功效之神妙，有不只激厉此区区汉族者而已，则渐离之筑、唐庄宗之事，夫何不可再见诸今日哉！嗟嗟！变法胡服，武灵乃计灭中山；杀身成仁，孔子直许为志士。凡我黄胤，果有血气，将万死其又奚辞，而况乎是固欧西学校所注意也！其事微，其功多，此吾国青年所由习之于海外乎？非然者，持棋莫下，全局将翻；伶伦弗甘，奴隶重苦。安见今日之只辱于肃慎者，不且再辱于凡为肃慎之邦；今日之犹留夫遗制者，或并取其遗制绝之！则炎黄之血祀斩，汉唐之声威灭矣！不其悲欤！

（原载《二十世纪大舞台》1904 年第 1 期）

陈去病（1874—1933）

评析：

《论戏剧之有益》是陈去病系统阐述其戏剧理论的代表作，也是我国近代戏剧改良论述的经典之作。留学日本期间，陈去病亲眼看到日本社会对传统文化和戏剧的重视。本篇文章即由此入手，阐述了作者对戏剧的社会功能的见解。作为革命宣传家，陈去病最为重视的还是戏剧的政治动员功能。他认为，通过戏剧，可以"对同族而发表宗旨，登舞台而亲演悲欢"，使社会各界在不知不觉中"情为之动，心为之移"，其政治动员"奏效之快捷"，比《革命军》之类的著作要高出千万倍。

因此，陈去病在文中有力地批驳了我国传统观念中鄙视戏剧和艺人的一面，主张革命党人应积极投身戏剧界，"明目张胆而去为歌伶"，以"一吐胸中之块垒"，抒发"民族主义"之情感。他本人对此身体力行，创作了《金谷香》等一批反清色彩强烈的京剧班本。

（编撰：陈开和）

杰出报业企业家 汪汉溪（1874—1924）

  汪汉溪（1874—1924） 我国第一代杰出的新闻企业家。
担任上海《新闻报》总理 25 年，明确该报以工商界读者为
主要对象，以经济新闻为报道重点，与同城大报形成错位
竞争；广告与发行相辅相成，为《新闻报》创造了良好的
经济效益；强调新闻快速、纸张洁白、校对精良、编排醒
目，为《新闻报》在激烈的市场竞争中抢得先机。因汪汉
溪勤勉敬业，经营有方，《新闻报》在 20 世纪 20 年代曾创
下当时中国大型日报发行量的最高纪录，资金积累、利润
成倍增长，社会影响力也不断扩大，成为与《申报》并驾
齐驱的著名大报。

中·国·名·记·者

杰出报业企业家

　　汪汉溪（1874—1924），名龙标，原籍安徽婺源。汪汉溪是一位无师自通的新闻实践者，堪称我国报界第一个杰出的企业家。艰苦卓绝，朴实无华，通过自己的毕生奋斗，使《新闻报》成为 19 世纪 90 年代初上海创办报刊的前兆性热潮中唯一的成功者，①从而让历史永远记录下了这份在发行上创造奇迹的报纸。汪汉溪以"经济自主"、"无偏无党"为办报宗旨，同时注重市民的需求，增加报纸经济新闻；他事必躬亲，经长期努力，《新闻报》在销量上竟超过《申报》，成为经济上最早独立的中国报纸；他坚持不卷入政治旋涡，不在报业以外经营他业的原则，把主要精力集中在办报上，形成《新闻报》的一大特色，使之成为在商界人士中有重大影响的报纸。而其本人也与《申报》史量才、《时报》狄尹子、《时事新报》张竹平并称为上海报界的"四大金刚"。汪汉溪 1924 年去世后，由长子汪伯奇继承其父衣钵，担任《新闻报》总经理职务。

《新闻报》易主后转亏为盈

　　《新闻报》自 1893 年在上海创刊，至 1949 年上海解放后被接管，共办了 56 年之久。有关于《新闻报》的历史，戈公振所著的《中国报学史》对其有一段简要的描述："《新闻报》发刊于光绪十九年（1893 年）之元旦，初为中外商人所合组，推英人丹福士为总董，延蔡尔康为主笔。嗣以经济竭蹶，遂为美国 Buchesster 公司所有。丹福士于光绪二十五年，以个人所办浦东砖瓦厂折阅，由美公堂宣告破产。该报遂由美人福开森出资购得。光绪三十二年，改组英国公司，照香港法律注册。民国五年，又改组美国公司，照特来福省法律注册。福开森任汪龙标（汉溪）为总理。汪事必躬亲，二十余年，未尝稍懈。故中国报纸之能经济独立者，以《新闻报》为最早。"②

　　清光绪二十五年（1899 年），南洋公学监院（校长）福开森（John Calvin Ferguson）购进《新闻报》，因看中汪汉溪办事稳妥可靠，即于同年 10 月委任汪为《新闻报》总理。虽然汪汉溪在接手《新闻报》之前素无办报经验，又乏新闻知识，但凭借丰富的工作经历与勤勉朴实的工作态度，铸就了《新闻报》辉煌的历史。

　　起初，《新闻报》归在丹福士麾下的时候，是由斐礼思任总理一职。当时，由于《新闻报》的问世结束了上海两家报纸《申报》与《字林沪报》长达十余年的对峙局面，从而进入了三足鼎立的格局。然而，斐礼思所实行的是一套无序化经营以及不择手段的牟利方式，甚至不惜歪曲事实以制造假新闻来吸引读者。1899 年，当福开森从丹福士手中购进《新闻报》并且经汪汉溪接手之后，在他的长期努力下，该报在 1920 年发行量首次突破 50000 份；到他去世的 1924 年，其发行量更达 105727 份；1926 年达到 141717 份；到了 1928 年突破 15 万大关。③在此期间，《新闻报》的日销数量始终多于《申报》，创下当时中国大型日报发行量的最高纪录。由于发行量的提高，《新闻报》的资金积累也成倍增长，每

汪汉溪（1874—1924）

315

《新闻报》

年获利几万元或十几万元，甚至更高；1922 年广告费收入达近百万元，扣去董事分红及各项开支，大约也盈利几十万元，形成了由申、新两报并驾齐驱的局面。④而汪汉溪本人在被冠以"四大金刚"称号的同时，带领《新闻报》走向了真正的经济独立之路。

审时度势下机智的市场定位

汪汉溪在接手《新闻报》时，正值上海报业走向企业化，当时的上海已经进入了一个典型移民城市的状态，此时，堪称上海四大报的几家报纸都办出了自己的特色。首先，《申报》侧重时事政治新闻，具有综合性；而《时事新报》则是以介绍学术见长；《时报》把立足点放在了体育、教育、文化与娱乐新闻方面。

汪汉溪是一位精明强干的人物，他通过观察发现，上海作为一个通商的港口城市，在当时却缺乏一张经济类的报纸，因此，他果断地选择把经济新闻作为《新闻报》的重点，明确以工商业读者为主要对象，同时兼顾其他的办报方针，从而开拓出一条有别于其他大报的新路子。鉴于此，汪经常向编辑部同人表示："上海人口以从事工商业者为最多，我们办报，首先应当适应工商界的需要。"⑤所以，《新闻报》首先特别设立了"经济新闻"专栏，在其内容中每日必不可少地会向经商者介绍商场动态，发布商业行情，而这也促使该报逐渐发展成为上海的"柜台报"（意即有柜台就有《新闻报》），以至于"不仅上海的工商界，大至工厂、公司、洋行，小至澡堂、理发店，都订阅一份《新闻报》。即使江南各县镇较大的商号，凡需向沪批发商品，要随时了解上海行情的，也都要订阅《新闻报》"。⑥

1922年，汪汉溪对经济类新闻作出调整，特辟"经济新闻版"专版，重金聘徐沧水、朱羲农主持其事。徐月薪180元，朱100元。当时的总编辑李浩然月薪不过200元，一般主任编辑仅百元左右，可见汪对经济新闻的特别重视。⑦不过事实表明，这些钱是被汪花在了刀刃上的。"经济新闻版"在这些"专家"的打造下，以两版之多的版面刊登经济消息、评论、调查报告，并且时常配以统计图表说明情况；同时辟有"市况提要"、"金融市场"、"汇兑市场"、"证券市场"、"上海商情"、"国内经济事情"、"国外经济事情"等专栏。此外，还每天提供"市价一览"的内容服务，主要包括了物价信息以及请经济专家对市场商情变化进行的分析。长此以往，"经济新闻版"自然成为了商界人士离不开的"新闻纸"，而《新闻报》也因此成为了绅商各界必读之报。毫不夸张地说，正是"经济新闻"才使得《新闻报》能够蒸蒸日上，成为与《申报》齐名的上海大报之一。所以，曾有人评价："《新闻报》成为全国第一的大报，'经济新闻'立下了汗马功劳。"⑧

汪汉溪（1874—1924）

广告与发行

　　汪汉溪在谈起招徕广告的窍门时，曾有一个生动的比喻："报纸的销数，好比是牛鼻子，广告是牛身，只要牵住牛鼻，牛身就会跟着走。"⑨他这么说是不无道理的。由于报纸是一种特殊商品，其成本费与产品的出售价格不成比例，一般而言，报纸单靠发行就能够获取微利的情况十分少见，通常都是处于无利的状态，有时甚至出现收不回成本的现象也不足为奇。可见，一份报纸如果仅仅想凭借销售数量盈利，是十分困难的。所以说，在对待报纸经营方面，广告业务的发展与报纸的发行关系就显得尤为密切。

　　在辛亥革命以前，国内资本主义工商业还处于萌芽期，许多人不懂得利用广告来为自己的商业品牌做宣传，由于广告客户较少，因此报纸招揽广告还十分困难。而善于经营的汪汉溪很早就开始想方设法地为《新闻报》多多争取广告客户，因为他知道如果仅仅依靠发行是根本无法做到经济独立的。为此，汪汉溪在已有的广告科之外又加设准备科，其任务是在每日齐稿后计算新闻与广告的比率，以决定次日出报的张数。正如学者陶菊隐先生在总结《新闻报》的经营之道时指出："根据汪氏父子的经验，该报广告与新闻必须经常保持六与四的对比，即广告占六成，新闻占四成。而该报每日出张数的多少，不取决于新闻，而取决于广告。"⑩正是由于《新闻报》的广告版面占据了报纸的较大比例，且开张广告最为齐全，因此亦称之为"广告报"。

　　在对待《新闻报》的发行方面，汪汉溪为了配合他的广告理念，也适时地采取了一些有效的措施。他在原有的发行科之外增设了推广科，其精力主要是放在研究邮政路线与推广外埠发行上。针对本市，汪汉溪改集中发行为分区发行。"办法是把上海（指市区）分为北区、西北区、中西区、西南区、东南区五个区，每区租用一家电影院为发报点。散居在各区的报贩，都可就近取报，少走不少路程，可以提早将报纸送给订

中·国·名·记·者

户，从而也扩大了销路。"⑪对于外埠，当《新闻报》在上海成为具有一定影响力的"柜台报"之后，汪汉溪继而把报馆的发展定位于推广外埠的销路上面。他之所以命人研究邮政路线，是因为报馆需要随时掌握与邮局投递信件有关的时间点与所采用的运输方式，这样就能够做到与邮局密切配合，从而将报纸以最快的速度送达各地。

除了向各地推广报纸销售份额外，汪汉溪为了扩大发行，沿用了《新闻报》初创时斐礼思所实行的低价策略。他这样做是为了用低廉的价格吸引读者，如此一来，就可以确保报纸的销数始终保持在较高的数量上。而发行量一旦得到保障，就更容易招揽到广告客户，广告客户越多，刊费自然也会相应提高。这不仅可以弥补报纸因低价出售带来的损失，而且还能带来十分可观的利润。在1912年，《新闻报》就依靠发行量的不断攀升，利用广告费为报社赚取了约几十万元的盈利。更为重要的是，因为《新闻报》拥有显而易见的"广告效力"，所以在广告费的折扣上自然也比《申报》硬一成，或者至少半成。"比如《申报》照刊例实收七折的广告，《新闻报》就得收七点五折或八折。在这方面，《申报》后来用张竹平和汪英宾，运用了许多方法，如发行'星期增刊'，奉送'宣传新闻'等等，来和《新闻报》竞争，但收效甚微。"⑫

由此可见，广告借助报纸而获得广泛传播，报纸也越来越依赖广告而生存。"广告费之消耗，以报纸为最巨；而报纸之支出，亦多仰于广告。"⑬《新闻报》能够在销路上超过老牌的《申报》，主要原因就在此，而能够首先做到经济上独立，原因亦在此。

汪汉溪（1874—1924）

运筹帷幄的管理人才

汪汉溪主持《新闻报》时曾有几句经典的口号：新闻快速，纸张洁白，校对精良，编排醒目。可见，他几乎把对纸张的要求与新闻时效性放在了相同重要的地位，关于这一点，也是汪汉溪异于常人之处。一方面，他认为白报纸对于新闻出版，就好比人对于粮食的需求——不可一日不进食；另一方面，从报纸自身形象的角度出发，汪汉溪认为，纸张洁白就好比一个人穿上漂亮衣服，可令人一见面就产生好感。所以，它的重要性丝毫不亚于内容。再者，从经济的角度出发，汪还十分重视对于物资的储备，尤其是对白报纸的储备。为此，他会非常关注市场上有关白报纸行情的起落，每逢纸价回落或是报馆财务结余有多，就会立即在国际市场上大批量购进白报纸，并且要保持至少一年以上的用量，以避免发生因物资紧缺而进价升高的风险。1914 年 6 月第一次世界大战爆发后，由于受到国际运输时常中断的影响，国内用纸果然出现了紧俏的现象，纸价不仅随之猛涨，而且货源供应也十分紧张。于是，汪汉溪借机将《新闻报》较早购进的一批白报纸高价转卖，从中发了一笔财。

其次，汪汉溪还十分注意生产工具的不断革新，特别是印刷机的革新，这方面又恰巧体现出他对新闻快速的追求。当时上海最有影响力的报馆都集中于望平街，北面有国民党机关报《民国日报》；稍南边是东西两侧对面矗立着的申报馆和新闻报馆，前者位于西侧，而后者则位于东侧；再往南的三马路与四马路（今福州路）之间还有时事新报馆、时报馆、商报馆。除此之外，像《中外日报》《神州日报》《舆论时事报》《民立报》《时事新报》等报刊也都将报馆设在了望平街，其竞争的激烈程度可想而知。每日黎明是出报的时间，哪家报馆能将报纸最快印刷好交于报贩手中，谁就可以最先占得批发先机。所以，出报的速度与销数份额之间有不可忽视的关系。"1914 年《新闻报》日销二万份时，汪购进了二层轮转印刷机一架，每小时可出报七千份，这也是上海报馆中由平板机改用轮转机的第一家。1916 年该报销路增至三万份，一架二层轮转机不顶用了，于是汪继续购进了波特式三层轮转机一架，四层轮转机二架。1912 年《新闻报》销数达到五万份，而该报就成了上海销路最大的'柜台报'了。"⑭到了 1922 年，《新闻报》成为在馆内设置无线电收报台的国内首家报馆。当时上海各报所刊载的外国电讯，都是由外国通讯社在收到电讯后译成中文分送到各报，且各种消息要等到第二天才能见报。而"《新闻报》自设无线电收报机后，每天直接抄收外国通讯社的电讯，当晚译出，冠以'本报国外专电'，于翌晨抢先见报，因此《新闻报》不仅以消息灵通，全面迅速著称，而且所刊外电个性特点十分突出，声望倍增，销路大大提高"。⑮

然而，在1906年就成立了股份公司的《新闻报》，却直至1920年左右才开始发股息。究其原因，是因为在1920年之前，该报把获得的盈余都累积起来用于扩大再生产。为了使报馆快速壮大起来，经常以馆内设备作抵押以借取大量现金，像房屋、印刷机等都被归在了抵押品的行列。若是借款到期一时无法偿还，为了维护信誉与企业形象，汪汉溪从未向银行要求延期，而是采用"拆东墙补西墙"的方法来还清债务。如此这般地周而复始，虽然借款是越借越多，汪汉溪与《新闻报》的信誉却是越借越好，就这样，《新闻报》反而在"债台高筑"中生意日渐兴隆。

值得一提的是，汪汉溪对于新闻报道的准确性有很高的要求，这与其前任总理斐礼思的办报风格有着天壤之别。在对报馆结构进行不断优化调整的过程中，汪曾对编辑、经理两个部门作过改动，增设了三个科。其中，针对发行科之外增设的推广科以及在广告科之外加设的准备科，前文中已作了详细介绍，除了这两个被新添加的部门以外，汪汉溪还于采访科之外增加了考核科，其职权相当于编辑部的检查机关。该科的人员组成一般为年老退职的主编，或是老资格的编辑旧人等，日常工作则为仔细阅读、对比《新闻报》与本市其他各报所登的新闻有何不同。如果发现有一则新闻（包括各省新闻）为其他报纸所有而本报所无，就得提出意见并送交汪汉溪审核，再函告有关人员今后必须加意采访，不得落人之后；如果发现有一则新闻为《新闻报》独有而他报所无，那么就会登函鼓励，并且年终给予奖金；如果一人能够多次挖掘到独有新闻，则此人将被评为优秀访员而提高其待遇。可以说，这是汪汉溪在人事调动安排上的一项新发明，不过，自汪逝世后，整个考核制度也就名存实亡了。

自19世纪末期开始至20世纪20年代，在汪汉溪担任《新闻报》总理的25年时间里，他对该报事业投入了自己毕生的心血。由于其刻

汪汉溪（1874—1924）

苦勤勉的工作态度，在深得福开森信任的同时，《新闻报》在他的带领下也获得了偌大的资产和与之相匹配的历史地位。令人惋惜的是，由于他操劳过度且缺少生活调节，1924 年 11 月 8 日，在刚到 50 岁的知命之年，即离开了人世。而他的辞世，也宣告汪汉溪时代的《新闻报》就此终结。

注释：

①马光仁主编:《上海新闻史》(1850—1949)，复旦大学出版社 1996 年版，第 90 页。

②戈公振:《中国报学史》，中国新闻出版社 1985 年版，第 65 页。

③方汉奇主编:《中国新闻事业通史》(第二卷)，中国人民大学出版社 1996 年版，第 178 页。

④马光仁主编:《上海新闻史》，复旦大学出版社 1996 年版，第 553 页。

⑤陶菊隐:《记者生活三十年》，中华书局 1984 年版，第 82 页。

⑥汪仲韦:《又竞争又联合的"新"、"申"两报》，见《新闻研究资料》第 15 辑。

⑦张秋虫:《〈新闻报〉和〈申报〉的竞争》，见《上海地方史资料》(五)，上海社会科学院出版社 1986 年版，第 39 页。

⑧姚申福:《解放前〈新闻报〉经营策略研究》，见《新闻大学》1994 年第 1 期。

⑨袁义勤:《"柜台报"能手汪汉溪》，见《上海滩》1997 年第 5 期。

⑩陶菊隐:《记者生活三十年》，中华书局 1984 年版，第 217 页。

⑪汪仲韦:《又竞争又联合的"新"、"申"两报》，见《新闻研究资料》第 15 辑。

⑫张秋虫:《〈新闻报〉和〈申报〉的竞争》，见《上海地方史资料》(五)，上海社会科学院出版社 1986 年版，第 40 页。

⑬戈公振:《中国报学史》，三联书店 1995 年版，第 212 页。

⑭陶菊隐:《记者生活三十年》，中华书局 1984 年版，第 81 页。

⑮方汉奇主编:《中国新闻事业通史》(第二卷)，中国人民大学出版社 1996 年版，第 79 页。

作品选编

新闻事业困难之原因

本报创办于癸巳岁。迄今壬戌，盖三十年矣。回忆余与同人接办新闻报时，在前清光绪二十五年己亥十月初二日，即西历一千八百九十九年十一月四号，余平素既无报馆经验，又乏新闻智识，本不敢膺此重任，惟鉴于国势之衰弱，政治之腐败，外患之逼迫，民俗之浇漓，窃谓欲唤醒同胞，改良政治社会，非藉报纸大声疾呼不可，遂毅然担任。抱定经济自立宗旨，无党无偏，力崇正谊，不为威胁，不为利诱。故主任社务二十四年，不渝此志，得以信用昭著，风行海内外，为阅者所欢迎。报纸每日销数，由四五千逐渐增至八九万以上；每年广告刊费收入，自数千元历年逐增，至今岁及百万元；除开支暨股东官红利外，同人亦得花红之分润，业务有蒸蒸日上之望。按办报之第一难关，即经济自立。今本报广告刊费及报资收入，经济已足自立，基业巩固，此为最可欣慰者也。近时英美大新闻家北岩爵士、韦廉博士、诺一士君先后来沪参观，均殷殷以办报经费贵在独立，不赖外界之接济为言，盖与余所抱宗旨不谋而合。办报非经济自立，则言论记载难于自由；即使苟且敷衍，亦不能广其销路。然经济自立言之非艰，行之维艰。中国报纸，各埠姑不论，即上海一埠，自通商互市以来，旋起旋仆。不下三四百家。惟其致败之由，半由于党派关系，立言偏私，不能示人以公；半由创办之始股本不足，招集股本一二万，勉强开办，其招足十万八万为基金者殊未多见。股未齐而先从事于赁屋、购机、置备器具、延聘编辑、访员、雇用工役，以沪市物用昂贵，开支浩大，恐在筹备期内基金业已耗尽。及至出版，销数自难通畅，广告收入甚微，报馆

汪汉溪（1874—1924）

新闻事业困难之原因

——一九二二年

汪汉溪

本报创办于癸巳岁（一八九三年），迄今壬戌，盖三十年矣。回忆余与同人接办新闻报时，余平素既无报馆经验，窃欲唤醒同胞，改良政治社会，非藉报纸大声疾呼不可，遂毅然担任。抱定经济自立宗旨，无党无

在前清光绪二十五年己亥十月初二日（即西历一千八百九十九年十一月四日），惟鉴于国势之衰弱，政治之腐败，外患之逼迫，民俗之溃涣，窃

按：政治官报创刊于一九〇七年（光绪三十三年），至一九一一年（宣统三年）改名为内阁官报。述之于下：第一，中报新闻向来都用油光纸……（以下略，直到新闻被统制为止。）（见减当缩起）

《新闻事业困难之原因》

人才，征求延聘尚难入选；而各股东所荐之人，大都不适于用，人浮于事，办事无人，出版未久，主其事者支持乏策，乃不得不一再商之股东加添股本。股东每大所荐之人未能满意，多愿抛弃原有权利，以免屡加股本之扰。股本即难添招，收入亦无把握，进退维谷之时，不得不仰给于外界。受人豢养，立言必多袒庇，甚至颠倒黑白，淆乱听闻，阅者必致相率鄙弃，销数自必日少，广告刊费更无收入，此办报困难之一大原因也。

中国报纸如《新闻报》，每日销数几及十万，为中国报界之冠，其实欧美报纸日销百数十万系属常事。即如日本之《朝日新闻》《每日新闻》出版亦不过二三十年，日本版与仅中国四川一省之大，而报纸每日销数已达二三十万以上。中国幅员之广，较之日本大逾二十倍，将来报纸日

销数百万亦意计中事。惟东西欧美各国政府，对于报纸莫不力予扶助，日本国内轮机已通处，迢报输送不取邮费，即零卷报取价亦廉。各国对于报纸邮费，及新闻记者来往车票，亦莫不优待，电报收费既廉，且格外从速拍发，如路透电消息较寻常商电为速。中国则反是，邮政局对于新闻纸，分迢报零卷，又分轮机已通未通，已通处所，迢报每份每一百格兰姆取洋一厘，每份如逾一百格兰姆，即作二百格兰姆加倍收费，不能如零报统磅计算，如《新闻报》四张分量尚抵一百格兰姆，如四张半，即二百格兰姆加倍收费矣。其未通处所，每份如一百格兰姆，邮费一分，按八折八厘实收，如逾一百格兰姆，照分量磅算，不点份数。小卷子报（即单份定报），邮局不分轮机已通未通，外埠每卷分量重一百格兰姆，收邮费一分，按八折实收八厘，本埠减半，统磅计算，不点份数。边远各省邮递定报，私拆、遗漏、迟到、并送之弊，在所不免。邮局对于已通处，收费尚在情理之中，而对于未通处所贵至十倍。最可笑者，如清江一埠，小轮行驶已十余年，而邮局强照未通处收费，屡次交涉，则谓该局尚未与该轮局妥订合同，只好仍作未通处收费。诸如此类，不止清江一处。本报报面所刊每份收大洋三分六厘，实则本埠批与卖报人每份小洋二分二厘，照现在市价，合大洋不足一分八厘。外埠批价均以大洋计算，每份统扯亦不过二分。照现在纸价市面，平常不为昂贵，每份假定五张，纸本需三分余，而邮局取输送费，未通处假定五张约收一分以上，统计销报一份，须亏本洋二分余。照目前风气渐开，轮轨四通八达，报纸日销数十万亦属常事，第不知最困难者，多销一份，即多赔累洋二分余，是以不得不增加广告刊费以资挹注。广告刊费多收二分余，即可多推销报纸一份，故报纸销数愈多，广告效力愈大。外洋报纸除日本照国内收费外，其余各国零卷一份一百格兰姆，取邮费六分，如逾一百格兰姆，递加收费，香港零卷一份，每一百格兰姆，邮费四分，多则递加。试问每份报国内所收报资统扯不过大洋二分，而邮局所收输送费，未通处所在一分以上。中国邮政局对于报纸收费昂贵之大概情形如此。电报，前清新闻电减收对折，民国元年于右任君长交通，照商电减收四分之一。惟电局拍发时，先尽府、院、部、各省军民长官

汪汉溪（1874—1924）

所发紫花电，三等加急商电次之，四等商电又次之，新闻电须待紫花电、三等加急电、四等商电拍完后始发。往往邮递平信已到，而新闻电尚未拍到。其迟到之种种原因：（一）官电络绎。每拍一电，动辄数千字，如遇发生事故，官商电络绎，新闻电必更迟到，电费照给，丝毫不能短少。照电局章程，如轮机已到电报不到，照例退费。乃历年以来，凡遇迟到之电，向之交涉，不曰线坏，即曰军阀检查耽搁，电局不负责任。（二）军阀检查。往往假戒严为名实行检查邮电，所派检查员目不识丁，任意延搁，动辄扣电。并将电文中要句删除，无从编辑，只好全文弃之。北京快报如一日之报二日晚十点到申，一日所发之电，如一日夜十二点前到申，尚可刊入二日报，如被延搁，迟至一日下半夜二三点到申，则已不及排人付印，二日晚快报已到，已失电报效力，大约所得新闻电电效果甚少。故近年来凡遇要事，不惜电费，每拍三等急电，每字照新闻电贵十二倍，如北京拍至上海新闻电，每字电费洋三分，急电须三角六分是也，然亦有误时者。电信扣发，不仅军阀，民国以来，交通当局有国民党、新交系、安福系、旧交系、北洋系，人物既多，事实亦多，然有关涉彼等之事，虽或偶有扣留，尚不至一律扣发。如许世英之公园被捕，曹氏之赵家楼宅焚毁，会萃之下令通缉等等，均传至上海，披露报端。独洛阳系之高恩洪，一有关涉，无论何事均扣不发。不知事实昭著，千人皆见，决不能以一手掩盖天下之耳目，此真历来未有之怪事也。各国对于报纸多方维护，而中国政府邮电两项，摧残舆论至于此极，良深浩叹！此办报困难之又一原因也。

各省军阀专权，每假戒严之名检查邮电，对于访员威胁利诱，甚至借案诬陷，无恶不作，故报馆延聘访员人才，难若登天。有品学地位俱优而见闻较广者，咸不愿担任通信，坐井观天之辈，为糊口计，欲谋充访员者，虽车载斗量，报馆亦不愿使若辈滥竽充数。至各埠分销人，须具有两项资格，方为合格：（一）须具有勤俭干练之能力，能使报纸销路推广，日增月盛，方为合格；（二）须银钱可靠。然两项资格具备之人才甚不易得。盖凡具有广交之才者，其人用途必大，以报纸蝇头微利，月得几何，不数月辄苦亏负。如谨慎拘执之人，银钱虽可靠，而办事钝滞，欲使其推广销路，必难收效。故欲求推广报纸人才，殊非易事。余对于此项人才加意选择，故各分馆暨各分销处主干均具有完全资格，方有今日之良好成绩。泰西报界新闻记者，均具有专门学识，曰新闻学，曰广告术，故报馆各部人才无患缺乏。乃中国报界缺乏专门人才，虽近年来各大学校，间有附设新闻学一课者，亦正在教学期间，此吾国报界所以有幼稚之叹。报馆各部人才既如此难得，慎重延聘，尚虞陨越。主其事者既欲敷衍股东情面，而复欲收群策群力之益，岂不难哉。此办报困难之又一原因也。

故余对于各部同人，慎重延聘，量才使用，均能洁身自好，绝无党派关系，同德同心，得有今日之声誉者，未始不由于此。余自己亥任事，迄今廿四年如一日，兢兢业业，不遑启处。各股东诚信相孚，用人言论，从未加以丝毫干预，故得积极进行，设备逐渐完密，幸矣，本报三十年差得有此成绩。他日新闻学成，人才辈出，扬国家之新文化，启人民之新智识，本报将与泰晤士报并行于欧亚两大洲，而为世界之两大报，是则余欣跃企祷，而更为无穷之愿望者也。

（选自《新闻报馆三十年纪念册》，新闻报馆 1923 年编印）

汪汉溪（1874—1924）

评析：

1922 年 11 月，为了纪念《新闻报》创刊三十周年，作为该报的实际管理者汪汉溪对《新闻报》走过的历程、面临的困难以及取得的成就进行了回顾。而这篇文章也是现今能够找到关于汪汉溪对《新闻报》及新闻事业所著述的唯一一篇文章。

汪汉溪在文章中指出，报纸理应具备一定的社会功能，即"开化民智"和"改良社会政治"，但前提是一份报纸必须能够做到经济独立，如此才有可能把"无偏无党"的办报宗旨付诸现实。因此，"按办报之第一难关，即经济自立"。其次，汪汉溪对当时中国邮政局的收费提出负面评价，尤其是比较日本与欧美政府对销售报纸所给予的扶助，民国政府不仅不给予经济补贴，还在报纸言论上加以限制，政府对邮电两项的收费与摧残舆论的做法实为办报困难之又一原因。第三，汪汉溪对新闻事业优秀人才的培养表示担忧。一方面，由于记者工作具备一定的危险性但收入却很微薄，因此一些有识之士并不愿意从事新闻工作；另一方面，学校对新闻人才的培养还不够重视，致使报界缺乏专门人才。以上也是办报困难的又一个重要原因。

针对当时社会情况与媒介环境，汪汉溪认为《新闻报》能够做到经济独立、言论自由且根据报馆需要对新闻人才量才录用，是《新闻报》三十年中所取得最显著的成绩。不仅如此，汪汉溪还寄希望于《新闻报》在将来能与《泰晤士报》齐名，代表亚洲扬名世界。

（编撰：高庭艳）

陈天华（1875—1905）　清末著名的爱国知识分子、革命派杰出的宣传家，深受维新思想的洗礼，力主革新，留日期间，倾情投身于革命报刊的宣传中。他曾参与编辑著名留学生刊物《游学译编》和革命党的机关刊物《民报》，大呼爱国救亡，力倡国人革新思想，主张革命，被誉为"革命党之大文豪"。陈天华一生短暂，却著作等身，文章针砭时弊，风格辛辣，富有激情，有代表作《猛回头》和《警世钟》传世。

"革命党之大文豪"

陈天华（1875—1905），原名显宿，湖南新化人，清末资产阶级著名的革命宣传家，自幼家贫，好学不辍，曾写下《猛回头》《警世钟》等奇文，大呼爱国救亡，并参与组织创办"华兴会"、"同盟会"等机构和《民报》刊物。1905年因愤于日本政府颁布的《取缔清国留学生规则》，蹈海殉国，年仅30岁。

天资聪颖，立志报国

1875年，正是大清王朝走向没落，始受西方帝国侵辱的时期。这一年，陈天华出生在湖南新化一个普通人家，父亲给他取名为显宿，意在望子成龙，光耀门庭。多年后，他自己更名为"天华"，取"天地自然，朴实无华"之意。①而"陈天华"三个字也就因他此后的爱国举动和笔下饱含家国忧思的文章而响彻神州，激荡着千万热血中国青年的灵魂。

迫于生活的压力，父亲没能给他优越的读书环境。白天，他也和邻家子弟一样在山里放牛，甚至还要到城乡集市里易货叫卖，挣些零花

中
·
国
·
名
·
记
·
者

以补贴家用，但懂事好学的陈天华经常在闲暇的时候随父识字，喜读《左传》《西游记》《三国演义》《列国志》等名著。此外，他尤好传奇小说，亦爱民间说唱弹词。小小年纪便能舞文弄墨，在座四惊，被乡人誉为"神童"。而这也为他今后成为"革命党之大文豪"（曹亚伯《武昌革命真史》前编）奠定了基础。

维新洗礼，涉足报业

1894年，中日甲午海战爆发，脆弱的中国旧难未了，风云再起。中国海军战败的消息传来，以康有为、梁启超为代表的具有先进爱国思想的知识分子，再也不能安坐了。他们抨击时弊，谈论政治，以为非变法不可救中国。于是上书光绪帝，与四方有识之士结盟，决定大干一场，轰轰烈烈的戊戌变法运动就此展开。

这一年，陈天华刚满二十岁，正是血气方刚、善于纳新的年纪。随父迁居县城后，经人周济，入资江书院，后以优异成绩考入新化实业中学堂。

维新的空气在先觉的湘江大地弥漫着，湖南是当时变法运动的重要阵地，维新人士谭嗣同与唐才常所办的《湘报》是宣传维新变法的有力刊物。因不满于传统缠足陋习对女性的摧残，陈天华愤然挥笔写下《公恳示禁幼女缠足禀》一文载于《湘报》，痛斥裹足的鄙陋，恳切呼吁将其废除。虽未有较大影响，但其除旧革新的激进思想可见一斑。

此后，陈天华相继入岳麓书院、求实书院和省城师范馆学习，七八年间，数更学所，但不变的是那颗炽热的爱国心，对真知的渴求和忧患报国的情怀。

陈天华（1875—1905）

留学日本，倾向革命

1903 年，这时的陈天华已 28 岁。时值清王朝统治的黄昏，有鉴于日本效法西方文明的成果，清朝统治者欲步日本后尘。于是由政府出资，选派各地书院的优秀子弟留洋学习，以此为幌，企图稳坐江山。

陈天华 28 岁时留学日本，入东京弘文学院师范科。萎靡的清王朝纵然大动干戈，终已无力回天，没有培养出为己所用的人才，反倒使得这些留学生开阔了眼界，认清世界大势，更加刺激了他们革新的热忱。

当时的留日学生中，湖南籍的就达百余人之多，他们以东京为基地，自发结成联盟，出版《游学译编》刊物，宣传新知。陈天华也是参编的重要人物之一，并撰写《现近政见之评诀》一文发表，评述政治，针砭时弊。

这年 4 月，清王朝不顾全体国民的反对，与沙皇俄国草签了不平等的《中俄交收东三省条约》，沙俄妄图独霸我东北沃野的狼子野心暴露无遗。一时间国人愤慨，各地爆发轰轰烈烈的反俄活动，史称"拒俄运动"。

"拒俄运动"爆发，更是点燃了留洋学生的民族激情。陈天华有感于国家告急，民族危难，誓言"日作书报以警世"，写下了激愤的《猛回头》《警世钟》两篇传世名作。两篇册子"咸用白话文或通俗文，务使舆夫走卒皆能了解，故文字小册散播于长江沿岸各省，最为盛行，较之章太炎《驳康有为政见书》及邹容《革命军》有过之而无不及"。②

除此之外，他还以极大的热情投身于报刊的宣传活动，以此启迪国人心智。上海著名大报《苏报》曾连续全文刊发陈天华《〈敬告湖南人〉公开信》《论湖南官报之腐败》《论中国留学生同盟会之发起》和《复湖南同学诸君书》四篇文章。

陈天华的报国之志绝非仅停留在纸上高谈阔论，在此期间，他还积极联络其他留学生，参与组织"拒俄义勇队"和"军国民教育会"，敬告国民自觉奋起，共御外侮。

1903 年，在国难民危面前，在时代巨变之际，他的思想也发生了天翻地覆的变化。他看到了西方帝国欲灭亡中国的无耻动机，他不再相信变了质的清王朝通过简单的改良就能挽救亡国灭种的危机。"非有排山倒海之风摧飏排荡，则不足以变其永静性。"③他开始倾向革命，衷情于西方民主的政治体制。他坚信只有在政体上开创一片新天地，古老而没落的中国才能重新焕发生机。

于是，他决意放弃在东京安稳的留学生活，归国"革命"。

策动起义，编辑《民报》

1903 年冬，陈天华归国。他怀着革命的报复，先后与黄兴、宋教仁等在长沙、江西、上海等地组织华兴会，并秘密策动军民起义。投身革命后，依然笔耕不辍，此间所撰文章多见于湖南《俚语日报》，④继续高昂地从事革命宣传。

次年，密谋起义之事泄露，陈天华遭到清政府通缉，迫不得已，他只好再次远离故土，入日本东京法政大学，开始了他的流亡岁月。

在这一年多流亡的日子里，他依然保持着旺盛的革命宣传热情。1904 年底，开始创作小说《狮子吼》，并参与创办杂志《二十世纪之支那》。1905 年夏天，陈天华认识了仰慕已久的孙中山。对于同盟会的成立，陈天华可谓功不可没，他参与了同盟会盟书的修改，并为之起草组织章程。

而同盟会的机关刊物——《民报》的筹办过程中，"陈天华与报社同仁做了多方努力，从组稿、撰稿、选稿、编排、校对、印刷，均一一躬行，精心把关审检"。⑤创刊号上发表文章 17 篇，其中陈的文章就达 7 篇：论文《论中国宜改创民主政体》《中国革命论》；时评《丑哉金邦平》《怪哉上海各学堂各报馆之慰问出洋五大臣》《今日岂分省界之日耶》；

陈天华（1875—1905）

纪事《周君辛铄事略》和《纪东京留学生欢迎孙逸仙事》。

有学者指出，正是他在《民报》上发表的充满革命色彩的文章，拉开了 20 世纪初革命派与改良派著名的大论战的序幕。⑥

对于陈天华在东京的报刊活动，1908 年 5 月 19 日上海的《神州日报》曾给予高度评价："故虽东京，发刊此种杂志之数不下十余种，就中最有功于革命者为四川邹容，湖南之陈天华两人。"

蹈海殉国，绝命警世

1905 年，是陈天华流亡日本的第二个年头。这一年，在东京的留日学生反清士气日益高涨。清政府有所惧怕，勾结日本政府，日方出台了管束留学生的《清国留学生取缔规则》，遭到留学生的一致反对。

但对于如何反抗这一规则，留学生们却没有达成一致意见，甚至发生内讧。一派以秋瑾、宋教仁为代表，坚决主张罢学归国，暴力革命；另一派以汪兆铭、胡汉民为首，倾向保守，待时机成熟后再行动。两派严重分歧，致使留学生们举棋不定，各个团体几近瘫痪。

日本报刊界借机对中国留学生极尽嘲讽挖苦之能事，讥蔑他们为"乌合之众"。12 月 2 日的《朝日新闻》曾这样予以评价："此盖由于清国留学生对文部命令之解释过于褊狭而生不满，以及清国人特有之放纵卑劣性情所促成，唯其团结之力则颇为薄弱。"

此番言论激起陈天华强烈不满之余，更令他对中国留学生不能团结抵抗痛心疾首。为了唤醒同胞们的良知，他于 12 月 7 日晚写下悲愤的《绝命辞》，表达了对留日同胞"去绝非行，共讲爱国"的心愿和"恐同胞之不见而或忘之，故以身投东海，为诸君之纪念"。

第二天，陈天华的尸体被发现于东京的大森町字滨端海岸，他的生命永远停留在了这一天——1905 年 12 月 8 日。

次年 6 月，数万名长沙及各界爱国人士在岳麓山——这个他曾求学的地方，为其举行公葬。宋教仁在悼念陈的文章《烈士陈星台小传》中写道："近年革命风潮簸荡一时者，皆烈士提倡之也。"⑦

注释：

①吴宇：《"革命党之大文豪"陈天华何以一度产生改良思想》，《湖南农业大学学报》（社会科学版）2006年2月第7卷第1期。

②陈天华：《猛回头》，见冯自由：《革命逸史》上册，新星出版社2009年版，第272页。

③选自刘晴波、彭国兴：《陈天华集》，湖南人民出版社1982年版，第96页。

④⑤⑥李端生：《陈天华报刊实践活动评述》，《船山学刊》2001年第1期。

⑦宋教仁：《烈士陈星台小传》，《民报》1905年第2期。

作品选编

论中国学生同盟会之发起

呜呼！吾中国其真亡矣，吾中国其真亡矣！不亡于顽固政府，不亡于婪毒疆吏，不亡于列强之瓜分，不亡于各级社会之无知识，吾敢一言以断之曰：中国之亡，亡于学生。

何言乎学生亡中国也？盖凡事有为其主人者。孤军困于围城之中，主帅出降，何论士卒；倾卖祖宗之遗产，家长画诺，何言子弟！夫学生者，非被举世之推崇而目之为主人者乎！如其为主人也，则必尽其主人之天职，毫无失放。内而政府，外而疆吏，皆受佣于主人者也，而顽固而婪毒，主人得以扑责之，推倒之。列强者，对主人而立与客位者也，

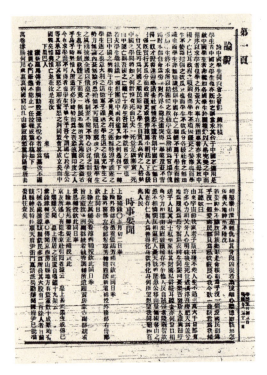

《论中国学生同盟会之发起》

客欲喧宾夺主，主人得以排击之。各级社会，皆吾主人之兄弟、亲戚也，而知识缺乏，主人得以提携之，输贯之。由斯以谈，通国之人皆对于亡国之宣告不知所署，一惟主人之马首是瞻。主人欲亡，则吾国亡；主人不欲亡吾国，果谁得以亡吾国者！今学生者，既主人矣，主人则有不得亡吾国之义务矣。而漫曰亡中国者学生也，学生也，何吾言之矛盾若是？呜呼！为中国学生者，其思之，其重思之。

中国之有学生也，自二十年以来也。近岁之顷，成就尤多。东京留学生之程度最高，而南、北洋及湖北、浙江各省大学堂之成材亦千余辈，而方兴未艾，方轨并进。如水陆军、师范、农工业、大学、中学、蒙学、女学、公学、私学等统计值，殆数万人。试问此数万人者，成立者何事？影响者何事？其中岂无志士魁杰，坚忍不拔，见义敢为，慨然以新中国自负者？乃出而任事，累起累蹶，以留学生之资格犹不能无憾，而内地无论焉。吾为此言，非谓留学生之性质有以优于内地也。以留居东京多生无穷之感情，多受外界之刺激，故苟非凉血类之动物，殆无不有"国家"二字浮于脑海者。而内地则毫无闻见，懵焉瞆焉，故尔不如留学生之感觉灵而发达早也。

然则学生之所以不能成立者，何以故？曰：无一完全无缺、颠扑不破之大团体故。以学生之位置，学生之目的，学生之性质，无不相同，而仍不能结一团体，其他更何所望！近者东京学生有人类馆、台湾馆之争，政府公使所无可如何者，学生敢争执之。而东三省问题出现，义勇队之编，尤足以震动全国。内地如上海爱国学社之协应，北京大学堂上之书，湖北学生五百余人之演说堂（闻改两湖经正学堂为演说堂，梁鼎芬无如何），安徽学生三百余人之爱国会，到处风发，气象特佳，不可谓学生之无势力也。然吾恐其不能持久，组织未终而目的消灭，则所谓完全无缺颠扑不破之大团体者，终成画饼，而不可以见诸实行也。蜀邹容者，东京退学生也，愤中国学生团体之不坚，毅然创一中国学生同盟会，海内外全体学生皆要求入会，各省各设总部，各府、县各设分部，权利、义务分条揭载（会章另登）。其目的在于学界成一绝大合法团体，以鏖战于中国前途竞争逼拶之中者也。呜呼！中国学生同盟会者，此何事而顾一邹容发起之？邹容不过学生中一分子耳。吾中国全体学生闻之，其感情何如？其对于同盟会之责任何如？

学生者，中国之学生也。亦既知之，则当求其合于中国之适用。是故中国学生者，非能如各国学生于国权巩固、人格完美之中而循序以求学者也。学之外，盖大有事在。所谓事者，亦求其毋致中国之亡已耳。政府之顽固也，而学生不顽固；疆吏之婪毒也，而学生不婪毒；列强之欲瓜分也，而学生不欲瓜分；各级社会之无知识也，而学生非无知识；然则中国存亡之关键，不属于学生而谁属？如学生终不求所以结团体之故，藉学堂为阶梯，为官场作傀儡，对本部自命为旁视，对外界不能受冲突，得一毕业证书，不啻得一奴才证书，逢迎唱诺，去社会惟恐不远者，则中国国亡无日。列强既实行其瓜分，而政府疆吏或侥幸隶属小朝廷之下，各级社会又任可为何国之顺民。斯时之学生自负其高尚之人格，新中国之学问将如之何？计惟有死而已。夫一死岂足以塞责，一死而中国亡，则吾国之亡，确亡于学生。吾诚不幸谈言之微中也。

若夫学生能组织一理想团体，中国前途又如之何？是得下一转语曰：中国之兴，兴于学生。子不见奥大利之逐梅特涅乎？谁逐之？学生逐之也。意大利之退德军乎？谁退之？学生退之也。充学生之势力，无论内忧，无论外患，殆无不可摧陷而廓清之！俄罗斯学生之风潮披靡全国，以俄皇之专制至不能不降心以从之；则岂有生息于专制政体之下，而竟一无展布，无所求其施演之舞台者乎？呜呼！时势惟人所造，若必待时势而为之，吾恐波兰、印度之人今有求学而不可得者也。学生乎，学生乎！吾今谓国亡于学生，公等其承认之耶？其愤怒之耶？若愤怒之，则同盟会其成立矣，而中国兴矣。惟兴惟亡，是在汝！是在汝！

（原载《苏报》第 2475、2476 号，1903 年 5 月 30 日、31 日）

评析：

陈天华一生报刊文章中，政论文可谓主角，是其宣传革命思想、启迪国人心智的有力武器。他的《论中国学生同盟会之发起》堪称近代政论文的典范。

政论文最重要的文体特征，即针对重大时事或当下社会政治问题提出观点，做出犀利的评述。中国政论文历来讲究文章有四部分：开篇，承论，转论和结尾。所谓"起句当如爆竹，骤响易彻"，"结句当如撞钟，清音有余"。

开篇"起句如爆竹"，说的就是文章的开篇点题定要出奇制胜、振聋发聩，使人为之惊动而不得不读。陈文首句即"中国之亡，亡于学生"，在当时，乃至今日都觉观点奇警，令人咋舌。承论部分，陈论及中国"亡于学生"之由，在于中国学生素质低下，不明晓读书治学之根本功用，只把其当作入官求财的门路，因而毕业即沦为官财之奴，正所谓文中之言"学生证书，仅奴隶证书也"，逻辑缜密，理据确凿。之后笔锋回转，指出中国学生并非无药可救，已显示初步实力，只是尚缺乏良好的组织与引导。转论部分反举立论，更进一步，为下文铺垫。结尾语曰："中国之兴，兴于学生"，对应开篇，举例海外学生在国家兴亡中之重要作用。实乃有所弃，亦有所期，直陈己见，高起高落。

　　陈文不仅观点独到，条分缕析，落笔更是饱含真情，读来字字珠玑，具有强烈的鼓动力，令人心潮澎湃，拍案叫绝！

（编撰：哈艳秋　李晓光）

陈天华（1875—1905）